hänssler

[redacted]

Gien Karssen

Frauen der Bibel

8. Auflage 1998
TELOS-Paperback 1253
Bestell-Nr. 71.253
ISBN 3-7751-0986-2

Originaltitel: Nogmaals Manninne – vrouwen in den Bijbel
Unter dem Titel »Her Name is Women, Book 2« erschien 1977
die amerikanische Ausgabe, die von Dr. Friedemann Lux ins Deutsche
übertragen wurde.

Umschlaggestaltung: Daniel Dolmetsch/Reint de Jonge
Druck und Verarbeitung: Ebner Ulm
Printed in Germany

Inhalt

Meinen Eltern
in dankbarer Erinnerung gewidmet.

Vorbemerkung des Übersetzers

Mit diesem Buch liegt nun auch der zweite Band von *Frau, Mensch und Mutter in der Bibel* in deutscher Übertragung vor. Wieder gelingt es Gien Karssen, verschiedene Frauengestalten der Bibel – über manche hat man vielleicht bisher achtlos hinweggelesen – gleichsam lebendig zu machen und der Leserin (und warum nicht auch dem Leser?) in ihren Handlungen und geistlichen Eigenschaften nahezubringen. Es werden nur solche Frauengestalten behandelt, denen im ersten Band noch kein Kapitel gewidmet wurde; Doppelungen zwischen den beiden Bänden gibt es also nicht.

Auch dieser Band ist ein Arbeitsbuch für das Bibelstudium (persönlich oder in Gruppen, siehe die »praktischen Hinweise« im Anhang). Er ist also weder ein bloßes frommes Geschichtenbuch, noch ersetzt er einen Bibelkommentar. Selbstverständlich ist er auch nicht unfehlbar (unfehlbar ist bekanntlich nur die Bibel selbst); wenn der Leser in dem einen oder anderen Einzelpunkt der Auslegungen anderer Meinung ist als die Autorin, so läßt dies weder bei ihm noch bei ihr auf einen Mangel an geistlicher Qualität schließen, sondern ist völlig normal.

Anders als im ersten Band werden in diesem zweiten Band als Bibelübersetzungen grundsätzlich die *Einheitsübersetzung* bzw. die *Gute-Nachricht-Bibel* benutzt. In den Bezugstexten zu Anfang jedes Kapitels ist das jeweils in Klammern (Abkürzung *Einh* bzw. *GN*) angegeben. Im laufenden Text wird die verwendete Übersetzung nicht näher bezeichnet. – Die Verwendung dieser beiden Übersetzungen geschieht nicht aus »modischen« Gründen; vielmehr wird in ihnen der biblische Text in aller Regel lesbarer und lebendiger und oft auch exakter wiedergegeben. An die zum Teil veränderte Schreibweise der Namen (z. B. Abigajil statt Abigail, Noomi statt Naemi, Rut statt Ruth) gewöhnt man sich rasch. Wer will, kann beim Studium der Kapitel selbstverständlich auch auf andere Bibelübersetzungen zurückgreifen.

Vorwort

In meinem ersten Buch, *Frau, Mensch und Mutter in der Bibel,* konnte ich selbstverständlicherweise nur einige der vielen Frauengestalten in der Bibel behandeln. Fragen wie »Warum nicht auch Rut oder Debora?« oder »Warum kommt Maria Magdalena nicht vor?« waren daher nur zu erwarten. In diesem Folgeband, *Frau, Mensch und Mutter in der Bibel II,* stelle ich nun das Leben von 25 im ersten Band nicht behandelten Frauengestalten vor.

Heute ist viel von der Würde und Selbstverwirklichung der Frau die Rede. Was sinnvolles, befriedigendes Frausein ist, erfahren wir jedoch nirgendwo besser als in der Bibel. Die Bibel sagt uns, daß Gott die Frau zu seinem Bilde geschaffen hat und daß sie in eine persönliche Beziehung zu Jesus Christus, dem Retter der Welt, treten kann. Sie sagt uns auch, daß die Frau nur in der Gemeinschaft mit ihrem Schöpfer ihr Leben recht führen kann. Die Bibel spricht die tiefsten Sehnsüchte, Gefühle und Ideale der Frau an.

Die Bibel ist der große Wegweiser für jede Frau, die sich nach einem sinnvollen, erfüllten und heilen Leben sehnt. Diese angeborenen tiefen Sehnsüchte der Frau entspringen aus dem großen Auftrag, den Gott ihr bei der Schöpfung gab. Er will, daß sie als Partnerin des Mannes bereit ist, ihren Platz in der Pflege von Familie und Gesellschaft einzunehmen.

Es ist ungeheuer wichtig, wie eine Frau in geistlicher Hinsicht steht. Das zeigt auch dieser Folgeband von *Frau, Mensch und Mutter.* Wieder sehen wir, wie bestimmte Frauengestalten aus der Bibel sich zu Gott und seinem Ruf an sie verhalten haben. Damals wie heute gingen manche Frauen auf Gott ein und lebten mit ihm, andere dagegen nicht. Hier müssen wir uns jeweils fragen: »Warum?« und »Wie?«.

Paulus schreibt im 1. Korintherbrief (Kap. 10,11) über die Wüstenwanderung des Volkes Israel: »Dies alles geschah mit ihnen, damit wir eine Lehre daraus ziehen. Es ist zu unserer Warnung aufgeschrieben worden; denn wir leben in der letzten

Zeit.« Genau dies gilt auch für die Frauengestalten dieses Buches. Sie sollen uns lehren, ermutigen, trösten, warnen und zum Teil in ihrem Leben Jesus Christus zeigen.

Das große Interesse, das der erste Band gefunden hat, hat mich sehr ermutigt. Ich hoffe, daß dieser Folgeband ebenso herzlich aufgenommen wird.

Der Leser kann mit dem Buch auf zweierlei Art arbeiten. Zum einen kann man es einfach lesen; vergessen Sie dabei aber nicht, die jeweiligen Bibelabschnitte am Anfang jedes Kapitels zu lesen; ohne sie wäre der Text unverständlich. Zum anderen kann man sich in Kleingruppen (Bibelstunde, Hausbibelkreis u. a.) über die Frauen dieses Buches aussprechen. Solche Gespräche können für das Verstehen dieser Frauen sehr fruchtbar sein.

Die Fußnoten mit den Bibelstellenangaben, die Sie in den verschiedenen Kapiteln finden, sollen Ihnen helfen, sich noch tiefer in die Schätze an Wahrheit und Weisheit einzuarbeiten, die Ihnen die Bibel bietet. Vielleicht wollen Sie auch die im Anhang als Orientierungshilfe gegebenen Fragen zu jedem Kapitel beantworten (allein oder im Gruppengespräch), oder das Leben der einen oder anderen Frauengestalt oder damit verbundene Themen eingehender studieren. Wie immer Sie es halten – das Nachdenken über diese Frauen und das wohlvorbereitete gemeinsame Gespräch über sie werden Ihnen neue Einsichten und Hilfen geben.

Viele werden überrascht sein, wie »aktuell« bzw. »modern« Leben und Probleme dieser Frauen oft sind und wieviel Nutzen man daraus für das eigene Leben ziehen kann. Es ist mein Gebet, daß dieses Buch Ihnen den Weg zeigen möge zu einem reicheren und glücklicheren Leben mit Gott und Ihren Mitmenschen.

»Wenn eine Herrin ihrem Mann ihre Magd zum Beischlaf gegeben hat und diese Magd Kinder gebiert und sich dann – weil sie Kinder geboren hat – über ihre Herrin erheben will, so soll die Herrin sie nicht gegen Geld verkaufen, sondern sie demütigen und wie eine ihrer gewöhnlichen Sklavinnen behandeln.«

*Aus den Gesetzen des Königs Hammurabi**

HAGAR – der Jesus Christus in der größten Not half

Genesis (1 Mo) 16,1–16 (Einh):**

Sarai, Abrams Frau, hatte ihm keine Kinder geboren. Sie hatte aber eine ägyptische Magd namens Hagar. [2]Sarai sagte zu Abram: Der Herr hat mir Kinder versagt. Geh zu meiner Magd! Vielleicht komme ich durch sie zu einem Sohn. Abram hörte auf sie. [3]Sarai, Abrams Frau, nahm also die Ägypterin Hagar, ihre Magd – zehn Jahre, nachdem sich Abram in Kanaan niedergelassen hatte –, und gab sie ihrem Mann Abram zur Frau. [4]Er ging zu Hagar, und sie wurde schwanger. Als sie merkte, daß sie schwanger war, verlor die Herrin bei ihr an Achtung. [5]Da sagte Sarai zu Abram: Das Unrecht, das ich erfahre, komme auf dich. Ich habe dir meine Magd überlassen. Kaum merkt sie, daß sie schwanger ist, so verliere ich schon an Achtung bei ihr. Der Herr entscheide zwischen mir und dir. [6]Abram entgegnete Sarai: Hier ist deine Magd; sie ist in deiner Hand. Tu mit ihr, was du willst. Da behandelte Sarai sie so hart, daß ihr Hagar davonlief.

[7]Der Engel des Herrn fand Hagar an einer Quelle in der Wüste, an der Quelle auf dem Weg nach Schur. [8]Er sprach: Hagar, Magd Sarais, woher kommst du, und wohin gehst du? Sie antwortete: Ich bin meiner Herrin Sarai davonge-

* Aus: Herbert Lockyer, The Women of the Bible (Zondervan), S. 62
** Einh = Einheitsübersetzung; vgl. die Vorbemerkung des Übersetzers.

laufen. 9 Da sprach der En-
gel des Herrn zu ihr: Geh
zurück zu deiner Herrin,
und ertrag ihre harte Be-
handlung! 10 Der Engel des
Herrn sprach zu ihr: Deine
Nachkommen will ich so
zahlreich machen, daß
man sie nicht zählen kann.
11 Weiter sprach der Engel
des Herrn zu ihr: Du bist
schwanger, du wirst einen
Sohn gebären und ihn
Ismael (Gott hört) nen-
nen; denn der Herr hat auf
dich gehört in deinem
Leid.
12 Er wird ein Mensch sein
wie ein Wildesel. / Seine
Hand gegen alle, die Hän-
de aller gegen ihn! / Allen
seinen Brüdern setzt er sich
vors Gesicht.
13 Da nannte sie den Herrn,
der zu ihr gesprochen hat-
te: El-Roï (Gott, der nach
mir schaut). Sie sagte näm-
lich: Habe ich hier nicht
nach dem geschaut, der
nach mir schaut? 14 Darum
nannte sie den Brunnen
Beer-Lahai-Roï (Brunnen
des Lebendigen, der nach
mir schaut). Er liegt zwi-
schen Kadesch und Bered.
15 Hagar gebar dem Abram
einen Sohn, und Abram
nannte den Sohn, den ihm
Hagar gebar, Ismael. 16 Ab-
ram war sechsundachtzig
Jahre alt, als Hagar ihm
Ismael gebar.

Genesis (1 Mo) 21, 1–21 (Einh):

Der Herr nahm sich Saras
an, wie er gesagt hatte, und
er tat Sara so, wie er ver-
sprochen hatte. 2 Sara wur-
de schwanger und gebar
dem Abraham noch in sei-
nem Alter einen Sohn zu
der Zeit, die Gott angege-
ben hatte. 3 Abraham
nannte den Sohn, den ihm
Sara gebar, Isaak. 4 Als sein
Sohn Isaak acht Tage alt
war, beschnitt ihn Abra-
ham, wie Gott ihm befoh-
len hatte. 5 Abraham war
hundert Jahre alt, als sein
Sohn Isaak zur Welt kam.
6 Sara aber sagte: Gott ließ
mich lachen; jeder, der da-
von hört, wird mit mir la-
chen. 7 Wer, sagte sie, hätte
Abraham zu sagen gewagt,
Sara werde noch Kinder
stillen? Und nun habe ich
ihm noch in seinem Alter
einen Sohn geboren. 8 Das
Kind wuchs heran und wur-
de entwöhnt. Als Isaak ent-
wöhnt wurde, veranstaltete
Abraham ein großes Fest-
mahl.
9 Eines Tages beobachtete
Sara, wie der Sohn, den die
Ägypterin Hagar Abraham
geboren hatte, umhertoll-
te. 10 Da sagte sie zu Abra-
ham: Verstoß diese Magd
und ihren Sohn! Denn der
Sohn dieser Magd soll nicht
zusammen mit meinem

Sohn Isaak Erbe sein.
11 Dieses Wort verdroß
Abraham sehr, denn es ging
doch um seinen Sohn.
12 Gott sprach aber zu Abra-
ham: Sei wegen des Knaben
und deiner Magd nicht ver-
drossen! Hör auf alles, was
dir Sara sagt! Denn nach
Isaak sollen deine Nach-
kommen benannt werden.
13 Aber auch den Sohn der
Magd will ich zu einem gro-
ßen Volk machen, weil
auch er dein Nachkomme
ist. 14 Am Morgen stand
Abraham auf, nahm Brot
und einen Schlauch mit
Wasser, übergab beides
Hagar, legte es ihr auf die
Schulter, übergab ihr das
Kind und entließ sie. Sie zog
fort und irrte in der Wüste
von Beerscheba umher.
15 Als das Wasser im
Schlauch zu Ende war, warf
sie das Kind unter einen
Strauch, 16 ging weg und
setzte sich in der Nähe hin,
etwa einen Bogenschuß
weit entfernt; denn sie sag-
te: Ich kann nicht mit anse-
hen, wie das Kind stirbt. Sie
saß in der Nähe und weinte
laut. 17 Gott hörte den Kna-
ben schreien; da rief der
Engel Gottes vom Himmel
her Hagar zu und sprach:
Was hast du, Hagar? Fürch-
te dich nicht, Gott hat den
Knaben dort schreien ge-
hört, wo er liegt. 18 Steh auf,
nimm den Knaben, und halt
ihn fest an deiner Hand;
denn zu einem großen Volk
will ich ihn machen. 19 Gott
öffnete ihr die Augen, und
sie erblickte einen Brun-
nen. Sie ging hin, füllte den
Schlauch mit Wasser und
gab dem Knaben zu trin-
ken. 20 Gott war mit dem
Knaben. Er wuchs heran,
ließ sich in der Wüste nieder
und wurde ein Bogenschüt-
ze. 21 Er ließ sich in der
Wüste Paran nieder, und
seine Mutter nahm ihm eine
Frau aus Ägypten.

Langsam stapfte Hagar den steinigen Pfad entlang. Ihre zerschundenen Füße und Knöchel schmerzten bei jedem Schritt, und der Saum ihres langen Gewandes hing in Fetzen. Ihr Herz klopfte hart und schnell; ihre Augen brannten von der sengenden Sonne.

Die Einöde, durch die sie jetzt schon seit Tagen lief, gewährte keinen Schutz vor der Härte des Wüstenklimas. Tagsüber flimmerte die Hitze wie ein heißer Dampf über dem Sand, und der Wind blies einem Staub in Nase und Mund. Nachts wurde es bitterkalt.

Aber Hagar ging weiter. Sie wollte zurück nach Ägypten,

ihrem Heimatland – zurück zu dem Ort, wo Sarai, die Frau Abrams, sie vor fünfundzwanzig Jahren gekauft hatte, um sie als Sklavin mit nach Kanaan zu nehmen.

Hagar ließ all diese Jahre vor ihrem inneren Auge vorüberziehen. Es waren eigentlich gute Jahre gewesen. Obwohl sie eine Sklavin war, hatte sie es gut gehabt. »Es passiert nicht alle Tage«, mußte sie denken, »daß man mit Leuten zusammenlebt, mit denen Gott einen Bund geschlossen hat.« Durch Abram und Sarai war sie mit dem lebendigen Gott in Verbindung gekommen.

Aber was Hagar jetzt in dem heißen Wüstensand empfand, war alles andere als Dankbarkeit. Sie war verbittert. Man hatte sie beleidigt, gedemütigt, gequält.

Wie war es dazu gekommen? Nun, im Hause Abram war nicht alles so, wie es hätte sein sollen. Als Abram aus dem Land zwischen Euphrat und Tigris nach Kanaan gezogen war, hatte Gott ihm einen Sohn versprochen. Über diesen Sohn sollte er, Abram, zum Vater eines großen Volkes werden.[1]

Aber Jahr um Jahr ging ins Land, und der Sohn kam nicht. Abrams Frau Sarai war in tausend Nöten. Schließlich kam ihr der Gedanke, daß Abram das verheißene Kind vielleicht mit einer Nebenfrau zeugen sollte. Nach den Gesetzen der damaligen Gesellschaft war das durchaus erlaubt. Ein von einer Nebenfrau geborenes Kind galt rechtlich als Kind der »eigentlichen« Frau und damit auch als Erbe. Sarai wußte auch, wer in ihrem Fall die Rolle der Nebenfrau übernehmen könnte: ihre Magd Hagar, die schon beinahe zur Familie gehörte. Nun, Abram ließ sich auf den Plan ein, und es dauerte nicht lange, da konnte Hagar ihm die freudige Mitteilung machen: »Ich bin schwanger!«

Abram hatte sich schon fest damit abgefunden, daß sein Oberknecht Elieser[2] sein rechtmäßiger Erbe werden würde. Aber jetzt, durch Hagar, schöpfte er neue Hoffnung; vielleicht würde sich Gottes Versprechen jetzt doch noch erfüllen. Sicher: Der Gedanke war naheliegend, daß der verheißene Sohn doch eigentlich über Sarai kommen mußte. Aber so genau hatte Gott sich ja andererseits auch nicht festgelegt; bis jetzt hatte er Abram noch nie

---

[1] Genesis (1 Mo) 12,1–5
[2] Genesis (1 Mo) 15,2–5

ausdrücklich gesagt, wer denn die *Mutter* des Kindes sein werde. (Es sollte auch noch dreizehn Jahre dauern, bis er das tat.)[3]

Es wurde bald klar, daß Sarais genialer Plan ein rein menschlicher Lösungsversuch gewesen war, zu welchem Gott nicht ja sagte (man hatte ihn im übrigen auch gar nicht gefragt). Voller Ungeduld und Zweifel an Gottes Vermögen, ihr zu helfen, war Sarai ihren eigenen Weg gegangen, und Abram hatte sich nur zu schnell mitreißen lassen. Kein Wunder, daß Gottes Friede das Haus verlassen hatte.

In der damaligen Welt wurde eine kinderlose Frau von jedermann verachtet. Leider ließ Hagar keine Gelegenheit aus, Sarai dies spüren zu lassen. Nicht daß sie ihre Verachtung in offene Worte faßte. Aber damals wie heute gab es kaum etwas, das so fein und unterschwellig war und doch so unmißverständlich zu spüren wie die Gefühle zwischen zwei Frauen.

Sarai nahm den Fehdehandschuh auf. Auch sie hatte ihre Waffen und wußte sie einzusetzen. War sie nicht die Herrin und Hagar bloß eine Sklavin? Hagar war nach wie vor ihr persönlicher Besitz – so stand es im Gesetz –, und sie konnte mit ihr machen, was sie wollte. Auch Abram konnte Hagar hier nicht schützen; er durfte sich ihr überhaupt nur dann nahen, wenn Sarai dies erlaubte.

Obwohl im Grunde genommen alle drei – Sarai, Abram und Hagar – Gottes Gebote übertreten hatten und in seinen Augen alle gleichermaßen schuldig waren, ist es doch verständlich, daß Sarai sich durch Hagar furchtbar verletzt fühlte. Dies erklärt das Böse, das sie Hagar jetzt tat, ein Stück weit, aber verzeihlich wird es dadurch natürlich nicht.

Schließlich hatte Hagar die endlose Reihe von Demütigungen satt. Sie floh in die Wüste. Damit machte sie ihrem Namen alle Ehre; *Hagar* bedeutet wörtlich »Flucht«.

Als sie sich aus dem Zeltlager fortschlich, wußte sie sehr wohl, daß das für sie und ihr noch ungeborenes Kind den Tod bedeuten konnte. Sie war allein und ohne Proviant. Vielleicht würde sie ihre Heimat nie erreichen, ihr Kind nie das Licht der Welt erblicken. Aber sie mußte es versuchen, sie mußte!

---

[3] Genesis (1 Mo) 17,15–16

Instinktiv lenkte sie ihre Schritte nach Süden, auf den langen Weg nach Ägypten. Je weiter sie kam, um so deutlicher wurde ihr, in welche Gefahr sie sich begab. Sie hatte die Sicherheit eines Zeltlagers mit seinen Bewohnern gegen die endlose, unwirtliche Steppe und Wüste eingetauscht. Meilenweit kein Mensch, kein Tier; niemand, der ihr helfen konnte.

Irgendwo im Nordosten der Sinai-Halbinsel, auf dem Weg nach Schur, kam Hagar an eine Oase. Hier konnte sie sich stärken und ausruhen, aber ihre innere Not blieb ungestillt. Und in ihrer Einsamkeit, weit weg von jeder Geborgenheit und Freundschaft, schrie sie aus ihrem Innersten zum Gott Abrams – dem einzigen, der sie retten konnte.

Und er hatte sie nicht vergessen. Der langsam durch das rauhe Wüstengelände des Sinai ziehende Punkt war seinem Auge nicht verborgen geblieben; er wachte über Hagar, so wie er über jeden Menschen wacht.

»Hagar!« rief er laut. Er sprach sie mit ihrem Vornamen an.[4] Er wußte genau, wer sie war.

Und er fügte gleich hinzu: »Magd Sarais.« Denn so sah er sie. In seinen Augen war sie nach wie vor Sarais Magd. Er begann das Gespräch nicht mit einer Rüge, obwohl er jedes Recht dazu gehabt hätte.

Gott sprach weiter. »Woher kommst du, und wohin gehst du?« Eine entwaffnende Frage, die Hagar Gelegenheit gab, ganz frei zu reden. Jesus Christus, der später während seiner Erdenjahre auf die gleiche Weise zu schuldbeladenen Frauen reden und ihre Herzen gewinnen würde, sprach hier mit ihr.[5] Jesus Christus besuchte sie in der Gestalt des Engels des Herrn. Es handelte sich um eine der Erscheinungen vor seiner Menschwerdung.

Genauso würde er sich später Abraham, dem Vater aller Gläubigen,[6] und Mose, dem Geber des jüdischen Gesetzes[7] –

---

[4] Genesis (1 Mo) 16,7–9
[5] Johannes 4,4–42; 8,3–11
[6] Genesis (1 Mo) 17,4–5
[7] Exodus (2 Mo) 3,2–6

beides Männer, die die Bibel Freunde Gottes nennt[8] – offenbaren. Auch der Erzvater Jakob und der Glaubensheld Gideon würden tiefbewegende Begegnungen mit Christus erleben.[9]

Aber die erste in der Bibel aufgezeichnete Begegnung Christi mit einem Menschen dürften wir in diesem Gespräch mit Hagar finden. Hier kommt eine junge Heidin und Mutter eines ungeborenen Kindes, die nicht zum Volk Gottes gehört, in ihrer großen Not zu Gott. Und Gott zeigt ihr den Ausweg. In Demut und Buße gehorcht sie ihm und kehrt um, zurück zu Abrams Lager. Hagars Sünde, ähnlich wie die Evas, war der Stolz. Jetzt gibt sie ihren Geist der Auflehnung und stolzen Unabhängigkeit auf und geht zu ihrer Herrin zurück.

Anstatt auf ihre Rechte zu pochen und zu versuchen, sich durchzusetzen, demütigte Hagar sich. Der Herr selbst hatte ihr gezeigt, was Demut ist, als er sich zu ihr geneigt hatte, um mit ihr zu sprechen. Später würde er sich noch viel mehr demütigen, um uns sündigen Menschen einen Ausweg aus Tod und Gottesferne zu öffnen;[10] jedem, der sein Vertrauen auf ihn setzen und Gott die Ehre geben würde, würde er neues Leben geben.

Gott, der immer die segnet, die den Mut haben, sich zu demütigen,[11] erkannte Hagars Gehorsam an. »Das Kind, das du erwartest, ist ein Sohn«, sagte er. »Du sollst ihn Ismael nennen [wörtlich: ›Gott hört‹]. Du wirst viele Nachkommen haben, Hagar, so viele, daß man sie nicht zählen kann.«[12]

Der Sohn, den sie erwartete, würde einen schwierigen Charakter haben: wild und unbändig. Und doch wird sie in ihrem Herzen gejubelt haben, als sie diese Worte Gottes hörte. Jetzt gab es wieder Hoffnung; jetzt lag nicht mehr der Tod vor ihr, sondern Leben. Sie und ihr ungeborenes Kind hatten wieder eine Zukunft. Jesus hatte einen Plan für ihr Leben und war zu ihr gekommen, um ihr diesen Plan zu zeigen.

»O Gott, der nach mir schaut!« rief sie in Anbetung aus. Aber

---

[8] Jakobus 2,23; Exodus (2 Mo) 33,11
[9] Genesis (1 Mo) 28,12–17; Richter 6,11–23
[10] Philipper 2,5–11
[11] 1. Petrus 5,6
[12] Genesis (1 Mo) 16,10–12

sie spürte auch eine heilige Furcht. »Ich habe Gott gesehen und bin noch am Leben«, mußte sie denken, als er wieder von ihr gegangen war, »und ich kann das den anderen erzählen.«

Später nannte man den Brunnen, wo ihr Gott begegnet war, *Beer-Lahai-Roi,*[13] d. h. »Brunnen des Lebendigen, der nach mir schaut«. Hagar war dem lebendigen Gott begegnet, der sie sah und ihr in ihrer Not half.

Sicher hat Hagar ihr ganzes Leben lang diese Begegnung mit Gott nicht vergessen können. Jedes Mal, wenn sie den Namen »Ismael« aussprach, wurde sie daran erinnert: Der lebendige Gott hatte gehört und gehandelt.

Etwa siebzehn Jahre vergingen. Ismael war inzwischen ein kräftiger junger Mann geworden. Der mittlerweile zur Welt gekommene Isaak, der eigentliche Sohn der Verheißung, war drei Jahre alt – alt genug, um entwöhnt zu werden.

Die Entwöhnung eines Kindes war damals ein Anlaß zum Feiern, denn sie galt als wichtiger Meilenstein im Leben des Kindes. Die ganze Sippe Abrahams und viele seiner Freunde aus den Nachbarstädten kamen zusammen, um zu feiern und mit eigenen Augen das Wunder zu sehen, das Gott für Abraham und Sara (so lauteten mittlerweile ihre Namen) vollbracht hatte. Ein hundertjähriger Mann und eine neunzigjährige Frau hatten einen Sohn bekommen – den Sohn der Verheißung, aus dessen Nachkommen später einmal der Messias hervorgehen würde.

Aber die Freude dieser Tage blieb nicht ungetrübt. Der biblische Bericht ist hier nicht völlig klar,[14] aber man muß wohl annehmen, daß Ismael den Wirbel um seinen unerwarteten jüngeren Bruder nicht verstand. Ismael, der in Unglauben und Ungeduld und menschlichem Willen gezeugte Sohn, konnte es nicht recht ertragen, daß er gegenüber dem Sohn der Verheißung auf einmal nur noch den zweiten Platz einnehmen sollte. Wahrscheinlich wußte er nichts von den Verheißungen, die Gott seiner Mutter damals, in der

---

[13] Genesis (1 Mo) 16,14

[14] In Genesis (1 Mo) 21,9 heißt es je nach Bibelübersetzung z. B., daß Ismael umhertollte (Einh, GN), mit Isaak spielte (Zürcher, Menge) oder »Mutwillen trieb« (Luther).

Sinaiwüste, gegeben hatte. Und so betrachtete er den kleinen Isaak mit einer gewissen Eifersucht und wohl auch Spott.

Abraham liebte beide Jungen gleich, so wie nur ein Vater es kann. Nur Sara sah, was auf dem Spiel stand. »Jage diese Sklavin und ihren Sohn fort!« forderte sie von Abraham. »Mein Sohn Isaak soll nicht mit dem Sohn einer Sklavin das Erbe teilen.«[15]

Das waren harte Worte. Abraham wurde verärgert und verwirrt. Aber als er dann betete und Gott um Rat fragte, zeigte er ihm, daß er seine Söhne in der Tat voneinander trennen mußte. Die Abstammungslinie des Stammes, den Gott sich zu seinem zukünftigen Volk erwählt hatte, würde über Isaak gehen. Er, und nur er, war der von Gott versprochene Sohn,[16] der der Vater von zwölf Stämmen werden würde. Abraham verstand: Der Unterschied zwischen den beiden Söhnen durfte nicht verwischt werden. Sara hatte Recht. Aber andererseits blieb auch Gottes Verheißung an Hagar bestehen, daß ihre Nachkommen einmal groß werden würden. Auch Ismael würde der Vater von zwölf Stämmen werden, weil auch er ein Sohn Abrahams war.[17]

Und so mußte Abraham Hagar und ihren Sohn buchstäblich in die Wüste schicken. Fast dreißig Jahre hatte Hagar in Abrahams Haus gelebt, und jetzt mußte sie gehen. Als Abraham den Wasserschlauch für die beiden füllte, war allen klar, daß dieser Vorrat nicht sehr lange reichen würde. Trotzdem: Die lange, beschwerliche Reise begann.

Das Unvermeidliche kam nur zu schnell. Das Wasser ging zur Neige, und trotz allen verzweifelten Suchens konnten Hagar und Ismael keine Quelle finden. Ismael, vom vielen Laufen und der Austrocknung erschöpft, war der erste, der zu Boden sank. Mit letzter Kraft zog Hagar ihn unter einen kleinen, aber doch ein wenig Schatten spendenden Strauch; es war der letzte Dienst, den sie ihrem Kind tun konnte.

Hagar hatte damit alles getan, was sie für ihren geliebten Sohn tun konnte. Jetzt noch länger bei ihm sitzen und sein Leiden mit ansehen, das brachte sie nicht fertig. Halb erstarrt vor Müdig-

---

[15] Genesis (1 Mo) 21,10
[16] Galater 4,22–23
[17] Genesis (1 Mo) 25,12–16

keit, Schmerz und Durst ging sie ein Stück weg, setzte sich dort nieder und weinte, als ob ihr das Herz brechen wollte.

Da hörte sie plötzlich die gleiche Stimme, die sie vor vielen Jahren schon einmal in der Wüste gehört hatte: Gottes Stimme. Wieder fragte der Engel des Herrn sie etwas: »Warum bist du verzweifelt, Hagar? Hab' keine Angst, Gott hat das Schreien des Kindes gehört! Steh auf und nimm den Jungen bei der Hand; denn ich werde seine Nachkommen zu einem großen Volk machen.«[18]

Überrascht blickte sie auf und sah, nur ein paar Schritte entfernt, eine Quelle mit frischem Wasser. Sie rappelte sich auf, humpelte hin und füllte den Wasserschlauch. Mit dem von Gott geschenkten Wasser trank ihr Sohn neues Leben in sich hinein.

Zum zweiten Mal hatte Jesus Christus Hagar in ihrem Elend besucht, um ihr Leben und das ihres Sohnes zu retten. Und wieder hatte er Ismael eine hoffnungsvolle Zukunft verheißen.

Als Ismael älter war, reiste seine Mutter nach Ägypten, um ihm eine Frau zu suchen. Mit dieser Handlung zeigte sie, daß sie in ihrem Herzen immer noch eine Heidin war. Die lange Zeit, die sie zusammen mit Abraham und Sara gelebt hatte, hatte sie doch nicht ganz geändert. Selbst die Begegnung mit Jesus Christus hatte ihr Herz nicht wirklich getroffen. Der Herr, den sie in ihrer Not um Hilfe angerufen und der ihr auch geantwortet hatte, war nicht zum Herrn ihres Lebens geworden. Sie ließ ihn nicht ihr ganzes Herz besitzen.

Weil der Herr im voraus wußte, daß sie sich für die Götzen ihres vergangenen Lebens entscheiden würde, hatte er es zugelassen, daß sie aus Abrahams Familie vertrieben wurde. Anstatt eines ruhigen und sicheren Lebens in der Nähe Abrahams hatte sie das unstete Nomadendasein in der Wüste gewählt. Diese furchtbare Wahl Hagars und Ismaels, ihr eigenes Leben zu führen, statt im Glauben an den Gott Abrahams zu leben, hat Auswirkungen auf die ganze Weltgeschichte gehabt. Ismael wurde der Vorvater der arabischen Völker, während die Israeliten die Nachkommen Isaaks sind. Die Feindschaft zwischen diesen

---

[18] Genesis (1 Mo) 21,17–18

beiden Volksgruppen dauert bis heute an, und die Lage im Nahen Osten ist nach wie vor hochexplosiv.

Aber trotz alledem ist Hagar als Beweis dafür, daß Jesus die Menschen liebt, in die Geschichte eingegangen. Er liebt jeden Mann, jede Frau, jedes Kind, jedes ungeborene Kind. An Hagar zeigte er, daß er jedem, der in seiner Not ihn anruft, antwortet. Dieser Jesus Christus, der sich einer Frau offenbarte, die völlig am Ende war, ist auch heute für jeden da, der ihn sucht.

»Die Berge bei Sodom bestehen ganz aus Salzfelsen. Einer dieser Felsen hat entfernte Ähnlichkeit mit der Gestalt einer Frau. Noch heute bezeichnen ihn die Reiseführer als die Salzsäule, in die Lots Frau verwandelt wurde.«

Die Verfasserin

LOTS FRAU – die die Gnade Gottes nicht ernst nahm

Genesis (1 Mo) 19,1–17. 24–26 (GN):*

Es war schon gegen
Abend, als die beiden En-
gel nach Sodom kamen.
Lot saß gerade beim Tor
der Stadt. Als er sie kom-
men sah, ging er ihnen ent-
gegen, warf sich vor ihnen
nieder 2 und sagte: »Ich bin
euer Diener, mein Haus
steht euch offen! Ihr könnt
eure Füße waschen und
euch erfrischen. Und dann
bleibt die Nacht über bei
mir! Morgen früh könnt ihr
weiterziehen.« »Wir wol-
len lieber im Freien über-
nachten«, sagten die bei-
den. 3 Aber Lot redete ih-
nen so lange zu, bis sie mit
ihm ins Haus kamen. Er
ließ ein Mahl für sie berei-
ten, und sie aßen.
4 Die beiden wollten sich
eben schlafen legen, da lie-
fen alle Männer von So-
dom, alt und jung, zusam-
men und umstellten das
Haus. 5 »Lot, Lot«, riefen
sie, »wo sind die Männer,
die heute abend zu dir ge-
kommen sind? Gib sie her-
aus, wir wollen mit ihnen
Verkehr haben!«
6 Lot trat vor das Haus und
zog die Tür hinter sich zu.
7 »Begeht doch nicht ein
solches Verbrechen!« rief
er. »Ich habe zwei Töchter,
die noch kein Mann be-
rührt hat. Ich will sie euch
herausbringen; macht mit
ihnen, was ihr wollt. Aber
die beiden Männer behel-
ligt mir nicht; sie sind mei-
ne Gäste und stehen unter
meinem Schutz.«
9 Sie aber schrien: »Mach,
daß du wegkommst! Du
bist ein Fremder und willst
uns Vorschriften machen?
Wir werden dir noch ganz
anders mitspielen als de-
nen!« Sie fielen über Lot
her und versuchten, die

---

* GN = Gute-Nachricht-Bibel; vgl. die Vorbemerkung des Übersetzers.

Tür aufzubrechen. 10 Da
zogen die beiden Männer
Lot ins Haus und verschlos-
sen die Tür. 11 Sie schlugen
die Leute von Sodom mit
Blindheit, so daß sie die
Tür nicht mehr finden
konnten.
12–13 Darauf sagten die bei-
den zu Lot: »Der Herr hat
uns hergeschickt, um diese
Stadt zu vernichten. Es
sind schwere Klagen über
ihre Bewohner vor ihn ge-
kommen. Nimm deine gan-
ze Familie und führe sie aus
der Stadt! Hast du viel-
leicht noch einen Schwie-
gersohn oder andere Ver-
wandte hier?« 14 Da ging
Lot zu den Verlobten sei-
ner Töchter und sagte zu
ihnen: »Rettet euch, ver-
laßt diese Stadt; denn der
Herr wird sie vernichten.«
Aber sie lachten ihn aus.
15 Als die Morgenröte kam,
drängten die Engel Lot zur
Eile: »Schnell, nimm deine
Frau und deine Töchter,
sonst trifft die Strafe für
diese Stadt auch euch!«
16 Während Lot noch über-
legte, ergriffen sie ihn und
seine Angehörigen bei der
Hand und führten sie aus
der Stadt hinaus. Denn der
Herr wollte Lot retten.
Erst draußen vor dem Tor
ließen sie ihn wieder los.
17 Der Herr brachte Lot
und die Seinen aus der
Stadt aufs freie Feld. Dann
sagte er: »Lauft jetzt, so
schnell ihr könnt! Es geht
um euer Leben! Bleibt
nicht stehen und schaut
nicht zurück. Rettet euch
auf das Gebirge, sonst seid
auch ihr verloren.«
24 Da ließ der Herr auf So-
dom und Gomorra Schwe-
fel und Feuer vom Himmel
herabfallen. 25 Sämtliche
Städte in der Jordangegend
wurden zerstört, ihre Be-
wohner getötet und das
Land verwüstet, so daß
nichts mehr darauf wuchs.
26 Lots Frau aber schaute
zurück; da erstarrte sie zu
einer Salzsäule.

Fast zwanzig Jahrhunderte nach Christus parken Ausflugsbusse am Südwestufer des Toten Meeres. Touristen aus aller Welt besuchen den Ort, wo einst die Städte Sodom und Gomorra standen – den Ort, den die Araber heute noch *Bahr Loet* (»See des Lot«) nennen.

Viel zu sehen gibt es nicht. Sodom ist eher eine Stimmung als eine Touristenattraktion. Es gibt keine Spur von Leben. Keine Farbe erhellt die Landschaft. Die Oberfläche des Sees liegt fast 400 Meter unter dem Meeresspiegel und ist damit der tiefste Punkt der Erdoberfläche. In der fast unerträglichen Hitze verdunstet das Wasser rasch. Die Luft zittert vor Hitze und ist mit Salz- und Schwefeldämpfen geschwängert.

Es braucht nicht viel Phantasie, um sich vorzustellen, daß dieser bedrückende und trostlose Ort einst der Schauplatz einer furchtbaren Katastrophe war. Das Gericht scheint noch förmlich in der Luft zu liegen. »Und hier sehen Sie die Frau Lots«, sagt der Reiseführer, wenn er auf eine bestimmte Stelle im Fels deutet; ob er Recht hat, weiß niemand genau.

An einem Tag vor vielen hundert Jahren war dieser gleiche Ort lieblich grün, fruchtbar und von Leben erfüllt.[1] Alles lief seinen gewohnten Gang in Sodom und Gomorra, und niemand ahnte, daß Gottes Gericht kurz bevorstand.

Am Abend dieses Tages war es allerdings nicht mehr so ganz friedlich. Zwei Männer waren nach Sodom gekommen, um Lot und seine Familie zu besuchen, und um sie kam es bald zu einem Aufruhr.

Ob Lots Frau wußte, daß ihre Gäste Engel waren, die Gott gesandt hatte, um die Stadt zu richten? Wahrscheinlich wußte sie nicht, wie flehentlich der Erzvater Abraham Gott gebeten hatte, Sodom und Gomorra doch zu schonen, wenn es auch nur ein paar Gerechte in ihnen gäbe.[2] »Über die Leute von Sodom und Gomorra sind schwere Klagen zu mir gedrungen«, hatte Gott zu Abraham gesagt, »ihre Schuld schreit zum Himmel. Deshalb will ich jetzt hingehen und mit eigenen Augen sehen, ob sie es tatsächlich so schlimm treiben.«[3]

Aber auf jeden Fall wußte Lots Frau, daß es in Sodom schon seit Jahren sehr böse zuging. Die Bewohner der Stadt gaben sich so offen und hemmungslos sexuellen Perversionen hin, daß bestimmte Perversionen noch heute ihren Namen – »Sodomie« – von dieser Stadt haben.[4] Die Lage war so schlimm geworden, daß an diesem Abend, als Lot seine Gäste empfing, die männlichen Bewohner der Stadt – jung und alt – sich zusammenrotteten, um sie an sich zu reißen und zu vergewaltigen.

Lots Frau schaute zu, wie ihr Mann das Haus verließ, um mit den enthemmten Männern zu verhandeln. Schockiert hörte sie,

---

[1] Genesis (1 Mo) 13,10
[2] Genesis (1 Mo) 18,23–33
[3] Genesis (1 Mo) 18,20–21
[4] Römer 1,26–27

wie er ihnen seine beiden noch unberührten Töchter anbot. Und dann ging alles so schnell, daß sie gar nichts mehr verstand.

Das Neue Testament bestätigt die Bosheit von Sodom und Gomorra. Ihre Bewohner »trieben Unzucht und wollten mit Wesen anderer Art verkehren« (Judas 7), und deshalb mußten sie untergehen (2 Petr 2,6).

Die Männer lenkten ihre Wut auf Lot, tobten, schrien, drangen auf ihn ein, das war das Ende – dann war er auf einmal sicher wieder im Haus, die Menge draußen fand die Tür nicht mehr – wie hatten diese beiden Männer das nur gemacht? Und jetzt redeten sie auf ihn ein. Was – was sagten die da? »Der Herr hat uns hergeschickt, um diese Stadt zu vernichten. Es sind schwere Klagen über ihre Bewohner vor ihn gekommen. Nimm deine ganze Familie, und führe sie aus der Stadt! Hast du vielleicht noch einen Schwiegersohn oder andere Verwandte hier?«[5]

Was sollte das heißen? Sicher wollten sie Lot nur Angst einjagen – oder? Aber dann hatten sie ihn doch gerade vor der Meute draußen gerettet, das war ja nicht zu leugnen. Dann war vielleicht doch etwas dran an ihren Worten?

Lot selbst zögerte weniger. Er hörte und gehorchte. Aufgeregt lief er in die Stadt und versuchte, die Verlobten seiner Töchter zu überreden, mit ihm zu ziehen und aus der Stadt zu fliehen. Ohne Erfolg. In ohnmächtiger Enttäuschung mußte er ihr Gelächter anhören. Was machte der gute Schwiegervater denn da für Witze, na so was, wohl nicht ganz klar im Kopf ...[6]

Lots Frau blieb derweil zu Hause; vielleicht bekam sie sogar ein paar Stunden Schlaf in dieser Nacht. Aber als der Morgen anbrach, wurde sie von den drängenden Stimmen der beiden Besucher geweckt. »Schnell«, sagten sie ihrem Mann, »schnell, nimm deine Frau und deine Töchter, sonst trifft die Strafe für diese Stadt auch euch!«[7]

Zögernd blickte sie sich um – sah ihren Mann, ihre Töchter, ihr

---

[5] Genesis (1 Mo) 19,12–13
[6] Genesis (1 Mo) 19,14
[7] Genesis (1 Mo) 19,15

Heim. »Warum soll ich eigentlich mein Heim verlassen?« fragte sie sich. »Hier läßt es sich doch gut leben, oder nicht? Hier bin ich zu Hause. Mein Mann ist angesehen und sitzt im Stadtrat, und meine Töchter sind verlobt. Es ist doch alles wie sonst auch. Warum sollte denn jetzt auf einmal Gottes Gericht kommen?«

War Lots Frau schon damals dabei, als Abraham und Lot aus Mesopotamien auswanderten? Oder lernte Lot sie erst in Sodom kennen? Wir wissen es nicht; wir kennen noch nicht einmal ihren Namen. Aber ob sie nun in Sodom geboren war oder nicht: An dieser Stadt hing ihr Herz.

Die Bibel sagt uns auch nicht, ob sie eine persönliche Beziehung zu Gott hatte. Aber auf jeden Fall war sie durch ihre Heirat eine enge Verwandte Abrahams geworden, der im Neuen Testament der Vater der Gläubigen genannt wird.[8] Abraham und Sara wohnten in Hebron, ganz in der Nähe von Sodom. Ohne Zweifel hatte sie sie besucht und dadurch auch von Gott gehört.

Auch ihr Mann Lot kannte Gott den Herrn. Aber in dem Maße, in dem er anfing, an Sodom zu hängen, wandte er sich von Gott ab, wurde er kälter und lauer.

So standen die Dinge im Leben von Lot und seiner Frau, als Gott seine große Entscheidung traf. Er konnte die Verderbtheit Sodoms nicht länger dulden. Er mußte die Stadt für ihre großen, schamlosen Sünden bestrafen.

Aber in diesem Zorn schlug Gottes Herz für Lots Frau und die Ihren. Er wollte sie vor dem sicheren Tod retten. Er wollte ihr Gnade schenken, ihr eine Gunst gewähren, die sie eigentlich gar nicht verdient hatte. Ja, er schickte seine Engel vor ihre Tür, um diese Handvoll Menschen, die er nicht zu vernichten brauchte, zu retten.

So gnädig war Gott, aber Lots Frau zauderte und zögerte. Wertvolle Zeit verging. Ungeduldig warteten die Engel, aber jetzt mußten sie handeln. Gottes Zornesbecher war bis zum Rand gefüllt. Jede Sekunde, die sie jetzt noch zögerten, war ein Spiel mit dem Tod.

Gott hatte alles getan, was er konnte, um Lot und seine Frau zu

---

[8] Genesis (1 Mo) 17,4–5

retten. Obwohl Lots Liebe zu seinem Herrn abgekühlt war, betrachtete Gott ihn doch immer noch als einen gerechten Menschen.[9] Aber jetzt *mußten* er und seine Familie auf die Boten Gottes hören und ihre Warnung zu Herzen nehmen. Sie mußten diese Stadt der Sünde verlassen, jetzt sofort!

Plötzlich packte einer der Engel Lots Frau am Arm und führte sie zur Tür ihres Hauses hinaus. »Lauft!« drängte er. »Lauft, so schnell ihr könnt! Bleibt nicht stehen, und schaut nicht zurück! Rettet euch auf das Gebirge, sonst seid auch ihr verloren!«[10]

Und so verließen Lot und die Seinen in letzter Minute das Haus. Als sie den Stadtrand erreicht hatten, bat Lot die Engel, in die kleine Stadt Zoar fliehen zu dürfen. Sie gewährten ihm diese Bitte, aber trieben zur Eile. »Flieh schnell dorthin«, sagten sie, »wir können nichts tun, bevor du dort in Sicherheit bist.«[11]

Ab ging es in Richtung Zoar. Nach den damaligen Gebräuchen des Orients ging Lot voran, seine Frau ein paar Schritte hinter ihm.

Sie hatten die kleine Nachbarstadt kaum erreicht, als das Gericht über Sodom und Gomorra losbrach. Mit fürchterlicher Urgewalt regneten Feuer und Schwefel vom Himmel und verwandelten die beiden Städte in Asche. Die Hand Gottes löschte sie aus. Kein Mensch, kein Tier, kein Strauch, kein Grashalm blieb am Leben.

Als dieses Zorngericht losbrach, zeigte Lots Frau, daß sie die Stimme Gottes nicht ernstgenommen hatte. Sie drehte sich um und sah zurück. Ihre Füße hatten Sodom verlassen, aber ihr Herz war noch dort.

Wie sagte doch einer der Freunde Hiobs: »Er (Gott) redet doch! Er tut es immer wieder, mal sanft, mal hart – man achtet nur nicht drauf! ... Mit Nachdruck warnt er sie vor ihrem Tun, damit er sie von ihrer Bosheit abbringt ...« (Hiob 33,14–17).

Dieser Blick zurück wurde ihr Tod. Der Schwefel- und Salzregen holte sie ein, bedeckte sie, erstickte sie, wurde ihr Grab. Mit

[9] 2. Petrus 2,8
[10] Genesis (1 Mo) 19,17
[11] Genesis (1 Mo) 19,21–22

furchtbarer Schlichtheit beschreibt es die Bibel: »Lots Frau aber schaute zurück; da erstarrte sie zu einer Salzsäule.«[12]

Sie hätte dem Tod entrinnen können, denn Gott hatte sie rechtzeitig gewarnt. Aber sie nahm seine Warnung nicht ernst. Sie kümmerte sich nicht um seine Gnade, und das war ein furchtbarer Fehler. In den Worten, die David später in einem Psalm benutzte, ausgedrückt: »Sie achtete nicht auf das Walten des Herrn und auf das Werk seiner Hände.«[13] Auch die folgenden Worte Jesajas sind direkt auf sie anwendbar: »Aber der Frevler lernt nie, was gerecht ist, auch wenn du ihm Gnade erweist. Selbst im Land der Gerechtigkeit tut er noch Unrecht, doch er wird den erhabenen Glanz des Herrn nicht erblicken.«[14]

Diese Haltung kostete Lots Frau das Leben. Sie ließ sich nicht von Gott retten. Sie schlug nicht in die Hand ein, die er ausgestreckt hatte. Sie starb nicht wegen der Sünden Sodoms, sondern weil sie sich weigerte, Gott zu glauben und zu gehorchen. Sie hatte die Gnade Gottes vergeblich empfangen.[15]

Später benutzte Jesus sie als warnendes Beispiel. »Denkt an die Frau des Lot!« sagte er seinen Jüngern, als er über das Jüngste Gericht sprach.[16]

»Es ist furchtbar, in die Hände des lebendigen Gottes zu fallen« . . . »denn unser Gott ist verzehrendes Feuer« (Hebr 10,31; 12,29).

Lots Frau hatte die Gelegenheit zur Errettung verpaßt. Damit war ihr Schicksal besiegelt. Aber ihr warnendes Beispiel kann zum Segen werden, wo Menschen, die ihre Geschichte lesen, die Gnade, die Gott ihnen (noch) anbietet, annehmen. In Jesus Christus bietet er uns den »Reichtum seiner Gnade« an,[17] und jeder, der an ihn glaubt, bekommt diese Gnade als unverdientes Geschenk Gottes.[18]

---

[12] Genesis (1 Mo) 19,26
[13] Psalm 28,5
[14] Jesaja 26,10
[15] 2. Korinther 6,1
[16] Lukas 17,32
[17] Epheser 1,7–8
[18] Epheser 2,8

Es gibt Hoffnung für jeden Menschen, der das, was die Bibel sagt, ernst nimmt. »Darum müssen wir um so aufmerksamer auf das achten, was wir gehört haben, damit wir nicht vom Weg abkommen. Denn wenn schon das durch Engel verkündete Wort rechtskräftig war und jede Übertretung und jeder Ungehorsam die gerechte Vergeltung fand, wie sollen dann wir entrinnen, wenn wir uns um ein so erhabenes Heil nicht kümmern, das zuerst durch den Herrn verkündet und uns von den Ohrenzeugen bestätigt wurde?«[19]

---

[19] Hebräer 2,1–3

»Es gibt zwei Arten von Schönheit. Die eine gibt Gott dem Menschen bei der Geburt, und sie verwelkt wie eine Blume. Die andere gibt Gott, wo ein Mensch durch seine Gnade wiedergeboren wird; sie vergeht nie, sondern blüht ewig.«

*Abraham Kuyper**

RAHEL – von außen attraktiv, innerlich enttäuschend

Genesis (1 Mo) 29,1–30 (Einh):

Jakob machte sich auf und zog weiter ins Land der Söhne des Ostens. [2]Eines Tages sah er einen Brunnen auf freiem Feld. Dort lagerten drei Herden von Schafen und Ziegen; denn aus dem Brunnen tränkte man die Herden. Ein großer Stein lag über der Brunnenöffnung. [3]Wenn sich dort alle Herden eingefunden hatten, schob man den Stein von der Brunnenöffnung und tränkte das Vieh. Dann schob man den Stein wieder zurück an seinen Platz über der Brunnenöffnung. [4]Jakob fragte die Leute dort: Meine Brüder, woher seid ihr? Aus Haran, antworteten sie. [5]Da sagte er zu ihnen: Kennt ihr Laban, den Sohn Nahors? Ja, wir kennen ihn, antworteten sie. [6]Weiter fragte er sie: Geht es ihm gut? Sie entgegneten: Ja, es geht ihm gut. Aber da kommt gerade seine Tochter Rahel mit der Herde. [7]Da sagte er: Es ist noch mitten am Tag und nicht die Zeit, das Vieh zusammenzutreiben. Tränkt doch die Tiere, dann geht, und weidet weiter! [8]Da sagten sie: Das können wir nicht, bevor nicht alle Herden sich eingefunden haben. Erst dann kann man den Stein von der Brunnenöffnung wegschieben und die Tiere tränken.

[9]Während er sich noch mit ihnen unterhielt, war Rahel mit der Herde, die ihrem Vater gehörte, eingetroffen; denn sie war Hirtin. [10]Als Jakob Rahel, die Tochter Labans, des Bruders seiner Mutter, und dessen Herde sah, trat er hinzu, schob den Stein von der Brunnenöffnung und tränkte das Vieh Labans,

---

* Women of the Old Testament (Zondervan), S. 32–33

des Bruders seiner Mutter.
[11]Dann küßte er Rahel und
begann laut zu weinen.
[12]Jakob sagte zu Rahel,
daß er ein Bruder ihres Va-
ters und der Sohn Rebek-
kas sei. Da lief sie weg und
erzählte es ihrem Vater.
[13]Als Laban von Jakob,
dem Sohn seiner Schwe-
ster, hörte, lief er ihm ent-
gegen; er umarmte und
küßte ihn und führte ihn in
sein Haus. Jakob erzählte
Laban die ganze Geschich-
te. [14]Da erwiderte ihm
Laban: Du bist wirklich
mein Bein und mein
Fleisch.
Als Jakob etwa einen Mo-
nat bei ihm geblieben war,
[15]sagte Laban zu ihm:
Sollst du mir umsonst die-
nen, weil du mein Bruder
bist? Sag mir, welchen
Lohn du haben willst.
[16]Laban hatte zwei Töch-
ter, die ältere hieß Lea, die
jüngere Rahel. [17]Die Au-
gen Leas waren matt, Ra-
hel aber war schön von Ge-
stalt und hatte ein schönes
Gesicht. [18]Jakob hatte Ra-
hel lieb, und so sagte er: Ich
will dir um die jüngere
Tochter Rahel sieben Jahre
dienen. [19]Laban entgegne-
te: Es ist besser, ich gebe
sie dir als einem anderen.
Bleib bei mir! [20]Jakob
diente also um Rahel sie-
ben Jahre. Weil er sie lieb-
te, kamen sie ihm wie weni-
ge Tage vor. [21]Dann aber
sagte er zu Laban: Gib mir
jetzt meine Frau; denn
meine Zeit ist um, und ich
will nun zu ihr gehen. [22]Da
ließ Laban alle Männer des
Ortes zusammenkommen
und veranstaltete ein Fest-
mahl. [23]Am Abend nahm
er aber seine Tochter Lea,
führte sie zu ihm, und Ja-
kob wohnte bei ihr. [24]La-
ban gab seine Magd Silpa
seiner Tochter Lea zur
Magd. [25]Am Morgen stell-
te sich heraus: Es war Lea.
Da sagte Jakob zu Laban:
Was hast du mir angetan?
Habe ich dir denn nicht um
Rahel gedient? Warum
hast du mich hintergangen?
[26]Laban erwiderte: Es ist
hierzulande nicht üblich,
die Jüngere vor der Älteren
zur Ehe zu geben. [27]Ver-
bring mit dieser noch die
Brautwoche, dann soll dir
auch die andere gehören
um weitere sieben Jahre
Dienst. [28]Jakob ging dar-
auf ein. Er verbrachte mit
Lea die Brautwoche, dann
gab ihm Laban seine Toch-
ter Rahel zur Frau. [29]La-
ban gab seine Magd Bilha
seiner Tochter Rahel zur
Magd. [30]Jakob wohnte Ra-
hel ebenfalls bei, und er
liebte Rahel mehr als Lea.
Er blieb noch weitere sie-
ben Jahre bei Laban im
Dienst.

(Vergleiche auch Genesis (1 Mo) 30–33; 35)

Etwas verwirrt blickte Rahel den Fremden an, der da am Brunnen stand. Bis vor ein paar Minuten, als sie – wie jeden Tag – die Schafe zum Trinken dorthin getrieben hatte, hatte sie ihn noch nie gesehen. Voll Staunen sah sie zu, wie er ganz allein und scheinbar ohne Mühe den schweren Stein von der Brunnenöffnung rollte – eine Arbeit, die gewöhnlich die Kraft mehrerer erwachsener Männer erforderte.

Aber wenn sie ihn auch noch nie zuvor gesehen hatte – so ganz fremd erschien er ihr auch wieder nicht. An wen oder was erinnerte er sie bloß? Ein paar Augenblicke später war alles klar: Er war ihr Vetter Jakob, der Sohn von Tante Rebekka, die vor vielen Jahren nach Kanaan gezogen war, um Isaak (Jakobs Vater) zu heiraten.

Verstohlen studierte sie seinen Gesichtsausdruck. »Ich gefalle ihm, er findet mich schön«, dachte sie. Dieser Gedanke war für sie nichts Neues. Sie wußte seit langem, daß ihr hübsches Gesicht und ihre wohlgeformte Gestalt die Blicke der Leute an sich zogen, und hatte – wie viele andere schöne Frauen und Mädchen auch – gelernt, diese Bewunderung als etwas Selbstverständliches anzunehmen. Und doch: In dem Blick dieses jungen Mannes lag irgendwie mehr. War da nicht so etwas wie erwachende Liebe in seinen durchdringenden Augen? Und seinen Begrüßungskuß empfand sie auch nicht nur wie den stürmischen Gruß eines soeben angekommenen Verwandten ...

Nun, Rahel täuschte sich nicht: Vom ersten Augenblick des Treffens an war Jakob von der Schönheit seiner Kusine gefesselt, und eine tiefe Liebe zu ihr wuchs in ihm. Wieviel sie ihm wert war, zeigte er schon einen Monat später, als er ein Knecht ihres Vaters und Glied seines Hauses wurde.

»Du sollst nicht umsonst für mich arbeiten, nur weil du mein Verwandter bist«, sagte Laban zu seinem Neffen. »Was willst du als Lohn haben?«[1] Und ohne Zögern antwortete Jakob: »Gib mir Rahel! Ich will ihretwegen sieben Jahre für dich arbeiten.«[2] Jawohl, er liebte Rahel, und war bereit, viel für sie zu geben.

---

[1] Genesis (1 Mo) 29,15
[2] Genesis (1 Mo) 29,18

Die sieben langen Jahre schienen ihm fast kurz, so sehr liebte er Rahel.

Und Rahel? Was ging in ihr vor? Liebte sie Jakob so, wie er sie liebte? Darüber erfahren wir in der Bibel nichts; auch nichts über ihre Reaktion auf den Betrug Labans bei der Hochzeitsnacht, obwohl dieser Betrug sicherlich äußerst schmerzlich für sie gewesen sein muß.

Laban, der nur an seinen eigenen Vorteil dachte, waren auch krumme Wege recht, um seine Ziele zu erreichen. In kühler Berechnung nutzte er Jakobs leidenschaftliche Liebe zu Rahel aus, um die ältere und weniger attraktive Lea rechtzeitig unter die Haube zu bringen. Ein einfaches Vertauschspiel, und die Sache war für Laban klar.

Daß Jakob äußerst verbittert über diesen Trick war, wissen wir. Bei Rahel sind wir mehr auf Spekulationen angewiesen. Hatte sie sich in den sieben Wartejahren ebenso nach Jakob gesehnt wie er sich nach ihr? War ihre äußere Schönheit eine Widerspiegelung der Schönheit ihres Herzens? Oder war sie der Liebe Jakobs im Grunde nicht ganz würdig? Ich glaube, ihre Reaktionen auf die späteren Umstände und Wechselfälle ihres Lebens geben Antworten auf diese Fragen.

Eine Woche nach der unfreiwilligen Hochzeit mit Lea heiratete Jakob wieder, diesmal Rahel – unter der Bedingung, daß er Laban weitere sieben Jahre dienen würde.

Eine Doppelehe eines Mannes mit zwei Frauen hatte schon damals ihre Probleme und daß Jakobs Frauen auch noch Schwestern waren, machte die Sache nicht einfacher. Rahel und Lea konnten den Spannungen einer solch verwickelten und unerquicklichen Situation nicht entgehen. Dazu kam noch, daß Jakob Rahel, aber nicht Lea liebte.

Lea brachte ihre Not, mit einem Mann, der sie nicht liebte, zusammenleben zu müssen, vor Gott, und Gott schenkte ihr sechs Söhne und eine Tochter. Äußerliche Schönheit war ihr versagt, aber unter dem Druck ihres Lebensschicksals wuchs dafür ihre innere Schönheit und ihre Gottesfurcht.

Rahel reagierte ganz anders. Ihr Charakter ließ wenig Raum für Dankbarkeit und Mitfühlen. Sie wurde eifersüchtig auf Lea und dachte nur an sich selbst. Sie nahm es als selbstverständlich hin, daß Jakob sie ihrer Schwester Lea vorzog und daß sie schön war. Daß sie keine Kinder bekam, nahm sie dagegen nicht hin; sie gönnte Lea ihr Mutterglück nicht. Sie konnte sich in ihrem Herzen nicht damit abfinden, daß Lea ihr in diesem Punkt voraus war.

»Sorge dafür, daß ich Kinder bekomme, sonst will ich nicht länger leben!« bestürmte sie Jakob.[3] Diese herzlosen Worte enthüllten schroff, welchen Platz Jakob in ihrem Herzen hatte. Der Tod war ihr lieber als die Schande, keine Kinder zu haben. Offenbar war Jakob als Person ihr nicht sehr viel wert.

Mit ihren bitteren Worten versündigte sie sich auch gegen Gott. Jakob versuchte ihr zwar klarzumachen, daß sie ihre Klage an die falsche Stelle richtete – Gott allein verfügt über den Segen, Kinder zu schenken –, aber er redete gegen eine Wand.

Rahel ließ sich von ihrer Not nicht näher zu Gott treiben. Statt dessen griff sie zur Selbsthilfe. »Ich gebe dir meine Magd Bilha«, sagte sie Jakob. »Schlafe mit ihr, damit sie an meiner Stelle ein Kind bekommt.«[4] Sie kannte sehr wohl jene alte Sitte, nach der Bilhas Kind mit Jakob rechtlich als ihr, Rahels, Kind und damit als Jakobs Kind und Erbe zählen würde.

Als Bilha dann tatsächlich ein Sohn geboren wurde, sagte Rahel: »Gott hat mir zu meinem Recht verholfen« und nannte das Kind Dan (d. h. »Richter«).[5] Daß sie hier von Gott sprach, braucht nicht auf Frömmigkeit hinzudeuten. Hier ging es schlicht um einen Wettstreit mit Lea; Rahel wollte es ihrer Schwester jetzt einmal zeigen.

Dies wurde noch klarer, als Bilha der zweite Sohn geboren wurde. Rahel nannte ihn Naftali, d. h. »Kämpfer«. Er war für sie ein weiterer Erfolg in dem heftigen Konkurrenzkampf mit ihrer Schwester. Rahels Triebkraft in diesem Kampf war Bitterkeit – eine höchst destruktive und ansteckende Haltung, die sich immer negativ auswirkt.[6]

Daß Rahel eine Konkubine in die Ehe einführte, löste eine gefährliche Kettenreaktion aus. Es dauerte nicht lange, und Lea

---

[3] Genesis (1 Mo) 30,1
[4] Genesis (1 Mo) 30,3
[5] Genesis (1 Mo) 30,6
[6] Hebräer 12,15

folgte mit ihrer Magd Silpa Rahels Beispiel. Jetzt hatte – gerade als wären die Probleme mit zweien noch nicht schlimm genug – Jakob vier Frauen!

Die Heilige Schrift sagt uns nicht, wie tief Rahels Seele durch die Liebe ihres Mannes bewegt wurde. Aber es ist klar, daß sie in ihrem Wettstreit mit Lea diese Liebe mißbrauchte. Die Jahre gingen dahin, ihr Neid gegen Lea blieb. Sie hatte keinerlei Mitgefühl für ihre Schwester, die immer noch um Jakobs Liebe warb. Ihr Denken war von den beiden Worten »gib mir« beherrscht.

Eine Szene während einer der Ernteperioden zeigt die ganze Selbstsucht Rahels sehr deutlich. Sie sah, daß Ruben, Leas ältester Sohn, seiner Mutter Alraunen mitgebracht hatte – seltene Früchte, die als Mittel zur Hebung der Liebeskraft und Fruchtbarkeit galten. Die mußte sie auch haben! »Gib mir doch ein paar von diesen Zauberfrüchten«, bat sie Lea, »dann soll Jakob meinetwegen heute nacht bei dir schlafen.«[7] Stolz und herablassend verteilte sie Liebe, als wenn es eine Ware wäre; die Hauptsache, sie, Rahel, hatte einen Vorteil.

Es scheint, daß sie nicht die wirkliche Bedeutung des Wortes »Liebe« kannte. Dagegen kannte sie sich sehr wohl in Eigenliebe aus. Die äußere Schönheit, die sie so attraktiv machte, stand in schmerzvollem Gegensatz zu ihrer inneren Härte und Kälte. Rahel war im Eis der Selbstsucht gefangen.

In bezug auf die Dinge, die vor Gott wirklich zählen, konnte Rahel es mit Lea nicht aufnehmen. Das hinderte Gott nicht daran, auch Rahel seine Güte zu schenken. Ihr armseliger menschlicher Egoismus konnte der Gnade Gottes keinen Abbruch tun. Gott wußte, wie leidenschaftlich sie sich nach einem eigenen Kind sehnte, und er gab ihr einen Sohn – Josef. Sein Name (»Zufüger«) zeigte einmal mehr, wie sehr sie sich gegenüber ihrer Schwester zurückgesetzt fühlte.

»Gott hat meine Schande von mir genommen«, sagte sie und fügte gleich hinzu: »Möge er mir noch einen Sohn dazugeben!«[8]

---

[7] Genesis (1 Mo) 30,14–15
[8] Genesis (1 Mo) 30,23–24

Rahel blieb ganz die alte. Ihr Denken blieb egoistisch, eifersüchtig und undankbar. Immer noch war »gib mir, gib mir« das Leitmotiv ihres Lebens. Ihre Eifersucht erstickte ihre Dankbarkeit, denn niemand kann zur gleichen Zeit eifersüchtig und dankbar sein.

Aber dafür änderte sich etwas anderes im Hause Jakobs. Was die Kinder seiner anderen Frauen nicht vermocht hatten, das schaffte der Sohn seiner geliebten Rahel. Jakob bekam Heimweh nach dem Land seiner Väter. Nach vierzehn Jahren harter Arbeit wollte er nicht länger in einem fremden Land der Diener eines anderen sein. Sein Schwiegervater brachte ihn zwar dazu, noch ein wenig länger in Haran zu bleiben, aber Jakobs Gedanken gingen in die Zukunft seines eigenen Stammes. Nach weiteren sechs Jahren harter Arbeit – in denen er sehr reich wurde – kam der Tag, wo er sich endgültig entschloß, nach Kanaan zurückzukehren.

An diesem Tag rief Jakob Rahel und Lea zu sich und erklärte ihnen, wie Gott der Herr ihm befohlen hatte, die Rückreise in sein Heimatland anzutreten. Beide Frauen stimmten ihm bei. »Tu, was Gott dir gesagt hat«, sagten sie.[9] Beide waren bereit, mit ihm zu ziehen.

Es ist bemerkenswert, wie stark sich das Innerste eines Menschen enthüllt, wenn etwas geschieht, was ihn abrupt aus dem Alltag seines Lebens herausreißt und seine Masken und Fassaden nutzlos macht. So war es auch hier mit Rahel, als sie sich auf die lange Reise nach Kanaan vorbereitete. Es war eine Reise ins Unbekannte, ein großer und beschwerlicher Schritt – gerade für eine junge Frau, die noch nie in ihrem Leben ihr Heimatdorf und seine unmittelbare Umgebung verlassen hatte.

Eigentlich hätte ja die Tatsache, daß Gott Jakob zu dieser Reise aufgefordert und ihm seine Nähe zugesichert hatte, Rahel den nötigen inneren Halt geben müssen. Aber offensichtlich hatten die vielen Jahre des Zusammenlebens mit Jakob und seine große Liebe zu ihr Rahel wenig Antrieb gegeben, seinen Gott näher kennenzulernen. Jakob war trotz seiner unübersehbaren Charakterschwächen, trotz seiner Neigung zu »cleverem« Verhalten und raffinierten Manipulationen, ein Mann des Glaubens. Aber Rahel

---

[9] Genesis (1 Mo) 31,14–16

hatte keinen Anteil an seinem geistlichen Leben. Seine tiefsten Gedanken und Werte blieben ihr etwas Fremdes.

Und so klammerte sie sich jetzt, als sie ihre bisherige Sicherheit und Geborgenheit verlassen mußte, an etwas, was ihr Halt zu versprechen schien – die Hausgötzen ihres Vaters. Während Jakob dabei war, seinen Bund mit Gott zu erneuern, suchte Rahel ihre Zuflucht bei heidnischen Götzenbildern. Lea dagegen, die doch auch in diesem Land des Götzendienstes geboren und aufgewachsen war, hatte es offenbar gelernt, ihr Vertrauen auf den Gott Jakobs zu setzen.

Während die große Familie sich mit all ihren Herden auf den Aufbruch, der heimlich geschehen sollte, vorbereitete, stahl Rahel die Götzen ihres Vaters. Die Tatsache, daß sie Jakob in diese Tat nicht einweihte, wirft noch mehr Licht auf ihre Beziehung zu ihm. Sie ließ ihn nicht teilhaben an ihren Sorgen und Lasten. Es bestand – trotz Jakobs großer Liebe – keine wirkliche Gemeinschaft und Herzensnähe zwischen Rahel und ihm.

Mit diesem Diebstahl setzte Rahel übrigens ihr Leben aufs Spiel. Denn als Laban Jakob einholte und ihn beschuldigte, die Hausgötzen gestohlen zu haben, wurde Jakob so zornig, daß er wetterte: »Deine Götter? Bei dem du sie findest, der soll sterben!«[10] Rahel griff dann zur Lüge, um dem Tod zu entgehen. Sie gab vor, unpäßlich zu sein, und konnte so auf dem Kamelsattel, unter dem sie die Götzen versteckt hatte, sitzenbleiben, während Laban das Zelt durchsuchte.

Rahels List funktionierte, aber ihre Tat und die gestohlenen Götzen beschmutzten die Religion der Familie des Erzvaters Jakob. Die bösen Folgen von Rahels Tat sollten sich später noch zeigen.

Die Bibel sagt uns klar und deutlich, was Gott über das menschliche Herz denkt. An vielen Stellen zeichnet sie ein genaues Bild des Herzens. Es ist »böse von Jugend an«,[11] arglistig und krank; nur Gott kann es ergründen.[12] Gott nennt es »stör-

---

[10] Genesis (1 Mo) 31,32
[11] Genesis (1 Mo) 8,21
[12] Jeremia 17,9–10

risch« und »trotzig«,[13] und sein Hochmut ist ihm ein Greuel.[14] Gott duldet keine sündigen, unreinen Herzen.

Der Mensch ist unfähig, sein Herz aus eigener Kraft zu ändern, so viel er sich auch anstrengen mag. Gott allein kann es umwandeln. Darum sagt er jedem von uns: »Gib mir dein Herz.«[15] Er will an uns arbeiten. Dabei läßt er trotz seiner großen Liebe oft auch Leid in unserem Leben zu – damit er unsere trotzigen, eigensüchtigen Herzen besser ändern und zu sich ziehen kann. Er prüft die Menschen, um zu sehen, ob sie bereit sind, seinen Willen zu tun.[16]

David, der größte König Israels, wußte, wie es um das menschliche Herz bestellt ist. Darum betete er: »Erschaffe mir, Gott, ein reines Herz« (Psalm 51, 12).

Rahels Herz war nicht schlechter oder störrischer als das vieler anderer Menschen auch. Anstatt ihr Leben Gott zu übergeben, wollte sie es selbst bestimmen. Diese Fehlentscheidung führte zu verstärktem Egoismus und vergrößerte die Probleme in ihrem Leben. Da ihr Herz nicht durch Gottes Liebe erhellt werden konnte, blieb es in Dunkelheit und kaltem Stolz gefangen und es konnte keine Wärme von ihm ausströmen. Nur wer sein Herz an Gott ausliefert, kann es auch für andere Menschen öffnen, kann Gottes Liebe mit ihrer froh und hell machenden Wärme empfangen und weitergeben.

Rahels verbissener Versuch zu beweisen, daß auch sie Kinder bekommen konnte, führte zu ihrem frühen Tod. Noch bevor Jakob und seine Familie sich richtig im verheißenen Land niederlassen konnten, starb sie bei der Geburt ihres zweiten Sohnes. Mit ihrem letzten Atemzug nannte sie das Kind Ben-Oni (»Unheilskind«), aber Jakob änderte den Namen auf Benjamin (»Erfolgskind« oder »Glückskind«).[17]

---

[13] Jeremia 5,23
[14] Sprüche 16,5
[15] Sprüche 23,26
[16] Deuteronomium (5 Mo) 8,2.16
[17] Genesis (1 Mo) 35,16–20

Trotz all des Dunklen und Unglücklichen bei Rahel gab es doch einen Funken der Hoffnung in ihrem ältesten Sohn Josef. Er war noch jung, als seine Mutter starb, aber er sollte ein außergewöhnlicher Gottesmann werden, in dessen Leben Gott den absoluten Vorrang hatte. Er sollte ein großer Segen für das Hebräervolk werden.

Kurz bevor Rahel starb, erneuerte Jakob seinen Bund mit Gott. Er entfernte alle fremden Götter aus seinem Haus und vergrub sie. Nach dieser Reinigung verband Gott sich so stark mit Jakob und den Seinen, daß alle seine Nachbarn tief beeindruckt waren. Trotz aller vergangenen Fehler war ein neuer Anfang mit Gott geschehen.

Ob sich Rahels Herz in ihrem letzten Lebensabschnitt doch noch für Gott öffnete? War Josefs Frömmigkeit ganz das Ergebnis der Erziehung durch seinen Vater? Oder hatte Rahel durch Gottes Macht sich doch noch so weit geändert, daß sie einen unauslöschlichen Eindruck auf Josef hinterließ?

Wie immer auch die Antworten lauten mögen: Rahels jämmerliches und unerfülltes Leben hätte voll Freude und Sinn sein können, wenn nur ihre innere Schönheit so groß gewesen wäre wie ihre äußere.

»Wir finden eine polygame Familie, in der viele schändliche Dinge vorkommen. Und doch wird sie von Gott als Keimzelle der zwölf Stämme des messianischen Volkes, das der Welt den Heiland bringen sollte, erwählt. Hier können wir sehen, daß Gott die Menschen so gebraucht, wie sie sind.«

*Henry H. Halley**

LEA – eine Frau, deren unglückliche Ehe ein Segen Gottes für die Menschen wurde

Genesis (1 Mo) 29,21–35 (Einh):

---

[21] Dann aber sagte er zu
Laban: Gib mir jetzt meine
Frau; denn meine Zeit ist
um, und ich will nun zu ihr
gehen. [22] Da ließ Laban alle
Männer des Ortes zusam-
menkommen und veran-
staltete ein Festmahl.
[23] Am Abend nahm er aber
seine Tochter Lea, führte
sie zu ihm, und Jakob
wohnte ihr bei. [24] Laban
gab seine Magd Silpa seiner
Tochter Lea zur Magd.
[25] Am Morgen stellte sich
heraus: Es war Lea. Da
sagte Jakob zu Laban: Was
hast du mir angetan? Habe
ich dir denn nicht um Rahel
gedient? Warum hast du
mich hintergangen? [26] La-
ban erwiderte: Es ist hier-
zulande nicht üblich, die
Jüngere vor der Älteren
zur Ehe zu geben. [27] Ver-
bring mit dieser noch die
Brautwoche, dann soll dir
auch die andere gehören
um weitere sieben Jahre
Dienst. [28] Jakob ging dar-
auf ein. Er verbrachte mit
Lea die Brautwoche, dann
gab ihm Laban seine Toch-
ter Rahel zur Frau. [29] La-
ban gab seine Magd Bilha
seiner Tochter Rahel zur
Magd. [30] Jakob wohnte Ra-
hel ebenfalls bei, und er
liebte Rahel mehr als Lea.
Er blieb noch weitere sie-
ben Jahre bei Laban im
Dienst.
[31] Als der Herr sah, daß Lea
zurückgesetzt wurde, öff-
nete er ihren Mutterschoß.
Rahel aber blieb unfrucht-
bar. [32] Lea wurde schwan-
ger und gebar einen Sohn.
Sie nannte ihn Ruben
(Seht, ein Sohn!); denn sie

---

* Halley's Bible Handbook, S. 104

sagte: Der Herr hat mein Elend gesehen. Jetzt wird mein Mann mich lieben.
[33] Sie wurde abermals schwanger und gebar einen Sohn. Da sagte sie: Der Herr hat gehört, daß ich zurückgesetzt bin, und hat mir auch noch diesen geschenkt. Sie nannte ihn Simeon (Hörer).
[34] Sie wurde noch einmal schwanger und gebar einen Sohn. Da sagte sie: Jetzt endlich wird mein Mann an mir hängen, denn ich habe ihm drei Söhne geboren. Darum nannte sie ihn Levi (Anhang).
[35] Abermals wurde sie schwanger und gebar einen Sohn. Da sagte sie: Diesmal will ich dem Herrn danken. Darum nannte sie ihn Juda (Dank). Dann bekam sie keine Kinder mehr.

(Siehe auch die Bibelabschnitte im Rahel-Kapitel.)

Leas sämtliche Illusionen waren zerbrochen. Die wenigen Stunden der Dunkelheit, die hinter ihr lagen, waren ebenso glücklich wie unsicher gewesen. Wider alle Vernunft hoffend, hatte sie still auf ihrem Brautlager gelegen und sich der Leidenschaft ihres Bräutigams hingegeben – voller Angst, was dieser am Morgen sagen würde.

Und der Morgen kam. Langsam glitten die ersten Sonnenstrahlen ins Zelt. Jakob gähnte und reckte sich. Wie schön das war – nach sieben Jahren der Arbeit und des Träumens endlich mit Rahel zusammen! Er sah seine Braut an. Rahel? Wie, was war – nein, das war doch ... – Er stand auf, blickte verwirrt um sich. Dann schrie er auf. Er hatte begriffen.

Lea hatte nicht den Mut gehabt, Jakob noch in der Nacht aufzuklären. Was Laban da mit ihm gespielt hatte, war klar. Er war mit ihm umgesprungen wie mit einem dummen Jungen, hatte ihm statt der versprochenen Rahel einfach Lea – eine Frau, die er nicht liebte – untergeschoben. Betrogen hatte man ihn – belogen und betrogen.

Der Gedanke, an dem Lea sich die ganze Zeit festgeklammert hatte, war: Vielleicht, vielleicht liebt er mich doch? Aber die Antwort lautete: »Nein«, das machte dieser Morgen klar. Bebend vor Empörung und ohnmächtigem Zorn stürzte Jakob aus dem Zelt. Wo war Laban, wo war dieser hinterlistige Betrüger von Schwiegervater? Ich will mein Recht haben!

Lea blieb im Zelt liegen, allein mit ihren Gedanken. »Jetzt kann ich nicht mehr zurück«, ging es ihr durch den Kopf. »Ich bin ja seine rechtmäßige Frau. Meine Zukunft ist entschieden, ich bin mit einem Mann verheiratet, dem ich nichts bedeute.« Schluß! Aus! Oder doch nicht ganz? »Ich liebe ihn doch. Vielleicht läßt er sich doch noch gewinnen. Wenn er erst einmal sieht, daß ich ihn liebe, wenn ich ihm erst einmal einen Sohn geschenkt habe – vielleicht ...«

Inzwischen stand Jakob Laban gegenüber, kaum unterdrückter Zorn und Bitterkeit in seiner Stimme. »Was hast du mir da angetan? Sieben Jahre habe ich dir gedient, für Rahel. Hörst du, für Rahel! Warum hast du mich betrogen?«[1]

Laban versuchte, Jakob nicht ins Gesicht zu sehen. Seine Verteidigung war schwach. »Tja, hierzulande ist es Sitte, daß zuerst die älteste Tochter heiratet, danach die jüngere«,[2] antwortete er – gerade so, als sei ihm dies erst jetzt eingefallen. Tatsache war natürlich, daß er kühl ausgerechnet hatte, wie er sich den besten Vorteil verschaffen konnte. Er hatte zwei Fliegen mit einer Klappe geschlagen: sich die billige Arbeitskraft seines Schwiegersohnes für weitere lange Jahre gesichert und die nicht so attraktive Lea gut unter die Haube gebracht.

Die Rechnung ging auf. Was sollte Jakob auch anderes machen, als auf Labans Vorschlag zur Güte einzugehen – zumindest, wenn er Rahel haben wollte? Also: nach Ende der Brautwoche die Hochzeit mit Rahel, als Gegenleistung weitere sieben Jahre Dienst für Laban. Abgemacht? Abgemacht!

Erinnerungen kamen in Jakob hoch, unangenehme Erinnerungen. Wie war das damals gewesen, mit Esau? Esaus Erstgeburtsrecht hatte er sich erkauft, den Segen, der Esau von Isaak zustand, hatte er gestohlen. Das war auch so ein Vertauschspiel gewesen – Isaak segnete, wie er die ganze Zeit glaubte, Esau, und dann war's Jakob.[3] Keine Frage, Jakob war kein unschuldiges, unbeschriebenes Blatt. Hier war ein Betrüger selbst betrogen, mit eigenen Waffen geschlagen worden.

Und so begannen die ersten Tage von Leas Ehe – die einzigen

---

[1] Genesis (1 Mo) 29,25
[2] Genesis (1 Mo) 29,26
[3] Genesis (1 Mo) 27,5–40

Tage, in denen sie ihren Mann ganz für sich hatte. Ganz für sich? In Gedanken war er schon bei Rahel. Lea sehnte sich nach einer Liebe, die sie nicht erhielt, ja wohl niemals erhalten würde.

Gott kennt jede unserer Taten und läßt uns oft ihre Folgen durchmachen. »Täuscht euch nicht: Gott läßt keinen Spott mit sich treiben; was der Mensch sät, wird er ernten.« (Gal 6,7)

Ihre Ehe zeigte wenig Ähnlichkeit mit dem Partnerbund, an den Gott gedacht hatte, als er Mann und Frau füreinander schuf. Gott wollte die Einehe, die Gemeinschaft zwischen *einem* Mann und *einer* Frau.[4] Aber unter den Menschen wurde es bald üblich, auch mehrere Frauen zu haben, und die Vorläufer des Volkes Israel machten hierin keine Ausnahme. Gott duldete dies zwar, aber er wußte, daß niemand seine guten Schöpfungsordnungen verletzen konnte, ohne den Preis dafür zu bezahlen. Dies sollte Lea bald am eigenen Leib erfahren. Jeden Tag ihres Lebens sollte sie die bittere Frucht der Vielehe, der Polygamie, schmecken.

Die Jahre gingen ins Land, und die Tür zum Herzen Jakobs blieb für Lea fest verschlossen. Das lag zum Teil sicherlich an ihrem Äußeren; in punkto Schönheit konnte sie es mit Rahel einfach nicht aufnehmen. Ihre Augen z. B. waren matt, obwohl wir nicht genau wissen, warum. Nein, mit Schönheit gewinnen konnte sie ihren Mann nicht.

Aber dafür wurde sie auf einem anderen Gebiet von Gott gesegnet. Es gibt ein altes Sprichwort: »Wenn Gott eine Tür schließt, öffnet er dafür eine andere.« Für Lea öffnete er die Tür der Mutterschaft. Wie wir es in der Bibel lesen: »Als der Herr sah, daß Lea zurückgesetzt wurde, öffnete er ihren Mutterschoß.«[5] Für Gott war die geringe Schönheit Leas kein Hindernis. Er sah ihr Herz an,[6] und das war offen für ihn. Rahels Herz dagegen wurde vergleichsweise selbstsüchtig und verschlossen.

---

[4] Genesis (1 Mo) 1,27; 2,24
[5] Genesis (1 Mo) 29,31
[6] 1. Samuel 16,7

Leiden hat seine Gefahren. Es kann einen Menschen in sich selbst einschließen und von seinen Mitmenschen wie von Gott trennen. Bei Lea jedoch war es umgekehrt. Ihr Schmerz trieb sie näher zu Gott. Dies zeigte sich auch in den Namen, die sie ihren Söhnen gab.

Die Ehe ist in Gottes Augen so ausschließlich und heilig, daß er sie in der Bibel als Symbol für die Beziehung zwischen sich und seinem Volk benutzt (Hosea 2,19) bzw. als Bild für die Beziehung zwischen Christus und seiner Gemeinde (Eph 5,28–32). Er erwartet lebenslange Treue zwischen den Ehepartnern (Mal 2,14–16), und diese Treue macht glücklich (Kohelet/Pred 9,9). Und Salomo denkt bei seiner Lobeshymne auf die ideale Ehefrau ebenfalls an die Einehe (Spr 31,10–31).

Ihren Erstgeborenen nannte sie Ruben, was für sie bedeutete: »Der Herr hat mein Elend gesehen.« Sie wußte, daß man sich Gott voll und ganz anvertrauen kann. Hatte er nicht verheißen, daß er jedem, der ihn anruft, Antwort und Heil geben würde?[7] Diese Gewißheit drückte sie auch in dem Namen ihres zweiten Sohnes, Simeon, aus. »Wirf deine Sorge auf den Herrn, er hält dich aufrecht!« würde der Psalmist David Jahrhunderte später singen.[8] »Wenn ich Angst bekomme, setze ich mein Vertrauen auf dich.«[9]

Der Name Simeon bedeutete: »Der Herr hat gehört.« So oft sie diesen Namen aussprach, erinnerte Lea sich und die Menschen um sich herum an Gottes Güte. Sie brachte ihre Probleme vor Gott und vergaß auch nicht, ihm öffentlich die Ehre zu geben, wo er ihre Gebete erhört hatte – etwas, das er von den Seinen auch erwartet.[10]

Die zwölf Stämme Israels – benannt nach den Söhnen Jakobs – würden bis ans Ende der Menschheitsgeschichte Zeugen der Treue Gottes sein. Lea, die Frau mit der unglücklichen Ehe, sollte ein gewaltiges Erbe einleiten. Das Leid in ihrem Leben war Gottes Mittel zum Segen. Er gebrauchte sie als Grundstein für

---

[7] Vgl. später Psalm 91,15–16
[8] Psalm 55,23
[9] Psalm 56,4
[10] Psalm 50,15

das Haus Israel. Spätere Generationen würden sie dafür rühmen.[11]

Leas natürliche Sehnsucht nach der Liebe ihres Mannes blieb; wie hätte es anders sein können? Aber das Ausbleiben dieser Liebe brachte sie Gott näher. Ihr Leben wurde durch ihre Leiden und Prüfungen reicher und reifer. Ihr Vertrauen in Gott wuchs.

Als ihr vierter Sohn, Juda, zur Welt kam, war Leas Liebe zu Gott größer geworden als ihre Liebe zu Jakob. »Diesmal will ich dem Herrn danken«, jubelte sie.[12] Zum ersten Mal bei der Geburt eines Sohnes sprach sie nicht mehr von der Liebe ihres Mannes. Sie wußte nicht, welche prophetische Bedeutung diese vierte Geburt hatte – daß mit Juda ein neues Zeitalter seinen Anfang nahm. Aus dem Stamm Juda würde der Messias kommen; jede Generation würde den Namen Juda preisen.

Lea selbst wußte nie, wie begnadet sie war, welches Vorrecht sie hatte, wie Gott sie als Instrument für das Kommen des Heilands der Welt benutzte. Wieder und wieder gab sie sich einem Mann hin, der sie nicht liebte. Die Freude des Zusammenkommens von Mann und Frau hatte einen bitteren Beigeschmack für sie; der Liebesakt wurde zu einer ständigen Enttäuschung, einer Beleidigung. Aber das änderte nichts daran, daß Lea die Kinder bekam und nicht Rahel.

Anders als andere Frauen in der Bibel,[13] wurde Lea nicht stolz, als ihre Rivalin kinderlos blieb. Sie blieb offen und demütig, trotz Rahels Eifersucht. Das konnte die explosive Lage in der Familie jedoch nicht ganz entschärfen. Manche kleinen Begebenheiten zeigten, wie heikel die Lage war. Eines Tages zum Beispiel wollte Ruben seine Mutter mit Alraunen überraschen – kleinen, pflaumenartigen Früchten, die man auch »Liebesäpfel« nannte. Alraunen, so glaubten viele Menschen damals, machten reich, glücklich, ja sogar fruchtbar. Rahel sah sie und wurde neidisch. »Gib mir auch welche«, verlangte sie.[14]

Das war selbst für Lea zuviel. »Reicht es dir nicht, daß du mir

---

[11] Rut 4,11
[12] Genesis (1 Mo) 29,35
[13] Genesis (1 Mo) 16,4–5; 1 Sam 1,2–7
[14] Genesis (1 Mo) 30,14

meinen Mann weggenommen hast?« entgegnete sie.[15] Aber Rahel wußte, wie sie an ihr Ziel kommen konnte. »Wenn du sie mir gibst, soll Jakob meinetwegen heute nacht bei dir schlafen«,[16] schlug sie vor. Gönnerhafte und erniedrigende Worte, die der Heiligkeit der Ehe und der Würde des Menschen Hohn sprachen. Aber Lea beugte sich dem Vorschlag. Wenn sie nur Jakobs Liebe gewinnen könnte ...

Als also Jakob an diesem Abend von der Arbeit auf dem Feld nach Hause kam, wartete Lea auf ihn. Wie ein Hund, der die Gunst seines Herrn erbettelt, warb sie um seine Zuneigung: »Bitte schlafe heute nacht bei mir; ich habe dafür mit den Liebesäpfeln meines Sohnes bezahlt.«[17] Ist es nicht ein Wunder, daß der heilige Gott, der Ehe und Liebe ernstgenommen und hochgehalten haben will, sich weiter mit dieser merkwürdigen Doppelehe abgab und mit solchen Menschen seine Geschichte machte?

Lea bekam rasch hintereinander zwei weitere Söhne: Issachar und Sebulen. Wieder klang in beiden Namen die Liebe Gottes. Lea war auch die einzige der Frauen Jakobs, die ihm eine Tochter schenkte: Dina.

Inzwischen war Jakob nicht nur mit Lea und Rahel, sondern auch mit ihren beiden Mägden verheiratet – eine weitere Eskalation im Kampf seiner beiden Frauen um Kinder. Bilha und Silpa bereicherten die große Familie um je zwei Söhne.

Dieses rasche Familienwachstum paßte – trotz der entwürdigenden Art, in der diese Ehe geführt wurde – gut in den Plan Gottes. Die Verheißung, die er Jakobs Großvater Abraham[18] und auch Jakob selbst[19] gegeben hatte – die Verheißung, daß sie ein großes Volk werden sollten – mußte erfüllt werden. Lea mit ihrem tiefen Glauben hatte einen wichtigen Platz in diesem Plan. Sie brachte nicht weniger als sechs der zwölf Söhne (und damit der zwölf Stammesväter Israels) zur Welt. Allerdings: Jakobs Liebe erlangen konnte sie dadurch nicht.

---

[15] Genesis (1 Mo) 30,15
[16] Genesis (1 Mo) 30,15
[17] Genesis (1 Mo) 30,16
[18] Genesis (1 Mo) 12,2
[19] Genesis (1 Mo) 28,14–15

Lea verspürte Jakobs Vorliebe für Rahel erneut, als die Familie ins Gelobte Land zurückkehrte. Als sie sich der Grenze näherten, bekam Jakob Angst vor seinem Bruder Esau, den er vor 20 Jahren so betrogen hatte und vor dessen Zorn er damals geflohen war.[20] Was könnte Esau ihm jetzt nicht alles antun? Er teilte seine Familie in mehrere Gruppen auf. Ganz vorne gingen seine Konkubinen und ihre Söhne, danach kamen Lea und ihre Kinder, den Schluß des Zuges bildeten Josef und Rahel. Damit war Rahel am weitesten von der drohenden Gefahr entfernt.

Lea, die Frau mit den schwachen Augen, ist in die biblische Geschichte als die Frau mit der unglücklichen Ehe eingegangen. Die Bibel sagt uns nicht, ob Jakob sie nur wegen ihres Äußeren ablehnte. Vielleicht war ihr Charakter so verschieden von dem ihres Mannes, daß eine harmonische Ehe unmöglich war. Eines ist jedenfalls klar: Lea mußte in ihrem Leben viel bittere Tränen vergießen.

Kurz vor seinem Tod, als er noch einmal mit Josef sprach, erzählte Jakob ihm, wie er Rahel in der Nähe von Efrata in Kanaan begraben hatte.[21] Dann rief er seine Söhne zusammen, um ihnen zu sagen, was sie in der Zukunft erwarten würde, und erzählte ihnen dabei, daß er Lea in der Grabhöhle der Familie bei Machpela begraben hatte. Lea hatte also ein ehrenvolles Grab neben Abraham, Sara, Isaak und Rebekka erhalten.[22]

Leas Geschichte ist sowohl eine Warnung als auch eine Ermutigung. Ihr Leben ist eine eindrucksvolle Warnung, keine Entscheidungen gegen den Willen Gottes zu treffen. Es ist auch ein Warnruf an Menschen, die leichtfertig mit der Liebe umgehen oder die sich einbilden, die Liebe ihres Partners auch noch nach der Eheschließung gewinnen zu können.

In der Moschee über Leas Grab in Hebron beweinen heute noch die Frauen ihr Leben – fast 4000 Jahre nachdem es endete.

---

[20] Genesis (1 Mo) 27
[21] Genesis (1 Mo) 48,7
[22] Genesis (1 Mo) 49,30–31

Leas Geschichte ist eine Ermutigung insofern, als sie uns Einblicke darin gibt, wie Gott die Menschen ansieht. Er beurteilte Lea nach ihrem Herzen und nicht nach ihrem Aussehen. Er nahm sie ganz so an, wie sie war, in ihrer konkreten Situation. Durch seine Liebe kann und wird er Menschen mit einer schier unerträglichen Lebenslast umformen in Kanäle, durch die seine Liebe und seine Segnungen für die Menschen fließen können. Trotz allen Leidens und aller Verkehrtheiten in ihrem Leben hat Lea einen ehrenvollen Platz in der Heilsgeschichte der Menschheit bekommen.

»Immer mehr Mädchen wollen heute andere Tapeten sehen und ›etwas erleben‹. Erschreckend viele von ihnen verlassen die Sicherheit und Geborgenheit ihres Elternhauses, ziehen hinaus in die Welt – und man hört nie mehr etwas von ihnen. Oft enden sie in Sünde, Schande und Kriminalität.«

*Herbert Lockyer**

DINA – Neugierde mit schlimmsten Folgen

Genesis (1 Mo) 34,1–15. 24–29 (Einh):

Dina, die Tochter, die Lea
Jakob geboren hatte, ging
aus, um sich die Töchter
des Landes anzusehen. 2 Si-
chem, der Sohn des Hiwi-
ters Hamor, des Landes-
fürsten, erblickte sie; er er-
griff sie, legte sich zu ihr
und vergewaltigte sie. 3 Er
faßte Zuneigung zu Dina,
der Tochter Jakobs, er lieb-
te das Mädchen und redete
ihm gut zu. 4 Zu seinem Va-
ter Hamor sagte Sichem:
Nimm mir dieses Mädchen
zur Frau!
5 Jakob hörte, daß man sei-
ne Tochter Dina entehrt
hatte. Seine Söhne waren
gerade auf dem Feld bei
seiner Herde, und so be-
hielt Jakob die Sache für
sich bis zu ihrer Rückkehr.
6 Inzwischen kam Hamor,
der Vater Sichems, zu Ja-
kob heraus, um mit ihm
darüber zu reden. 7 Als Ja-
kobs Söhne vom Feld ka-
men und davon erfuhren,
empfanden sie das als Be-
leidigung und wurden sehr
zornig; eine Schandtat hat-
te Sichem an Israel began-
gen, weil er der Tochter
Jakobs beiwohnte; so et-
was darf man nicht tun.
8 Hamor redete mit ihnen
und sagte: Mein Sohn Si-
chem hat zu eurer Tochter
Zuneigung gefaßt. Gebt sie
ihm doch zur Frau! 9 Ver-
schwägern wir uns; gebt
uns eure Töchter, und
nehmt die unseren! 10 Ihr
könnt euch bei uns ansie-
deln, und das Land steht
euch offen. Bleibt da, geht
hier euren Geschäften
nach, und macht euch im
Land ansässig! 11 Sichem
sagte zu Dinas Vater und
zu ihren Brüdern: Finde ich
euer Wohlwollen, dann
will ich geben, was ihr auch

* The Women of the Bible (Zondervan), S. 46

von mir verlangt. [12]Legt
mir ruhig ein sehr hohes
Heiratsgeld und eine hohe
Brautgabe auf! Ich will ge-
ben, was ihr von mir ver-
langt. Nur gebt mir das
Mädchen zur Frau!
[13]Die Söhne Jakobs gaben
Sichem und seinem Vater
Hamor, als sie die Ver-
handlungen aufnahmen,
eine hinterhältige Ant-
wort, weil er ihre Schwe-
ster entehrt hatte. [14]Sie sag-
ten zu ihnen: Wir können
uns nicht darauf einlassen,
unsere Schwester einem
Unbeschnittenen zu geben;
denn das gilt bei uns als
Schande. [15]Nur unter der
Bedingung gehen wir auf
euren Vorschlag ein, daß
ihr euch uns anpaßt und
alle männlichen Personen
beschneiden laßt.
Alle, die durch das Tor der
Stadt ausziehen, hörten auf
Hamor und seinen Sohn Si-
chem; und alle Männer, al-
le, die durch das Tor seiner
Stadt ausziehen, ließen sich
beschneiden.
[25]Am dritten Tag aber, als
sie an Wundfieber litten,
griffen zwei Söhne Jakobs,
Simeon und Levi, die Brü-
der Dinas, zum Schwert,
überfielen ungefährdet die
Stadt und brachten alles
Männliche um. [26]Hamor
und seinen Sohn Sichem
machten sie mit dem
Schwert nieder, holten Di-
na aus dem Hause Sichems
und gingen davon. [27]Dann
machten sich die Söhne Ja-
kobs über die Erschlage-
nen her und plünderten die
Stadt, weil man ihre
Schwester entehrt hatte.
[28]Ihre Schafe und Rinder,
ihre Esel und was es sonst
in der Stadt oder auf dem
Feld gab, nahmen sie mit.
[29]Ihre ganze Habe, all ihre
Kinder und Frauen führten
sie fort und raubten alles,
was sich in den Häusern
fand.

Dina, die Tochter Jakobs, hatte Langeweile, und das aus gutem Grund. Für einen Teenager war das Leben im Zelt in der Tat nicht besonders aufregend – besonders wenn die Eltern auch noch alt waren und man zwar Brüder, aber keine einzige Schwester hatte.

Seit Dinas Familie aus der Stadt Haran im fernen Mesopotamien aufgebrochen war,[1] hatte sie immer ein Wanderleben geführt. Man hielt irgendwo an, schlug die Zelte auf, blieb eine

---

[1] Genesis (1 Mo) 31,18

Weile, und dann ging es weiter – langsam, Schritt um Schritt, damit die Tierherden auch mitkamen.

Schließlich waren sie in Kanaan angekommen. Dinas Vater schlug seine Zelte in der Nähe von Sichem auf und kaufte dort ein Stück Land.[2] Offenbar wollte er sich jetzt in dem Land niederlassen, das Gott seinen Vorvätern Abraham und Isaak versprochen hatte und das somit auch sein Land war. Bemerkenswert dabei ist allerdings, daß er nicht noch ein paar Kilometer weiter nach Bethel zog, wo er doch damals, vor 30 Jahren, als er aus Kanaan floh, Gott ein Gelübde gemacht hatte.[3] Ob seine Liebe zu Gott vielleicht nachgelassen hatte?

Sichem lag an dem strategisch wichtigen Paß, der durch die Berge von Ebal, Efraim und Gerizim lief und ein Schlüsselpunkt für die Straßen nach Norden und Westen war. Sichem war schön gelegen, kulturell reich und niemals langweilig. Tag für Tag kamen fremdländisch gekleidete Händler und Reisende, die auf dem Weg vom Osten nach Ägypten waren, durch die Stadt.

Kein Wunder, daß Dina diese Stadt attraktiver erschien als die staubigen Zelte ihres Vaters. Und dann wollte sie auch gerne einmal andere Mädchen sehen, und die Mädchen von Sichem waren für ihre farbenfrohen, hübschen orientalischen Kleider berühmt. Warum den ganzen Tag zwischen Ziegen und Schafen versauern? Dina verließ das Zelt und machte sich auf den Weg nach Sichem.

Wußten ihre Eltern von diesem Ausflug? War niemand da, der sie warnte? Daß eine Frau in der Fremde in gewisse Schwierigkeiten kommen kann, war ja in der Familie bestens bekannt. Dinas Urgroßmutter Sara und ihre Großmutter Rebekka wären beide um ein Haar zu Nebenfrauen fremder Könige geworden,[4] und nur ein Eingreifen Gottes hatte eine Katastrophe verhindert. Und diese Frauen waren immerhin erwachsen, verheiratet und von ihren Männern begleitet gewesen. Aber Dina war allein, jung und völlig unerfahren.

---

[2] Genesis (1 Mo) 33,18–20
[3] Genesis (1 Mo) 28,19–22; 31,13
[4] Genesis (1 Mo) 12,14–20; 26,7–11

Nun, sie kam in Sichem an. Ob sie wirklich Gelegenheit zu einem Klatsch mit den Töchtern der Stadt hatte, wissen wir nicht. Sicher dagegen ist, daß sie in dem Schlafzimmer des Prinzen Sichem, des Sohnes des Landesfürsten Hamor, landete. Er sah, nahm und vergewaltigte sie.

Ob Dina dem tatkräftigen jungen Mann freiwillig in den Palast folgte oder sich nach Kräften wehrte, wird ein Geheimnis bleiben. Auf jeden Fall verlor sie ihre Jungfräulichkeit – ein unersetzlicher Verlust. Aus dem harmlosen Erkundungsspaziergang war bitterer Ernst geworden. Ob Dina bei all dem bedacht hatte, daß sie doch zu einer Familie gehörte, die einen Bund mit Gott gemacht hatte? Es ging hier ja nicht nur um Dina persönlich, sondern um diese Familie.

Jakob und seine Söhne erfuhren bald, was geschehen war. König Hamor, der Vater Sichems, ging zu Jakob, um die Sache zu bereinigen. »Mein Sohn Sichem hat zu Eurer Tochter Zuneigung gefaßt«, sagte er, »gebt sie ihm doch zur Frau!«[5]

Dann kam Sichem selbst. Als heidnischer Prinz hatte er es nicht gelernt, Gott in seinen Plänen zu berücksichtigen. Aber er meinte es ehrlich mit Dina, daran war kein Zweifel. Er war auch bei seinen Untertanen beliebt und geschätzt. Großzügig bot er Jakob und seinen Söhnen ein hohes Brautgeld an: »Ich will geben, was ihr von mir verlangt!«[6] Dina war mehr für ihn als ein gelegentlicher Leckerbissen. Er fühlte sich wirklich hingezogen zu ihr. Und sie? Wahrscheinlich war sie ihrerseits seiner Liebe auch nicht ganz verschlossen.

Um sich Dinas Verwandte möglichst gewogen zu machen, schlug Hamor sogar vor, daß Jakob und sein Stamm einen Bund mit den Leuten von Sichem schließen, bei ihnen wohnen und sich regelrecht in die Stadt einheiraten sollten. Der Vorschlag stieß auf wenig Interesse, besonders bei Simeon und Levi, zwei der Brüder Dinas. Sie gehörten doch einem Stamm an, der einen Bund mit Gott geschlossen hatte und mit den Heiden und ihren Sitten nichts zu tun haben durfte! Und überhaupt: Die Vergewaltigung einer

---

[5] Genesis (1 Mo) 34,8
[6] Genesis (1 Mo) 34,11–12

Jungfrau war für sie ein schweres Verbrechen.[7] Das durfte nicht ungestraft bleiben!

Später, durch Mose, versprach Gott den Israeliten, daß er sie segnen würde, wenn sie nur ihm gehorchten und seine Gebote hielten (Exodus/2 Mo 19,5–6. 20).

Dieser Zorn war verständlich, aber die Tat, zu der er führte, war es nicht. Sie griffen zu Betrug und Mord. Sie gingen zum Schein auf die Vorschläge Hamors ein, machten aber die scheinbar unschuldige Bedingung, daß jeder männliche Bewohner Sichems sich beschneiden lassen sollte. Diese Bedingung zeigt eine erschreckende Oberflächlichkeit in ihrem religiösen Denken. Sie dachten nur an das äußere Zeichen, nicht an seine Bedeutung. Sie benutzten ihre Religion als Mittel, einen kaltblütigen Mord leichter ausführen zu können.

Nun, die Männer von Sichem gingen auf die Beschneidung ein, und als die Operation vollzogen und alle im Wundfieber und nicht besonders gut bewegungsfähig waren, kamen Simeon und Levi schwerbewaffnet an und brachten sie um. Mann um Mann fiel, einschließlich Hamor und Sichem, mit denen Jakobs Söhne erst wenige Tage zuvor friedlich verhandelt hatten. Und damit nicht genug: Sie plünderten die Stadt auch noch und führten ihre Frauen und Kinder und ihr Vieh als Beute fort.

Aus einem erotischen Abenteuer war ein Massenmord geworden. Die Tat der Söhne Jakobs stand in keinem Verhältnis mehr zu dem Vergehen des Prinzen Sichem. Was Simeon und Levi getan hatten, konnte nie wieder gutgemacht werden. Durch ihre unersättliche Rachelust starben zahllose Männer, wurden Frauen zu Witwen und Kinder zu Waisen.

Aber nicht nur der Ruf Dinas und ihrer Brüder war dahin. Auch ihr Vater war jetzt in großer Gefahr. »Ihr habt mich in Verruf gebracht bei den Bewohnern des Landes«, jammerte er. »Meine

---

[7] Siehe auch später im Gesetz des Moses: Deuteronomium (5 Mo) 22,20–21

Männer kann man an den Fingern abzählen. Jene werden sich gegen mich zusammentun und mich niedermachen.«[8]

Was Jakob hier nicht erwähnte, war der dunkle Schatten, den dieses Massaker auf den Namen Gottes warf, der doch mit dem Namen Jakobs und seines Volkes so eng verbunden war.[9] Ging es Jakob vielleicht mehr um seine eigene Ehre als um die Gottes? War dies der tiefere Grund des Verhaltens seiner Kinder? Es fällt unangenehm auf, daß er gegenüber Simeon und Levi zwar von dem Unglück spricht, in das sie ihn gebracht haben, aber ihre Sünde – den schrecklichen Mord – nicht mit Namen nennt.

Wie Jakob sich gegenüber Dina verhielt, darüber schweigt die Bibel. Ob er überhaupt mit ihr sprach? Es scheint wirklich, daß Jakob nur an sich selbst dachte.

Ob wenigstens Lea, Dinas Mutter, ihr Verständnis und Trost schenkte? Auch das erfahren wir nicht. Wenn aber überhaupt jemand den Schock und Schmerz Dinas verstehen konnte, dann war es sicherlich Lea, die doch selbst so viel Kummer in ihrer Ehe durchgemacht hatte. Weil Dina gedankenlos in die Welt gelaufen war, war der Mann, der sie liebte, jetzt tot. Sie hatte furchtbare seelische Wunden davongetragen, die vielleicht nie wieder richtig verheilten.

Nach diesem traurigen Zwischenspiel zog Jakob auf Gottes Befehl nach Bethel. Dort wurde er wieder der Mensch, der er in Sichem hätte sein sollen: ein Vater, der seiner Familie im Dienst für Gott voranstand.

Fast 2000 Jahre später macht Paulus Timotheus auf das Problem der jungen Witwen aufmerksam, die aus lauter Langeweile von Haus zu Haus gehen und in Klatsch und andere Sünden fallen, wodurch sie Gottes Werk hindern und die Sache des Satans fördern (1 Tim 5,13–15). In seinem Brief an Titus gibt Paulus gleichfalls genaue Anweisungen bezüglich der jungen Frauen (Tit 2,4–5).

---

8 Genesis (1 Mo) 34,30
9 Genesis (1 Mo) 32,28–29

Dinas Geschichte spielte sich etwa 1900 Jahre vor Christi Geburt ab. Aber die Gefahren, denen sie erlag, sind heute noch im wesentlichen die gleichen. Der »Fall Dina« ist hochaktuell. Zu oft locken gerade die heutigen Städte junge Mädchen mit dem Versprechen, ihnen »etwas zu bieten«. Und nur zu leicht führt dieser Weg in einen Sumpf der Sünde und des Elends – in Wunden (beim Mädchen oder auch bei seiner Familie), die vielleicht nie wieder richtig verheilen.

»Es ist gesund für die Männer, wenn Frauen so bestimmt auftreten. Es ginge uns Männern besser, wenn mehr gottbegnadete Frauen mutig ihre Gaben für uns ausüben und uns dort zur Rechenschaft ziehen würden, wo wir ihnen oder anderen gegenüber unrecht oder selbstsüchtig gehandelt haben.«

*John Scanzoni**

TAMAR – eine Frau holt sich ihr Recht

Genesis (1 Mo) 38,6–30 (GN):

---

6 Juda verheiratete seinen
ältesten Sohn Er mit einer
Frau namens Tamar.
7 Aber was dieser tat, miß-
fiel dem Herrn, und er ließ
ihn sterben. 8 Da sagte Juda
zu seinem zweiten Sohn
Onan: »Du weißt, was dei-
ne Pflicht ist. Dein Bruder
hat deine Schwägerin kin-
derlos hinterlassen. Du
mußt sie heiraten und für
deinen Bruder einen Sohn
zeugen, damit sein Ge-
schlecht nicht ausstirbt.«
9 Onan gefiel es nicht, daß
das Kind nicht ihm gehören
sollte. Deshalb ließ er je-
desmal, wenn er mit Tamar
schlief, seinen Samen auf
die Erde fallen. 10 Das miß-
fiel dem Herrn, und er ließ
auch Onan sterben. 11 Da
sagte Juda zu seiner
Schwiegertochter: »Bleib
jetzt als Witwe im Haus
deines Vaters, bis mein
Sohn Schela alt genug ist.«
Er hatte aber nicht die Ab-
sicht, ihn ihr zu geben;
denn er hatte Angst, auch
noch den letzten Sohn zu
verlieren. So kehrte Tamar
ins Haus ihres Vaters zu-
rück und blieb dort.
12 Nach einiger Zeit starb
Judas Frau. Als die Trauer-
zeit vorüber war, ging er
mit seinem Freund Hira auf
die Berge nach Timna, um
nach den Männern zu se-
hen, die gerade seine Scha-
fe schoren. 13 Als Tamar
hörte, daß ihr Schwieger-
vater auf dem Weg nach
Timna war, 14 legte sie ihre
Witwenkleider ab, verhüll-
te ihr Gesicht mit einem
Schleier und setzte sich an
die Straße nach Timna,
dort, wo der Weg nach
Enajim abzweigt. Sie hatte
genau gemerkt, daß Schela
inzwischen erwachsen war
und man sie ihm doch nicht
zur Frau gegeben hatte.

---

* Aus: »Assertiveness for Christian Women«, in *Christianity Today* (4. 6. 1976), S. 17

15 Als Juda sie verschleiert
am Wegrand sitzen sah,
hielt er sie für eine Prostitu-
ierte. 16 Er ging zu ihr hin
und sagte: »Laß mich mit
dir schlafen.« Er wußte ja
nicht, daß es seine Schwie-
gertochter war. »Was gibst
du mir dafür?« fragte sie.
17 Er sagte: »Ich schicke dir
ein Ziegenböckchen von
meiner Herde.« »Gut, aber
du mußt mir ein Pfand da-
lassen.« 18 »Was soll es
sein?« »Das Band mit dem
Siegelring und der ge-
schnitzte Stock in deiner
Hand.« Er gab ihr, was sie
wollte. Dann schlief er mit
ihr, und sie wurde schwan-
ger. 19 Sie ging wieder in das
Haus ihres Vaters, legte
den Schleier ab und zog
ihre Witwenkleider an.
20 Juda schickte seinen
Freund aus Adullam mit
dem Ziegenböckchen, um
die Pfänder einzulösen.
Aber die Frau war nicht
mehr zu finden. 21 Der
Freund fragte die Leute aus
dem Ort nach der Frau, die
hier auf Männer warte, aber
sie sagten: »So eine gibt es
hier nicht.« 22 Er kehrte zu
Juda zurück und berichtete,
wie es ihm ergangen war.
23 »Soll sie die Sachen behal-
ten«, sagte Juda. »Wenn
wir weiter nachforschen,
komme ich noch ins Gere-
de. Ich habe mein Verspre-
chen gehalten, aber sie war
nicht zu finden.«

24 Nach etwa drei Monaten
wurde Juda gemeldet:
»Deine Schwiegertochter
Tamar hat sich mit einem
Mann eingelassen und ist
schwanger geworden!«
»Führt sie vor das Dorf«,
befahl Juda. »Sie muß ver-
brannt werden.« 25 Als man
sie hinausführen wollte,
schickte Tamar ihrem
Schwiegervater die Pfänder
und ließ ihm sagen: »Sieh
dir einmal den Siegelring
und den Stock da an! Von
dem Mann, dem das gehört,
bin ich schwanger.« 26 Juda
sah sich die Sachen genau
an und sagte dann: »Sie ist
im Recht, die Schuld liegt
bei mir. Ich hätte sie mei-
nem Sohn Schela zur Frau
geben müssen.« Er nahm
sie in sein Haus, schlief aber
nicht wieder mit ihr.
27 Als für Tamar die Zeit der
Entbindung kam, zeigte es
sich, daß sie Zwillinge hat-
te. 28 Während der Geburt
streckte der eine seine
Hand heraus. Die Hebam-
me band einen roten Faden
um das Handgelenk und
sagte: »Der ist der Erstge-
borene.« 29 Er zog seine
Hand aber wieder zurück,
und sein Bruder kam zuerst
heraus. Die Hebamme sag-
te: »Du hast dir den Durch-
bruch erzwungen.« Des-
halb nannte man ihn Perez.
30 Erst dann kam der mit
dem roten Faden heraus;
ihn nannte man Serach.

Tamar – ihr Name bedeutete »Palme« – prüfte den Sitz ihres langen Gewandes, das, mit einem Gürtel zusammengehalten, in weiten Falten ihren schlanken Körper umfloß. Gedankenvoll blickte sie auf das Witwenkleid, das sie gerade ausgezogen hatte. Ach ja, den Schleier mußte sie noch umlegen.

Wieder betrachtete Tamar sich. Früher hatte sie oft bunte Gewänder getragen, aber das war lange her. Und obwohl sie in dem Kleid, das sie gerade angezogen hatte, um einiges jünger aussah als in der Witwentracht, war keine Freude in ihren Augen. Sie blickten ernst, und um den Mund zeugten Falten von Sorgen und Leid. Sie war eine einsame Frau, um die sich niemand so recht kümmerte.

Aber ihre Bewegungen waren fest und sicher. Sie wußte, was sie wollte, hatte sich das, was sie jetzt bald tun würde, wohl überlegt. Sie tat es nicht gerne, aber – nun ja, es ging wohl nicht mehr anders.

Was war es, was sie vorhatte? Sie wollte sich ihr Recht verschaffen – das Recht, das ihr niemand freiwillig geben wollte. Jahr um Jahr hatte sie auf das erlösende Wort aus dem Munde ihres Schwiegervaters Juda gewartet, und es war nie gekommen. Juda wollte sie wohl am liebsten vergessen, aber warte, Juda – warte, du sollst merken, daß es mich noch gibt.

Als Tamar jetzt die Tür ihres Vaterhauses hinter sich schloß, gingen ihr die alten Szenen aus dem Leben mit Juda und seinen Söhnen durch den Kopf. Da war der Tag, an dem Juda sie zur Braut von Er, seines ältesten Sohnes, erwählt hatte. Wie stolz sie damals gewesen war! Juda war nicht irgendwer, nein, er war der Sohn des berühmten Jakob, der aus dem fernen Mesopotamien nach Kanaan gezogen war. Jakob war nicht nur wegen seines

---

Das Land Mesopotamien lag im heutigen Irak. Der Name *Mesopotamien* kommt von dem hebräischen *Aram-naharaim* (wörtlich: »Aram zwischen den beiden Flüssen«), denn das Land lag zwischen dem Euphrat im Westen und dem Tigris im Osten.

Reichtums und seiner vielen Söhne berühmt, sondern auch wegen seiner Religion: Er und seine Familie beteten nicht die Sonnen- oder Mondgötter, die Holz- oder Steingötzen der anderen Völker an, sondern den ewigen Schöpfergott, der Himmel und Erde gemacht hatte.

Dies hatte natürlich große Erwartungen in Tamar geweckt. Er heiraten – das war schon etwas! Aber dann kam die große Enttäuschung: Er erwies sich ganz und gar nicht als frommer Mensch. Was er tat, erregte so sehr Gottes Zorn, daß er ihn sterben ließ.

Nach den Gesetzen des Stammes, zu welchem Tamar jetzt gehörte, mußte eine kinderlose Witwe wieder heiraten, denn – so glaubte man – der Name eines Mannes durfte unter keinen Umständen ausgelöscht werden. Juda, der als Schwiegervater für Tamar verantwortlich war, fiel die Aufgabe zu, für einen Ersatzehemann zu sorgen. Er ging also zu seinem zweiten Sohn, Onan, und sagte ihm: »Du weißt, was deine Pflicht ist. Du mußt deine Schwägerin heiraten und für deinen Bruder einen Sohn zeugen, damit sein Geschlecht nicht ausstirbt.«[1]

Onan kam nicht darum herum, diese Aufforderung zu befolgen; Gesetz war Gesetz. Also heiratete er Tamar. Aber er sabotierte den Zweck dieser Ehe, nämlich die Zeugung von Nachkommen für seinen Bruder. Er tat dies nicht nur einmal, sondern immer wieder.

Damit betrübte er nicht nur Tamar, sondern auch Gott. Denn aus dem Stamm Juda sollte ja – wie Jakob später, vor seinem Tod, andeutete[2] – der Messias hervorgehen. Wir können natürlich nicht voraussetzen, daß Juda und seine Söhne das damals schon wußten. Aber damit ist Onans Haltung nicht entschuldigt.

Gott ließ auch Onan sterben, und Tamar wurde zum zweiten Mal Witwe. Ihr Glaube an die Religion und an die Männer war schwer erschüttert. Jetzt konnte sie höchstens noch ihrem Schwiegervater Juda vertrauen.

Juda sagte ihr: »Bleib jetzt als Witwe im Haus deines Vaters, bis mein Sohn Schela alt genug ist.«[3] Tamar gehorchte und wartete. Das war damals auch das einzige, was sie als Witwe tun konnte.

---

[1] Genesis (1 Mo) 38,8
[2] Genesis (1 Mo) 49,8–10
[3] Genesis (1 Mo) 38,11

Eine unverheiratete Frau oder Witwe hatte keine Möglichkeiten, ein eigenes Leben zu führen.

Die Tage wurden Wochen, die Wochen Monate, die Monate Jahre. Tamars Lage blieb die gleiche. Langsam dämmerte ihr, daß Schela sie nie zur Frau nehmen würde. Juda hatte Angst bekommen. Zwei Söhne hatte er immerhin schon verloren, da wollte er nicht auch noch den dritten hergeben. Tamar verstand: Man gab ihr die Schuld am Tod ihrer beiden ersten Männer; so war das also.

Damit hörte Tamar auf, Juda zu vertrauen. Man hatte sie ja überhaupt nie nach ihrer Meinung und ihren Gefühlen gefragt. Sie war eine rechtlose Frau, mit der die Männer machen konnten, was sie wollten. Sie spürte den über Eva ausgesprochenen Fluch, daß der Mann über sie herrschen würde.[4]

Tamar hatte nicht versucht, selbst einen anderen Mann zu suchen. Sie hatte Judas Anweisung, auf Schela zu warten, befolgt. Aber wenn sie noch länger warten würde, würde sie nie einen Mann bekommen. Schela – das war ihr mittlerweile klar – hatte absolut kein Interesse daran, sie zu heiraten, und Juda auch nicht. So konnte das nicht mehr weitergehen.

Tamar wußte, daß sie für das, was jetzt folgen würde, die volle Verantwortung übernehmen müßte. Aber andererseits – so sah Tamar die Sache – konnte sie doch nicht länger ihre Pflicht vernachlässigen. Gott hatte doch bei der Schöpfung der Frau ebenso wie dem Mann den Auftrag gegeben, Kinder zu zeugen.[5] Und wenn in diesem Fall die männliche Seite sich dieser Pflicht hartnäckig entzog, war das doch noch lange kein Grund dafür, daß sie – die Frau – genauso handelte. Für Tamar gab es hier keinen Kompromiß; daß sie ihre Tat vor Gott verantworten müßte, dieses Risiko ging sie ein.

Ihre Pflicht, einen Erben zu gebären, lastete schwer auf ihr. Sie verstand wohl instinktiv, daß das Aussterben des Stammes Juda um jeden Preis verhindert werden mußte. Was sie jetzt tun würde, war für sie eine religiöse Pflicht. Und so bereitete sie sich vor – auf das Zusammenkommen mit ihrem Schwiegervater.

---

[4] Genesis (1 Mo) 3,16
[5] Genesis (1 Mo) 1,28

Wir finden in der Bibel noch andere Frauen, die für die Rechte ihres Stammes bzw. ihrer Familie eintreten und zu denen Gott Ja sagt (vgl. Num/4 Mo 27,1–11; 36,5–10). Ohne diese Frauen und ohne Tamar wäre die Geschichte anders verlaufen. Tamars Tat trug letztlich dazu bei, daß Gottes Plan für die Welt ausgeführt werden konnte.

Mittlerweile war Juda unterwegs von Adullam nach Timna. Er freute sich auf die vor ihm liegenden Tage. Wie seine Vorväter war auch er ein reicher Herdenbesitzer, und in Timna wollte er die Schafschur beaufsichtigen. Anschließend würde ein großes Fest gefeiert werden, das bereits in aller Leute Munde war.

Juda war solch ein Fest gerade willkommen. Die vergangenen Jahre waren von Leid und Sorgen geprägt gewesen. Erst der Tod seiner beiden Söhne und dann, vor kurzem, der Tod seiner Frau. Aber jetzt war die Trauerzeit vorüber, und Juda wollte wieder etwas vom Leben haben und den ihm gebührenden Platz in der Gesellschaft einnehmen. So zog er in vollem Staat nach Timna. Der Siegelring, der an einem goldsilbernen Band um seinen Hals hing, zeigte den Leuten, daß er ein vornehmer Mann war. In seiner Hand hielt er den Stock, der anzeigte, daß er das Haupt eines Stammes war.

Als er so daherging, sah er am Wegrand, in der Nähe des Dorfes Enajim, eine Frau sitzen. Ihr Gesicht war von einem Schleier bedeckt, der jedes Treffen mit ihr unpersönlich machte. »Oh, eine Prostituierte«, dachte Juda. Eine Prostituierte? – Judas sexuellen Bedürfnisse erwachten.

Man war bald handelseinig. Das Ziegenböckchen, das er ihr versprach, war damals die übliche Bezahlung für Prostitution; wahrscheinlich würde die Frau es im Tempel der Fruchtbarkeitsgöttin (der Prostituierte sich oft weihten) darbringen.

Aber die Frau hatte offenbar noch Bedenken, ob der versprochene Bock denn auch kommen würde. Sie verlangte ein Pfand,[6] und zwar ausgerechnet Judas Siegelring und Stab – seine Ehrenzeichen. Und ohne zu zögern, gab er sie ihr.

---

[6] Genesis (1 Mo) 38,17

Nach seinem Abenteuer ging Juda weiter nach Timna. Tamar kehrte in ihr Vaterhaus zurück und zog wieder ihre Witwenkleider an. Das Leben ging weiter, als sei nichts geschehen – jedenfalls eine Zeitlang.

Als Juda über einen Freund den Bock diskret abliefern wollte, war die Frau nicht mehr zu finden. Den Leuten von Enajim war nichts bekannt. »Eine Prostituierte? Gibt's hier nicht!« Da wurde es Juda mulmig zumute. An Gott hatte er bei der ganzen Affäre nicht gedacht, aber jetzt bekam er Angst vor den Leuten. Er war ja blind gewesen, wie konnte er nur, wenn das herauskam, alle würden ihn auslachen... Am besten das Ganze schnellstens vergessen und Gras darüber wachsen lassen. Und die Frau? Sie konnte ja für diese Sünde ihr Leben verlieren. (So würde es später auch im Gesetz des Mose festgelegt werden.) Ach was, nicht mehr daran denken...

Gut, daß niemand von den Verwandten etwas von der Sache wußte...

Drei Monate später kam der Donnerschlag. Juda hörte, daß seine Schwiegertochter schwanger war – ohne Zweifel als Folge von Unzucht. Judas Empörung kannte keine Grenzen. Hatte man so etwas gehört! Diese Schande!! Die Ehre seines Stammes war in den Schmutz gezogen worden. Die Witwe seiner beiden ältesten Söhne und die zukünftige Braut seines Jüngsten hatte Hurerei begangen! Das durfte nicht ungestraft bleiben. War nicht er, Juda, das Oberhaupt der Familie? Hatte er nicht jetzt die Pflicht, Tamars Sünde zu richten? Er würde seine Pflicht tun!

Er sprach das Urteil, und es war unerbittlich hart: Todesstrafe.[7] Es war die härteste Strafe, die es für dieses Vergehen gab, und Juda sprach sie ohne Umschweife aus, ohne den Fall überhaupt richtig zu untersuchen. Man fragt sich zu Recht, ob dieses Urteil nicht durch Angst, Rache, ja eine gewisse Reue diktiert war? Wollte Juda Tamar den Tod seiner beiden Söhne heimzahlen? Wollte er mit ihr auch seine heimlichen Gewissensbisse – das nicht eingehaltene Heiratsversprechen bezüglich Schela – ausräumen?

Tamar kam – eine würdevolle Erscheinung in ihrer Witwen-

---

[7] Genesis (1 Mo) 38,24

tracht. Aber kurz bevor sie an der Hinrichtungsstätte ankam, gab sie einem ihrer Führer etwas in die Hand – Judas Siegelring und Stock. »Von dem Mann, dem das gehört, bin ich schwanger«, ließ sie Juda sagen.[8]

Juda war am Boden zerstört. Seine eigene Sünde war ans Licht gekommen, und das Licht war furchtbar hell. Voller Scham mußte er zugeben, daß Tamar *mit ihm* die Ehe gebrochen hatte – und daß sie sich in gewissem Sinne nur genommen hatte, was er ihr unrechtmäßig vorenthalten hatte. »Sie ist im Recht, die Schuld liegt bei mir«, mußte er gestehen, »ich hätte sie meinem Sohn Schela zur Frau geben müssen.«[9]

Ob sich Juda wirklich voll und ganz im klaren darüber war, daß er der Schuldige auch bei dem eigentlichen Unzuchtakt war? Tamar hatte ihn ja nicht verführt; er hatte sie genommen. Sein Motiv war unerlaubte Begierde gewesen, ihr Motiv die Erhaltung von Israels Nachkommenschaft. Aus ihrer Perspektive betrachtet, hatte sie ganz einfach eine Pflicht erfüllt. Wenn Juda ganz ehrlich zu sich selbst gewesen wäre, hätte er sich eingestehen müssen, daß er hier mit zweierlei Maß hatte messen wollen. Er wollte Tamar für eben die Tat verbrennen lassen, die er bei sich selbst durchgehen ließ.

Sechs Monate danach brachte Tamar zwei Söhne zur Welt: Perez und Serach. Von einer Ehe mit Schela war jetzt nicht mehr die Rede, denn Juda hatte sie ja überflüssig gemacht. Tamar hatte ihr Recht bekommen.

Heuchelei ist eine Sünde, mit der alle Menschen zu tun haben. Im Neuen Testament verurteilt der Apostel Paulus diejenigen Menschen, die die Sünden der anderen lauthals verurteilen, obwohl sie sie selbst auch tun. (Röm 2,1–2)

Viele, viele Jahre später schrieb ein Mann namens Matthäus die Geschlechtstafel Jesu Christi auf.[10] Die meisten der Namen sind Männernamen. Von den fünf Frauen in ihr ist die erste Tamar. Ihr

[8] Genesis (1 Mo) 38,25
[9] Genesis (1 Mo) 38,26
[10] Matthäus 1,1–17

Sohn Perez wurde einer der Vorväter in der menschlichen Abstammungslinie Jesu. Aus dieser Tatsache dürfen wir sicher nicht schließen, daß Gott Sünde billigt – wohl aber, daß er auch auf krummen Wegen gerade geht, seine Geschichte und Pläne durch alles Versagen der Menschen hindurch erfüllt.

Die Bibel ist keine Heldengalerie. Sie zeigt uns die Lebensgeschichten sündiger Menschen, die zu ihrem großen Erstaunen erfuhren, daß es für sie einen Platz in Gottes Plan für diese Welt gab. Anfang und Ende, Ursprung und Erfüllung dieses Planes ist Jesus Christus.

Jesu Liebe zu uns Menschen zeigt sich auch in der Abstammungslinie, die die Bibel uns über ihn gibt. Er schämte sich nicht, seiner menschlichen Abstammung nach mit Männern und Frauen von zum Teil recht zweifelhafter Qualität verbunden zu sein. Er identifiziert sich mit uns Sündern.

Und er behandelte Frauen so ganz anders, als es vor seiner Menschwerdung üblich war. Er gab ihnen den Wert und die Stellung zurück, die Gott eigentlich für sie vorgesehen hatte und die Eva vor dem Sündenfall gehabt hatte. Er trat ihnen mit Respekt, Objektivität und Liebe entgegen. Er nagelte die Sitte, Frauen als Menschen zweiter Klasse zu behandeln, ans Kreuz. Mit zweierlei Maß zu messen, war ihm fremd und zuwider.

Eines Tages z. B. brachten die Führer der Juden eine Frau vor ihn, die auf frischer Tat beim Ehebruch ertappt worden war.[11] Sie gaben vor, dem Gesetz des Mose (das für diesen Fall die Todesstrafe vorsah) folgen zu wollen, aber in Wirklichkeit wollten sie nicht nur die Frau verurteilt haben, sondern Jesus eine Falle stellen.

Jesus beschönigte die Sünde dieser Frau nicht. Aber er stellte auch das Herz ihrer Verkläger bloß: »Wer von euch noch nie gesündigt hat, der soll den ersten Stein auf sie werfen.«[12] Es wurde kein Stein geworfen. Einer nach dem anderen verschwanden die Ankläger. Der Heiland hatte ihre Lieblosigkeit und Doppelmoral voll aufgedeckt.

---

[11] Johannes 8,3–10
[12] Johannes 8,7

Im Lichte Jesu Christi – und erst in diesem Licht – bekommt Tamars Geschichte eine gewisse Tiefe. Es ist keine schöne Geschichte, und es läßt sich manches gegen Tamar sagen. Und doch benutzte Christus diese Frau als eines der frühen Glieder in seiner menschlichen Abstammungskette.

»Meine Brüder! Nehmt es als Grund zur Freude, wenn ihr auf vielerlei Weise auf die Probe gestellt werdet. Denn ihr wißt: Wenn euer Glaube auf die Probe gestellt wird, führt euch das zur Standhaftigkeit.«

Jak 1,2–3 (GN)

JOCHEBED – Glaubensbewährung im Leid

Exodus (2 Mo) 1,8–2,10 (Einh):

---

[8]In Ägypten kam ein neuer
König an die Macht, der
Josef nicht gekannt hatte.
[9]Er sagte zu seinem Volk:
Seht nur, das Volk der
Israeliten ist größer und
stärker als wir. [10]Gebt
acht! Wir müssen überle-
gen, was wir gegen sie tun
können, damit sie sich
nicht weiter vermehren.
Wenn ein Krieg ausbricht,
könnten sie sich unseren
Feinden anschließen, ge-
gen uns kämpfen und sich
des Landes bemächtigen.
[11]Da setzte man Fronvögte
über sie ein, um sie durch
schwere Arbeit unter
Druck zu setzen. Sie muß-
ten für den Pharao die
Städte Pitom und Ramses
als Vorratslager bauen.
[12]Je mehr man sie aber un-
ter Druck hielt, um so stär-
ker vermehrten sie sich und
breiteten sie sich aus, so
daß die Ägypter vor ihnen
das Grauen packte. [13]Da-
her gingen sie hart gegen
die Israeliten vor und
machten sie zu Sklaven.
[14]Sie machten ihnen das
Leben schwer durch harte
Arbeit mit Lehm und Zie-
geln und durch alle mögli-
chen Arbeiten auf den Fel-
dern. So wurden die Isra-
eliten zu harter Sklavenar-
beit gezwungen.
[15]Zu den hebräischen Heb-
ammen – die eine hieß
Schifra, die andere Pua –
sagte der König von Ägyp-
ten: [16]Wenn ihr den He-
bräerinnen Geburtshilfe
leistet, dann achtet auf das
Geschlecht! Ist es ein Kna-
be, so laßt ihn sterben! Ist
es ein Mädchen, dann kann
es am Leben bleiben. [17]Die
Hebammen aber fürchte-
ten Gott und taten nicht,
was ihnen der König von
Ägypten gesagt hatte, son-
dern ließen die Kinder am
Leben. [18]Da rief der König
von Ägypten die Hebam-
men zu sich und sagte zu
ihnen: Warum tut ihr das
und laßt die Kinder am Le-
ben? [19]Die Hebammen

antworteten dem Pharao: Bei den hebräischen Frauen ist es nicht wie bei den Ägypterinnen, sondern wie bei den Tieren: Wenn die Hebamme zu ihnen kommt, haben sie schon geboren. [20]Gott verhalf den Hebammen zu Glück, das Volk aber vermehrte sich weiter und wurde sehr stark. [21]Weil die Hebammen Gott fürchteten, schenkte er ihnen Kindersegen. [22]Daher gab der Pharao seinem ganzen Volk den Befehl: Alle Knaben, die den Hebräern geboren werden, werft in den Nil! Die Mädchen dürft ihr alle am Leben lassen.

Ein Mann aus einer levitischen Familie ging hin und nahm eine Frau aus dem gleichen Stamm. [2]Sie wurde schwanger und gebar einen Sohn. Weil sie sah, daß es ein schönes Kind war, verbarg sie es drei Monate lang. [3]Als sie es nicht mehr verborgen halten konnte, nahm sie ein Binsenkästchen, dichtete es mit Pech und Teer ab, legte den Knaben hinein und setzte ihn am Nilufer im Schilf aus. [4]Seine Schwester blieb in der Nähe stehen, um zu sehen, was mit ihm geschehen würde.

[5]Die Tochter des Pharao kam herab, um im Nil zu baden. Ihre Dienerinnen gingen unterdessen am Nilufer auf und ab. Auf einmal sah sie im Schilf das Kästchen und ließ es durch ihre Magd holen. [6]Als sie es öffnete und hineinsah, lag ein weinendes Kind darin. Sie bekam Mitleid mit ihm, und sie sagte: Das ist ein Hebräerkind. [7]Da sagte seine Schwester zur Tochter des Pharao: Soll ich zu den Hebräerinnen gehen und dir eine Amme rufen, damit sie dir das Kind stillt? [8]Die Tochter des Pharao antwortete ihr: Ja, geh! Das Mädchen ging und rief die Mutter des Knaben herbei. [9]Die Tochter des Pharao sagte zu ihr: Nimm das Kind mit, und still es mir! Ich werde dich dafür entlohnen. Die Frau nahm das Kind zu sich und stillte es. [10]Als der Knabe größer geworden war, brachte sie ihn der Tochter des Pharao. Diese nahm ihn als Sohn an, nannte ihn Mose und sagte: Ich habe ihn aus dem Wasser gezogen.

Der Schrei eines Neugeborenen tönte durchs Haus. Die Mutter, Jochebed,[1] war müde und glücklich. Wieder hatte sie ein Kind zur

---

[1] Numeri (4 Mo) 26,59; Exodus (2 Mo) 6,20

Welt gebracht. Preis dem Herrn, dem Gott Israels! Auf diesen Augenblick hatte sie gewartet – in Vorfreude, aber auch in Angst. »Ist es ein Junge oder ein Mädchen?« fragte sie.

Das Zischen einer Peitsche draußen schnitt in ihre Frage hinein. Sie hörte den Schrei des Getroffenen – eines Hebräers – und den lauten Fluch des wütenden Ägypters. Solche Geräusche waren jetzt nur zu geläufig. Die Lage der Hebräer in der ägyptischen Provinz Gosen (Goschen) war alles andere als rosig und wurde fast mit jedem Tag schlimmer.

Zuerst waren die Ägypter den Israeliten freundlich gesinnt gewesen. Schließlich hatte ja auch Josef, der Sohn Jakobs, durch seine Weisheit und Vorausblick das Land sicher durch eine gewaltige Hungersnot geführt. Durch ihn war Ägypten eine Zeitlang ein Zufluchtsort und Brotkorb für den ganzen Nahen Osten geworden.[2] Noch Jahre nach Josefs Tod wußten die Ägypter die Israeliten wohl zu schätzen.

Aber inzwischen waren 400 Jahre vergangen, und die Lage hatte sich geändert. Nicht geändert hatte sich Gottes Segen über seinem Volk; es wurde immer zahlreicher und besaß immer mehr Land. Aber die Achtung der Ägypter kehrte sich in Angst und Haß; sie begannen, die Hebräer durch Zwangsarbeit zu unterdrücken, aber ihre Zahl nahm nur noch mehr zu.

Schließlich beschloß der Pharao, das Problem an der Wurzel zu packen. Er ließ die hebräischen Hebammen kommen und befahl ihnen: »Wenn ihr den Hebräerinnen Geburtshilfe leistet, dann achtet auf das Geschlecht! Ist es ein Knabe, so laßt ihn sterben! Ist es ein Mädchen, dann kann es am Leben bleiben.«[3]

Auch dieser Befehl hatte keinen Erfolg, denn die Hebammen gehorchten Gott mehr als dem Pharao. Sie redeten sich heraus: »Die hebräischen Frauen sind kräftiger als die ägyptischen. Bis die Hebamme zu ihnen kommt, haben sie ihr Kind schon längst zur Welt gebracht.«[4]

Auf diese Weise war Amrams und Jochebeds erster Sohn, Aaron, sicher zur Welt gekommen. Aber dann gab der Pharao,

---

[2] Genesis (1 Mo) 41,55–57
[3] Exodus (2 Mo) 1,16
[4] Exodus (2 Mo) 1,19

des Spiels mit den Hebammen müde, einen neuen Befehl, diesmal an das ägyptische Volk: »Werft jeden Jungen, der den Hebräern geboren wird, in den Nil!«[5]

Für die schon mehr als genug geknechteten Israeliten war dieser Befehl ein furchtbarer Schlag. Die Mutterfreude der Frauen wurde in Angst verwandelt. War ein Neugeborenes ein Junge, dann folgten auf seine ersten Laute bald schon seine Todesschreie, wenn sein kleiner, warmer Körper ins Wasser geworfen wurde.

»Krokodilfutter«, dachte Jochebed mit Schaudern. »Der Pharao macht aus unserem Fleisch und Blut Krokodilfutter!« Mit einem Ruck kam ihr ihre eigene Lage wieder zu Bewußtsein. Was hatte sie da gerade die Hebamme gefragt? Warum brauchte sie so lange, um zu antworten? Sie blickte sie an und sah die Angst in ihren Augen. »Es ist ein Junge.« Die Stimme der Hebamme kam stockend, von Mitleid durchdrungen.

»Gib mir das Kind!« war alles, was Jochebed herausbrachte. Sie preßte den weichen Körper an ihr Herz. »Wie schön du bist«, flüsterte sie. Und dann, als sie ihr Kind von Kopf bis Fuß betrachtete, kam ein ganz merkwürdiges Gefühl, nein, ein Wissen über sie: Das war nicht einfach ein hübsches Kind. Dieses Kind hatte irgend etwas mit Gottes Plänen zu tun. Es war schön für Gott.[6]

Gott hatte einen Plan mit ihrem Sohn. Was für einen Plan, das wußte Jochebed nicht genau, aber daß er einen Plan hatte, das war ihr klar. Und sie beschloß, um das Leben dieses Kindes zu kämpfen. Sie würde nicht resignieren, sie würde Gott vertrauen!

Jochebed und ihr Mann Amram waren Leviten, gehörten also zu dem Stamm, der später die Aufgabe erhalten sollte, die Priester für den Gottesdienst im Bundeszelt bzw. im Tempel zu stellen. Obwohl sie beide in Sklaverei hineingeboren und aufgewachsen waren, waren sie doch ihrem Glauben an Gott treu geblieben. Jochebed richtete ständig die Antenne ihrer Seele auf Gott aus. Wegen dieser ihrer Treue erhielt sie auch Botschaften von Gott, innere Eingebungen und Überzeugungen.

---

[5] Exodus (2 Mo) 1,22
[6] Apostelgeschichte 7,20

Und jetzt spürte sie also: Gott wollte etwas Großes für die Welt, für die unterdrückten Hebräer und für diese leidgeprüfte Familie tun, und er bezog – wie das gewöhnlich seine Art ist – Menschen in diesen Plan ein. Viel würde jetzt von Jochebed abhängen – davon, wie weit sie sich von Gott führen ließ.

Die Bibel zeigt uns, daß Gott zu diesem Glauben Jochebeds und ihres Mannes stand. Dieser Glaube gab ihnen den Mut, sich dem Befehl des Pharao zu widersetzen[7] und statt dessen einem höheren Herrn, Gott, zu gehorchen. Einen Tag nach dem anderen hielten sie ihr neugeschenktes Kind versteckt – aus Liebe zu ihm und zu Gott.

Was ist Glauben? »Sich verlassen auf das, was man hofft, und fest mit dem rechnen, was man nicht sehen kann« (Hebr 11,1) – mögen die augenblicklichen Umstände auch noch so sehr dagegen sprechen. Christen sind Menschen, die durch ihren Glauben an Jesus Christus vor Gott gerechtgesprochen worden sind (Gal 2,16). Was sie von Gott im Glauben erbitten, das wird er tun (Mt 21,21). Wo sie jedoch nicht glaubend bitten, erhört Gott sie nicht; denn was man nicht im Glauben tut, das ist Sünde (Röm 14,23).

Was erwarteten sie eigentlich? Ein Wunder? Ohne Zweifel hielten sie ein Wunder für möglich. Sie wußten: Gott ist Schöpfer und Herr über alles. Seine Macht ist unbegrenzt.

Nach und nach wurde Jochebed klar, daß Gott in der Tat ein Wunder tun wollte. Obwohl zunächst einmal äußerlich alles beim alten blieb: Die Unterdrückung wurde nicht leichter, der Erlaß des Pharao wurde nicht zurückgenommen. Jeden Tag wurde es schwieriger, das Kind versteckt zu halten. Seine Stimme wurde immer kräftiger; was, wenn ein Ägypter es hörte?

Gott hat einen Plan für jeden Menschen, aber sicher konnte Jochebed sich in ihren kühnsten Träumen nicht vorstellen, wie herrlich Gottes Plan mit Mose war – daß das Kind, das sie da täglich badete, wickelte und fütterte, einer der ganz großen Nationalführer der Welt werden würde, ja, der Mann, der den

[7] Hebräer 11,23

Hebräern Gottes Gesetze geben würde – Gesetze, die noch Jahrtausende später als die Grundlage einer menschlichen Gesellschaft gelten würden. Dieses Kind würde eine Stufe auf dem Weg zu Jesus Christus werden, und seine Mutter durfte daran mitwirken, daß diese Stufe gebaut wurde. Mochte auch äußerlich noch alles hoffnungslos erscheinen – Gottes Antwort war unterwegs.

Tag für Tag, Woche um Woche, kämpften Angst und Vertrauen in Jochebed, und nach und nach wuchs ihr Vertrauen. Sie wurde erfinderisch und lernte es immer besser, das Kind zu verbergen. Sie machte seinem Bruder Aaron und seiner Schwester Mirjam klar, daß sie ihren kleinen Bruder nicht verraten durften. Übrigens hatte Gott auch für Aaron und Mirjam bereits seine Pläne. Auch diese Kinder sollten sehr wichtig werden.

Es kam der Tag, wo klar wurde, daß man den Kleinen unmöglich noch länger zu Hause verstecken konnte. Jochebed verzweifelte nicht, sondern handelte. Sie hatte einen Rettungsplan entwickelt, der in seiner Art genial und ein Zeugnis unerschütterlichen Gottvertrauens war. Gott selbst hatte ihn ihr eingegeben, und deshalb war er so genial – und auch ein wenig lustig.

Zunächst einmal verwandelte sie ein einfaches Binsenkästchen in ein kleines Boot. An den Papyrusbinsen würden die Krokodile wohl wenig Interesse haben. Jetzt sollte das Wasser, das eigentlich nach dem Willen des Königs das Kind töten sollte, sein Leben retten.

Ruhig und sorgfältig ging Jochebed vor. Jede Möglichkeit spielte sie in Gedanken durch. Und je näher sie der idealen Lösung kam, um so näher kam sie auch den Plänen, die Gott für seinen Diener Mose ausgearbeitet hatte. Letztlich konnte sie sich nur in dem von Gott vorgegebenen Rahmen bewegen. Und weil sie Gott so sehr vertraute, lähmten sie die Schwierigkeiten nicht, sondern stärkten ihren Glauben nur noch.

Jochebed ließ die ganze kleine Familie an der Rettung des Kindes mitwirken. Durch ihren Glauben wurden alle – sie, ihr Mann, Aaron und Mirjam – zu Instrumenten Gottes zusammengeschweißt. Die kleine Mirjam bekam die Aufgabe, unauffällig zu beobachten, was mit dem kleinen Binsenboot und seiner ungewöhnlichen Fracht geschehen würde. Auch das war ein Glaubensakt Jochebeds.

Der entscheidende Schritt geschah: Das kleine Boot schwamm im Schilf am Ufer des Nils, und die Augen Gottes und Mirjams sahen zu. Wie würde es weitergehen?

Es ging weiter wie in einer Komödie. Ausgerechnet die Tochter des Pharao fand das Kind. Und wie manche anderen erwachsenen Töchter auch, hielt sie sich nicht an das Gebot ihres Vaters. Anstatt es zurück in den Nil zu werfen, bekam sie Mitleid mit dem Kind. Das war ein Entwarnungssignal für Mirjam, und mit bewundernswerter, wohleinstudierter Selbstbeherrschung kam sie aus ihrem Versteck und fragte – ohne auch nur mit einer Miene zu verraten, wessen Bruder der Kleine dort war –: »Soll ich eine hebräische Frau rufen, die das Kind stillen kann?«[8] Die Prinzessin fand das eine gute Idee – und gab das Kind seiner eigenen Mutter zurück![9] Später adoptierte sie es freilich – darauf mußte Jochebed sich schon einlassen – und gab ihm den Namen »Mose« (ein ägyptisches Wort für »Kind«, das aber auch an das hebräische Wort für »herausziehen« [»ich habe ihn aus dem Wasser gezogen«] erinnert.[10])

Und so konnte Jochebed in einer Zeit schlimmster Verfolgung ihren Sohn retten – ganz offen, mit der Hilfe der Familie des Pharao. Die Tochter des Mannes, der das Kind hatte töten wollen, finanzierte seine Erziehung. Gott hat Humor!

Moses Zukunft war jetzt gesichert. Am Hof des Pharao erhielt er die beste Erziehung, die ein junger Mann der damaligen Zeit bekommen konnte. Der Sohn einer hebräischen Sklavenfamilie wurde als Prinz erzogen! Die ganze Gelehrsamkeit und Macht Ägyptens stand ihm zur Verfügung. Und während immer noch hebräische Kinder ermordet wurden, wurde Mose auf das Amt vorbereitet, für das Gott ihn ausersehen hatte: der Erlöser seines Volkes zu sein.

Jochebed war an dieser Vorbereitung nicht unbeteiligt. Die wenigen Jahre, die sie selbst Mose erziehen konnte, machten ihn mit dem Glauben an den lebendigen Gott bekannt. Die erzväterlichen Traditionen seines Volkes und seine Hingabe an Gott

---

[8] Exodus (2 Mo) 2,7
[9] Exodus (2 Mo) 2,8–9
[10] Exodus (2 Mo) 2,10

hinterließen einen unauslöschlichen Eindruck in seiner Seele; das Heidentum der Ägypter zog ihn wenig an.

Als Mose erwachsen war, entschied er sich für sein Volk und dessen Leiden und gegen den Luxus Ägyptens. Er wurde ein Mann des Glaubens,[11] der Tag für Tag mit dem unsichtbaren Gott ging, als ob er ihn sehen könnte. Er wurde ein Freund Gottes[12] – eine gewaltige Auszeichnung für einen Menschen.

Jochebed lebte die Bedeutung ihres Namens (»Jahwe ist ihr Ruhm«) aus. Hatten ihre Eltern ihr diesen Namen in der Hoffnung gegeben, daß sie in ihrem Leben für Gottes Sache arbeiten würde? Wählte sie ihn selbst, als Zeugnis ihrer innersten Gedanken? Oder gab Gott ihr diesen Ehrennamen?

Die Bibel erwähnt ihren Namen nur zweimal,[13] aber er ist für alle Zeiten in die Geschichte eingegangen als der Name einer der wichtigsten Mütter, die es je gegeben hat. Wahrscheinlich haben nie zuvor oder später in der menschlichen Geschichte drei Kinder einer Mutter (Aaron, Mirjam, Mose) zur gleichen Zeit einen so gewaltigen Einfluß ausgeübt. Sie demonstrierten der Welt, welch hohen Platz Gott im Herzen ihrer Mutter – und in ihren eigenen Herzen – hatte. Mose wurde der Führer des Volkes Israel,[14] Aaron sein Hoherpriester, der Gottes Heiligkeit und Gnade symbolisierte[15] und als Mittler zwischen Gott und dem Volk auf Christus vorausdeutete;[16] Mirjam, als eine der ganz wenigen Frauen, die das Volk Gottes führten, war die erste Prophetin Israels und gebrauchte ihre musikalische Begabung zur Verherrlichung Gottes.[17]

So lebten die drei Kinder Jochebeds ein Leben des Dienstes für Gott. Schon lange bevor Gottes Gesetze aufgeschrieben wurden, hatte Jochebed sie in ihrem Herzen, und sie gab sie an ihre Kinder weiter – ganz so, wie die Bibel es später befahl.[18] Der Glaube an Gottes Verheißungen war die große Triebfeder ihres Lebens.

---

[11] Hebräer 11,24–29
[12] Vgl. Exodus (2 Mo) 33,11
[13] Exodus (2 Mo) 6,20; Numeri (4 Mo) 26,59
[14] Micha 6,4; Ps 106,23
[15] Exodus (2 Mo) 28,1
[16] Hebräer 2,17; 5,1–5
[17] Exodus (2 Mo) 15,20–21
[18] Deuteronomium (5 Mo) 6,6–7

Die zu Anfang zitierten Worte des Jakobusbriefes: »Nehmt es als Grund zur Freude, wenn ihr auf vielerlei Weise auf die Probe gestellt werdet ...«[19] kannte Jochebed noch nicht. Aber – wie die anderen Glaubenshelden der Geschichte Gottes – sie erlebte ihre Wahrheit. Sie war einer jener eigentlich ganz normalen Menschen, die durch ihren Glauben an Gott Großes tun konnten.[20]

Gegen alle Schwierigkeiten und Verfolgungen dachten und denken solche Menschen vertikal statt horizontal, geistlich statt menschlich. In dem Wissen, daß ihr Gott größer als die größten Nöte ist, können sie mutig allen Widrigkeiten entgegentreten; ihr Gott enttäuscht sie nicht.

---

[19] Jakobus 1,2–3
[20] Hebräer 11,1–40

»Gewöhnlich ist der Mann das Haupt. Hier ist es eine Frau. Gott verfährt nicht nach Schablonen. Er sucht Menschen, die bereit sind, seine Werkzeuge zu sein.«

Die Verfasserin

DEBORA – Kraft aus Glauben

Richter 4,1–10; 12–16; 23–24 (Einh):

Als Ehud gestorben war,
taten die Israeliten wieder,
was dem Herrn mißfiel.
2 Darum lieferte sie der
Herr der Gewalt Jabins,
des Königs von Kanaan,
aus, der in Hazor herrsch-
te. Sein Heerführer war Si-
sera, der in Haroschet-Go-
jim wohnte. 3 Da schrien
die Israeliten zum Herrn;
denn Sisera besaß neun-
hundert eiserne Kampfwa-
gen und hatte die Israeliten
zwanzig Jahre lang grau-
sam unterdrückt. 4 Damals
war Debora, eine Prophe-
tin, die Frau des Lappidot,
Richterin in Israel. 5 Sie
hatte ihren Sitz unter der
Debora-Palme zwischen
Rama und Bet-El im Ge-
birge Efraim, und die
Israeliten kamen zu ihr hin-
auf, um sich Recht spre-
chen zu lassen. 6 Sie schick-
te Boten zu Barak, dem
Sohn Abinoams aus Ke-
desch-Naftali, ließ ihn ru-
fen und sagte zu ihm: Der
Herr, der Gott Israels, be-
fiehlt: Geh hin, zieh auf
den Berg Tabor, und nimm
zehntausend Naftaliter und
Sebuloniter mit dir! 7 Ich
aber werde Sisera, den
Heerführer Jabins, mit sei-
nen Wagen und seiner
Streitmacht zu dir an den
Bach Kischon lenken und
ihn in deine Hand geben.
8 Barak sagte zu ihr: Wenn
du mit mir gehst, werde ich
gehen; wenn du aber nicht
mit mir gehst, werde ich
nicht gehen. 9 Sie sagte: Ja,
ich gehe mit dir; aber der
Ruhm bei dem Unterneh-
men, zu dem du ausziehst,
wird dann nicht dir zuteil;
denn der Herr wird Sisera
der Hand einer Frau auslie-
fern. Und Debora machte
sich auf und ging zusam-
men mit Barak nach Ke-
desch. 10 Barak rief Sebu-
lon und Naftali in Kedesch
zusammen, und zehntau-
send Mann folgten ihm (auf
den Tabor) hinauf. Auch
Debora ging mit ihm.
12 Als man nun Sisera mel-
dete, daß Barak, der Sohn
Abinoams, auf den Berg
Tabor gezogen sei, 13 beor-
derte Sisera alle seine Wa-

gen – neunhundert eiserne
Kampfwagen – und das
ganze Kriegsvolk, das er
bei sich hatte, von Haro-
schet-Gojim an den Bach
Kischon. 14 Da sagte Debo-
ra zu Barak: Auf! Denn das
ist der Tag, an dem der
Herr den Sisera in deine
Gewalt gegeben hat. Ja,
der Herr zieht selbst vor dir
her. Barak zog also vom
Berg Tabor herab, und die
zehntausend Mann folgten
ihm. 15 Und der Herr brach-
te Sisera, alle seine Wagen
und seine ganze Streit-
macht [mit scharfem
Schwert] vor den Augen
Baraks in große Verwir-
rung. Sisera sprang vom
Wagen und floh zu Fuß.
16 Barak verfolgte die Wa-
gen und das Heer bis nach
Haroschet-Gojim. Das
ganze Heer Siseras fiel un-
ter dem scharfen Schwert;
nicht ein einziger Mann
blieb übrig.
23 So demütigte Gott an die-
sem Tag Jabin, den König
von Kanaan, vor den Israe-
liten, 24 und die Faust der
Israeliten lag immer schwe-
rer auf Jabin, dem König
von Kanaan, bis sie Jabin,
den König von Kanaan,
ganz vernichtet hatten.

(Vergleiche auch den Rest von Ri 4 sowie Ri 5)

In Israel herrschte Verzweiflung. Fast nichts lief mehr im täglichen Leben. Der Handel war fast zum Erliegen gekommen, die üblichen Karawanen suchte man vergebens. In der Landwirtschaft wurde nur noch das Allernötigste getan. Kaum ein Bauer wagte sich noch aufs Feld, aus Angst vor Überraschungsangriffen des Feindes. Die Straßen der Städte lagen wie ausgestorben da. Die Bewohner der Bergdörfer wagten sich etwas öfter ins Freie, vermieden aber die Hauptwege und hielten sich lieber an die kleinen, wenig begangenen Pfade.

Seit über zwanzig Jahren schon war das Land von Fremden besetzt, und sie hatten die Bevölkerung fest im Griff. Was Freiheit war, wußten die jüngeren Leute nur vom Hörensagen und die älteren nur aus ihren Erinnerungen. Angst war das vorherrschende Gefühl.

Der Fremdherrscher war König Jabin, der in der Stadt Hazor im Norden des Landes residierte. Seine gefürchtete rechte Hand, General Sisera, hatte eine große Armee mit 900 Kampfwagen unter sich,[1] die überall schnell und unbarmherzig zuschlagen konnte. Nur in den Bergen war man einigermaßen sicher vor ihr, denn dort waren die Kampfwagen nicht zu gebrauchen.

Die eigentliche Ursache dieses Elends war jedoch nicht so sehr die Besatzungsmacht, sondern das Volk Israel selbst. Nach achtzig guten Jahren unter den Richtern Ehud und Schamgar war es – wieder einmal – Gott undankbar geworden und in den Götzendienst zurückgefallen, mit dem unweigerlichen Ergebnis, daß Gott ihm seinen Schutz entzog und es spüren ließ, wie es ist, wenn man ohne ihn leben will.[2] Das Volk vermochte seinen Feinden nicht mehr zu widerstehen, und der Friede war dahin.

Aber nicht alle Straßen im Land waren verlassen. Auf einer sah man sogar recht oft Menschen gehen. Im Bergland von Efraim, auf der Straße zwischen Bethel und Rama, gingen immer mehr Menschen zu einer schon von weitem sichtbaren Palme. Unter dieser Palme übte die derzeitige Führerin des Volkes – die Prophetin Debora – ihr Amt aus. Sie entschied Rechtsstreitigkeiten und sagte den Israeliten, wie sie zu leben hatten.[3] Unter den zwölf Richtern, die das Land in der Zeit zwischen Josua und Samuel regierten, war sie die einzige Frau.

Sie verstand es, ihr Doppelamt der nationalen und geistlichen Führung des Volkes gut auszuüben. Als jetzt – wie schon so oft in ihrer bewegten Geschichte – die Israeliten in ihrer Not wieder Gott suchten, hatte Debora das Vorrecht, als Gottes Werkzeug zu wirken. Durch ihren Glauben geschahen Dinge, die den Gang der Geschichte veränderten.

Debora hatte ein Amt inne, das normalerweise einem Mann gehörte. Sie hatte sich dieses Amt jedoch nicht gegen irgendwelche Männer erkämpft. Gott selbst hatte ihr die Aufgabe gegeben, das Volk zurück zu ihm zu führen und aus der Gewalt seiner Unterdrücker zu befreien. Und die ganze Nation erkannte sie als ihre Führerin an – im weltlichen wie im geistlichen Bereich.

Sie war die Frau des Lappidot, der jedoch nur eine untergeordnete Rolle spielte. Unter den Menschen ihrer Zeit war sie genauso

---

[1] Richter 4,3
[2] Richter 4,2
[3] Richter 4,4–5

einzigartig wie die einsame Palme, die später nach ihr benannt wurde. Als Prophetin war sie eine Mittlerin zwischen Gott und seinem Volk, die Verkündigerin seines Wortes. Sie gab ihrem Volk Einsicht, Weisheit und die Erkenntnis Gottes. Und mit dem feinen Instinkt eines Menschen, der ständig im Lichte Gottes wandelt, spürte sie, daß jetzt Gottes Augenblick gekommen war, das Joch der Unterdrücker abzuwerfen.

»Der Erfahrene weiß, wann und wie er handeln muß. Denn alles, was geschieht, hat seine von Gott bestimmte Zeit.«[4] Für diesen Ausspruch war Debora ein lebender Beweis. Sie spürte nicht nur, daß Gottes Zeit gekommen war, sie erkannte auch, auf welche Art er sein Volk befreien wollte.

Sie spürte ganz richtig, daß sie als Frau nicht die Aufgabe haben konnte, Krieger im Kampf zu führen. Sie hatte jahrelang als Gottes Botin auf die Befreiung Israels hingearbeitet und für sie gebetet. Aber jetzt, wo die Stunde da war, mußte jemand anderes die Führung übernehmen. Mit Weisheit und Takt trat sie an Barak, den Sohn Abinoams, heran und befahl ihm, 10000 Mann zu mobilisieren.[5]

Debora traf ihre Entscheidungen aus der lebendigen Verbindung mit Gott heraus. Nur so konnte sie das Volk so gut führen und ihre Aufgaben so intelligent und mit solch aufopfernder Beharrlichkeit ausführen. Sie wußte sehr wohl, daß jede menschliche Autorität nur abgeleitete, von Gott übertragene Autorität ist und daß nur ihm totale Autorität zukommt; und so stellte sie sich nicht über Barak, sondern neben ihn und zusammen mit ihm unter Gottes Führung. Weil sie ihr Leben mit Gott ging, suchte sie nicht die eigene Ehre. Sie bevormundete die Menschen nicht, sie inspirierte sie.

Die Quelle all ihrer Kraft und Zuversicht war immer wieder der Gott Israels. Keinen Augenblick lang zweifelte sie daran, daß der Allmächtige, der sein Volk schon so oft gerettet hatte, ihm auch diesmal wieder helfen würde.

Ihr Befehl an Barak war gleichzeitig eine Ermutigung. »Laß

---

[4] Kohelet (Pred) 8,5–6
[5] Richter 4,6

dich nicht von der großen Zahl der Feinde irremachen«, sagte sie ihm, »in Gottes Augen sind sie bereits besiegt, die Streitwagen Jabins und all seine Soldaten sind vor Gott nichts; du brauchst nur Gott zu vertrauen.«[6] Damit schilderte sie die Lage so, wie sie in der Tat war: aus Gottes Perspektive.

Deboras taktvolles, geistliches Vorgehen wirkte befreiend auf Barak. Es verhinderte, daß er sich stärker dünkte, als er in Wirklichkeit war. Er nahm die Aufgabe an, aber nur unter der Bedingung, daß Debora mitzog; nur dann, so fühlte er, würde Gott wirklich mit ihm und seinem Heer sein. Er erkannte, daß sie ihm an Glauben und Mut überlegen war. Diese Erkenntnis half ihm, zu einem starken Führer in dem Befreiungskrieg zu werden; in Hebräer 11 wird er als einer der alttestamentlichen Glaubenshelden genannt.[7]

Zwischen Debora und Barak gab es keine Eifersucht, keine Machtkämpfe. Als Zweiergruppe aus Mann und Frau[8] führten sie Gottes Befehle aus. Keiner versuchte, den anderen zu beherrschen; jeder dachte an das Wohl der Nation. Gemeinsam zogen sie nach Kedesch, nicht weit vom Wohnort Jabins, und dort stellte Barak seine Armee auf. An ihrer Spitze stiegen er und Debora dann den Berg Tabor hinauf, von wo aus sie in die Ebene Jesreel hinabblicken konnten, wo der Feind am Fuß des Berges lagerte.

Auch in ihrer Zusammenarbeit mit Barak war Debora die Führerin und Hauptverantwortliche. Als der Tag der Schlacht – Gottes Tag – da war, offenbarte Gott wieder seinen Willen durch sie. »Schlag los!« sagte sie Barak, »heute hat der Herr dir Sisera und sein ganzes Heer ausgeliefert!«[9] Und wieder gab sie zugleich mit dem Befehl eine Ermutigung: »Hab keine Angst vor Sisera. Dies ist kein Kampf zwischen ihm und dir, sondern zwischen ihm und Gott. Die Schlacht ist jetzt schon entschieden. Gott selbst zieht vor dir her.«[10]

Debora sah zu, wie Barak an der Spitze seiner zehntausend

---

[6] Vgl. Richter 4,6–7
[7] Hebräer 11,32–33
[8] Genesis (1 Mo) 1,26–28
[9] Richter 4,14
[10] Vgl. Richter 4,14

Mann den steilen Abhang des Tabor hinabstürmte. Unten, am Bach Kischon, erwartete ihn hinter ihren schweren Streitwagen die Armee Siseras. Sie betrachtete das Ganze fast wie einen Scherz. Was wollte dieser zusammengewürfelte Haufen eigentlich?

Ob wohl einer der Kämpfer zum Himmel emporblickte? Dort zogen sich mit drohendem Grollen dunkle Gewitterwolken zusammen. In dem Augenblick, als die Israeliten das Tal erreichten, brach das Unwetter voll los. Wolkenbruchartiger Regen und Hagel peitschten in die Gesichter der feindlichen Soldaten.[11] Der Kischon trat über die Ufer und wurde zu einem reißenden Strom. Das Wasser verwandelte den Boden des Schlachtfeldes in einen Sumpf; die Kampfwagen fuhren sich hoffnungslos fest und wurden zu einer tödlichen Falle für Siseras Armee.

Barak und seine Männer sahen, daß hier Gottes Hand im Spiel war. Mit verdoppeltem Mut jagten sie hinter dem Feind her und machten ihn bis auf den letzten Mann nieder.[12] Sisera sah, daß alles verloren war, und suchte sein Heil in der Flucht. Aber er fiel durch die Hand einer Frau – Jael.[13]

Damit war die Fremdherrschaft vorbei. Israel war wieder frei. Das Leben konnte wieder beginnen, das Volk hatte wieder eine Zukunft.

Jeder weiß, daß es schwer ist, sich in Not und Schwierigkeiten zu behaupten. Aber fast noch schwerer ist es, Macht auszuüben. Es ist seit der Schöpfung Gottes Wille, daß Mann und Frau – im Band der Ehe verbunden – seinen Willen auf Erden ausführen sollen. Die Frau wurde als Partnerin des Mannes geschaffen, ihm gleich und doch verschieden. Sie ist sein Gegenstück, seine Ergänzung. Diese Partnerschaft erfüllt sich normalerweise in der Ehe, ist aber auch für die Gesellschaft als Ganzes wichtig. Eine Gesellschaft funktioniert immer dann am besten, wenn Männer und Frauen ihre von Gott erhaltenen Aufgaben gemeinsam und harmonisch ausführen. Debora und Barak sind ein anschauliches Beispiel für dieses Prinzip.

---

[11] Flavius Josephus, Jüdische Altertümer (Antiquitates Judaicae) Buch V, Kap. 5
[12] Richter 4,16
[13] Richter 4,18–21

Gewöhnlich liegt die Führungsrolle beim Mann. In unserem Text ist eine Frau der Führer. Gott verfährt nicht nach Schablonen. Er sucht Menschen, die bereit sind, seine Werkzeuge zu sein.

Debora mißbrauchte ihre Macht nicht; sie führte einfach ein Amt gewissenhaft aus. Sie war fähig, ihrem Volk die Gesetze Gottes zu lehren, aber auch, eine militärische Operation zu planen. In ihr war eine gewaltige geistliche Kraft.

In dieser Kraft liegt das Geheimnis Deboras. Sie hatte viele menschliche Führungseigenschaften, aber – und sie wußte das sehr wohl – ihre eigentliche Kraftquelle war Gott. Sie war einer jener Menschen, die immer wieder neue Kraft bekommen, weil sie auf Gott vertrauen.[14] Gott war ihre Freude.

Deboras Siegeslied nach der Schlacht, das zu den ältesten und schönsten hebräischen Gedichten gehört, ist ein beredtes Zeugnis davon: »Ihr Könige und Fürsten, hört mir zu! Dem Herrn zu Ehren will ich singen« beginnt dieses Lied,[15] und es endet mit den Worten: »Doch deine (Gottes) Freunde sollen siegreich sein, der Sonne gleich, die strahlend sich erhebt!«[16] Wie Salomo es später ausdrücken sollte: »Das Leben derer, die auf Gott hören, gleicht dem Sonnenaufgang: es wird heller und heller, bis es völlig Tag geworden ist.«[17] So war auch Deboras Leben.

Den ersten Platz in Deboras Siegeslied hat Gott, aber sie versäumt es nicht, auch die an dem Sieg beteiligten Menschen – Barak, die Führer des Volkes, Jael – zu erwähnen. Debora gab die Ehre für den Sieg nicht sich selbst. Sie bezeichnet sich einfach als »Mutter in Israel«.[18] So wie eine Mutter sich um das Beste ihrer Kinder müht, so sorgte Deboras Herz für ihr Volk.

Debora ist eine der faszinierendsten Frauen in der biblischen Geschichte. Ihre Führungsqualitäten, ihr Charakter, ihre Dichtung sind beeindruckend. Aber wichtiger als all dies ist, daß sie sich ganz Gott anvertraute. Sie zeigt, was eine Frau tun kann, wenn Gott die völlige Herrschaft über ihr Leben hat.

---

[14] Jesaja 40,31
[15] Richter 5,1–3
[16] Richter 5,31
[17] Sprüche 4,19
[18] Richter 5,7

»Da ist zum Beispiel die Sorte Frau, die noch bitterer ist als der Tod. Von ihr sagt man: Sie ist eine Falle, ihre Liebe ist ein Fangnetz; ihre Arme, mit denen sie dich umfängt, sind Fesseln. Ein Mann, mit dem Gott es gut meint, kann ihr entrinnen. Aber wer Gott mißfällt, den fängt sie ein.«

Kohelet (Pred) 7,26 (GN)

DELILA – Ruin eines geistlichen Führers

Richter 16,4–30 (Einh):

---

4 Danach verliebte sich Simson in eine Frau im Tal Sorek; sie hieß Delila. 5 Die Fürsten der Philister kamen zu ihr und sagten zu ihr: Versuch, ihn zu betören und herauszufinden, wodurch er so große Kraft besitzt und wie wir ihn überwältigen und fesseln können, um ihn zu bezwingen. Jeder von uns gibt dir dann elfhundert Silberstücke. 6 Darauf sagte Delila zu Simson: Sag mir doch, wodurch du so große Kraft besitzt und wie man dich fesseln kann, um dich niederzuzwingen. 7 Simson sagte zu ihr: Wenn man mich mit sieben frischen Sehnen fesselt, die noch nicht getrocknet sind, dann werde ich schwach und bin wie jeder andere Mensch. 8 Die Fürsten der Philister brachten ihr also sieben frische Sehnen, die noch nicht getrocknet waren, und sie fesselte ihn damit, 9 während einige Männer bei ihr in der Kammer auf der Lauer lagen. Dann rief sie ihm zu: Simson, die Philister kommen! Er aber zerriß die Sehnen, wie ein Zwirnfaden reißt, wenn er dem Feuer zu nahe gekommen ist. Doch das Geheimnis seiner Kraft wurde nicht bekannt. 10 Darauf sagte Delila zu Simson: Du hast mich getäuscht und mir etwas vorgelogen. Sag mir doch endlich, womit man dich fesseln kann. 11 Er erwiderte ihr: Wenn man mich mit neuen Stricken fesselt, mit denen noch keine Arbeit getan worden ist, werde ich schwach und bin wie jeder andere Mensch. 12 Delila nahm also neue Stricke und band ihn damit. Dann rief sie ihm zu: Simson, die Philister kommen!, während wieder einige Männer in der Kammer

auf der Lauer lagen. Er aber riß die Stricke von seinen Armen wie Fäden. 13 Darauf sagte Delila zu Simson: Bis jetzt hast du mich getäuscht und mir etwas vorgelogen. Sag mir doch, womit man dich fesseln kann. Er erwiderte ihr: Wenn du die sieben Locken auf meinem Kopf mit den Kettfäden des Webstuhls verknotest und mit dem Pflock festmachst, werde ich schwach und bin wie jeder andere Mensch. 14 Nun wiegte sie ihn in den Schlaf und verknotete die sieben Locken auf seinem Kopf mit den Kettfäden und machte sie mit dem Pflock fest. Dann rief sie ihm zu: Simson, die Philister kommen! Er fuhr aus dem Schlaf hoch und riß den Webepflock mit den Kettfäden heraus. 15 Darauf sagte sie zu ihm: Wie kannst du sagen: Ich liebe dich!, wenn mir dein Herz nicht gehört? Jetzt hast du mich dreimal belogen und mir nicht gesagt, wodurch du so große Kraft besitzt. 16 Als sie ihm mit ihrem Gerede jeden Tag zusetzte und ihn (immer mehr) bedrängte, wurde er es zum Sterben leid; 17 er offenbarte ihr alles und sagte zu ihr: Ein Schermesser ist mir noch nicht an die Haare gekommen; denn ich bin von Geburt an Gott als Nasiräer geweiht. Würden mir die Haare geschoren, dann würde meine Kraft mich verlassen; ich würde schwach und wäre wie jeder andere Mensch. 18 Nun merkte Delila, daß er ihr alles offenbart hatte. Sie schickte jemand zu den Philisterfürsten, um sie zu rufen und ihnen sagen zu lassen: Kommt her! Diesmal hat er mir alles offenbart. Die Philisterfürsten kamen zu ihr herauf und brachten das Geld mit. 19 Delila ließ Simson auf ihren Knien einschlafen, [rief einen Mann] und schnitt dann die sieben Locken auf seinem Kopf ab. So begann sie ihn zu schwächen, und seine Kraft wich von ihm. 20 Dann rief sie: Simson, die Philister kommen! Er erwachte aus seinem Schlaf und dachte: Ich werde auch diesmal wie bisher entkommen und die Fesseln abschütteln. Denn er wußte nicht, daß der Herr ihn verlassen hatte. 21 Da packten ihn die Philister und stachen ihm die Augen aus. Sie führten ihn nach Gaza hinab und fesselten ihn mit Bronzeketten, und er mußte im Gefängnis die Mühle drehen. 22 Doch sein Haar, das man abgeschnitten hatte, fing wieder an zu wachsen.

23 Die Fürsten der Philister versammelten sich, um ihrem Gott Dagon ein großes Opfer darzubringen und ein Freudenfest zu feiern. Sie sagten: Unser Gott hat

militärische Kraft nichts nützte, mußte man es eben mit List versuchen. Also auf zu Delila!

Delila machte mit. Warum? Lockte sie das Geld? Jeder der Männer hatte ihr 1100 Silberstücke versprochen – eine unvorstellbar hohe Summe, zumal wenn man bedenkt, daß damals ein Silberstück gut 16 Gramm wog. Oder haßte Delila die Israeliten? Wieder und wieder hatte Israel gegen die Philister gekämpft und oft gesiegt; und der Gott Israels war nicht Delilas Gott; sie und ihr Volk verehrten den Götzen Dagon.

Sicher spielte auch Stolz eine gewisse Rolle. In einem Land und zu einer Zeit, wo die Frau gesellschaftlich weit unter dem Mann stand, war es schon etwas, wenn die Führer des Landes an die Tür einer Frau klopften und um Hilfe baten!

Die Liebe zum Geld ist eine große Gefahr. Schon Mose wußte, daß jemand, der Bestechungsgelder annimmt, moralisch blind wird (Exodus/2 Mo 23,8). Paulus sagt: »Denn die Wurzel aller Übel ist die Habsucht.« (1 Tim 6,10)

Delila verlor keine Zeit, zur Tat zu schreiten. Sie zog alle Register weiblicher Raffinesse. Die erste Stufe war Schmeichelei. »Sag mir doch, warum du so stark bist!« bettelte sie. »Gibt es überhaupt irgend etwas, womit man dich fesseln oder bezwingen könnte?«[7]

Und Simson antwortete. Es war zwar nicht die richtige Antwort, aber gar keine Antwort wäre besser gewesen. Er unterschätzte die Gefahr, in der er sich befand. Wäre er stärker mit Gott verbunden gewesen, hätte er Delila schnellstens verlassen.

Delila fesselte Simson also mit sieben frischen Bogensehnen. Derweil lagen die Philister erwartungsfroh auf der Lauer, gierige Zeugen des unwürdigen Spiels. Aber als der entscheidende Augenblick kam und Delila rief: »Simson, die Philister!«, zerriß er die Sehnen wie morsche Fäden.[8] Die Philister zogen es vor, gar nicht erst aus ihrem Versteck hervorzukommen.

---

[7] Richter 16,6
[8] Richter 16,9

Das war also nichts gewesen. Jetzt versuchte es Delila mit einem Appell an Simsons Ehrlichkeit. »Du hast mich getäuscht«, schmollte sie.[9] Wieder ging Simson auf sie ein und spielte das gefährliche Spiel mit. Und wieder rissen die Stricke, mit denen sie ihn band, unter seinen Muskeln wie Spinnweben entzwei.

Delila machte weiter. Daß dieser Mann, mit dem sie zusammenlebte, sie liebte, ließ sie offenbar kalt. Mit allen ihr zur Verfügung stehenden Mitteln arbeitete sie zielstrebig auf Simsons Vernichtung hin. Diesmal verwebte sie seine Haarflechten mit den Fäden in ihrem Webstuhl. Wieder kein Erfolg. Die Führer der Philister wurden schon ungeduldig und kehrten in ihre Städte zurück. Aber Delila gab nicht auf. Sie hatte noch einen Plan parat.

Sie spielte das arme, arme Mädchen, dessen tiefe, ehrliche Liebe von einem groben Klotz von Mann mit Füßen getreten wird. »Wie kannst du sagen: Ich liebe dich!, wenn mir dein Herz nicht gehört?«[10] schluchzte sie bitterlich. »Jetzt hast du mich dreimal belogen und mir nicht gesagt, wodurch du so große Kraft besitzt!«

Das war endlich die richtige Methode. Welcher glühende Liebhaber kann es schon ertragen, wenn seine Liebe angezweifelt wird? Delila spielte eine Waffe aus, gegen die die wenigsten Männer standhalten können. Tag für Tag schmollte, jammerte und nörgelte sie, und Schritt für Schritt zerbrach Simsons Widerstand. Schließlich konnte sie ihn beinahe um den Finger wickeln. Er war am Ende! Er konnte nur noch eines denken: »Ich will meine Ruhe haben!«[11]

Und er erzählte ihr die Wahrheit: »Noch nie in meinem Leben sind mir die Haare geschnitten worden. Seit meiner Geburt bin ich dem Herrn geweiht. Wenn man mir die Haare abschneidet, verliere ich meine Kraft und bin nicht stärker als irgendein anderer Mensch.«[12]

Delila merkte, daß dies endlich die Wahrheit war, und mit unerbittlicher Konsequenz ließ sie den Philistern eine Nachricht

---

[9] Richter 16,10
[10] Richter 16,15
[11] Richter 16,16
[12] Richter 16,17

zukommen: »Kommt her! Diesmal hat er mir alles verraten.«[13] Daß sie dabei war, ihren Geliebten zu verraten, machte ihr kein Kopfzerbrechen.

Die Männer und ihr Geld waren schnell zur Stelle. Wieder versteckten sie sich. Delila rief einen von ihnen herbei, und der schnitt dem schlafenden Simson die sieben Haarflechten ab. Eine nach der anderen fiel auf den Boden, und Delila spürte, daß sie gewonnen hatte. Als auch die letzte Flechte auf dem Boden lag, verließ Simson seine Kraft. Delila rief wieder: »Simson, die Philister!«[14], aber diesmal war sein Mühen umsonst. Mit dem Haar hatte ihn auch Gott, der Herr, verlassen[15] – ein furchtbares Ergebnis seines Fehlverhaltens.

Was folgte, war furchtbar. Die Philister nahmen Simson gefangen. Sie töteten ihn zwar nicht. Aber sie stachen ihm die Augen aus, und er mußte als Krüppel durchs Leben gehen. Vor seinen leeren Augenhöhlen war nichts als Dunkelheit. Dann brachten sie ihn als lebendige Trophäe nach Gaza, wo er wie ein gemeiner Sklave die Mühle drehen mußte.

Delila hatte ganze Arbeit geleistet. Simson, ein Diener Gottes und Herrscher von Israel, war erledigt, geschlagen, entwürdigt. Und mit ihm sein Volk, das seine Schmach teilen mußte. Für Israel begann nach dem Ende der Herrschaft Simsons eine Zeit der Niederlagen, der Anarchie, des geistlichen Niedergangs.

Simson hatte seinen Gott, seine Ideale, sein Volk verleugnet. Er hatte sich selbst und die Sache, für die er stand, verraten. Damit ist Delila natürlich nicht entschuldigt. Sie war voll verantwortlich für ihren Anteil an der Katastrophe, die Simson und sein Volk getroffen hatte. Sicher, sie kannte Gott und die Gesetze, die er dem jüdischen Volk gegeben hatte, nicht. Aber das war keine hinreichende Entschuldigung. Wie jeder andere Mensch auch, hatte sie ihre Taten vor Gott zu verantworten.

---

13 Richter 16,18
14 Richter 16,20
15 Richter 16,20

Im Römerbrief lernen wir, daß die Heiden, die Gottes Gesetze nicht ausdrücklich kennen, sie doch in ihrem Herzen geschrieben haben, und daß Gott sie dereinst nach diesem inneren Gesetz richten wird (Röm 2,13–15).

Fast zwei Jahrhunderte später beschrieb Salomo die Frau vom Typ Delilas mit folgenden Worten: »Sie ist eine Falle, ihre Liebe ist ein Fangnetz; ihre Arme, mit denen sie dich umfängt, sind Fesseln. Ein Mann, mit dem Gott es gut meint, kann ihr entrinnen. Aber wer Gott mißfällt, den fängt sie ein.«[16] Auf Delila paßt auch die folgende Warnung Salomos: »Die Frau eines anderen lockt dich mit honigsüßen Worten, glatt wie Öl fließen sie von ihren Lippen. Doch am Ende ist sie bitter wie Galle und tödlich wie ein zweischneidiges Schwert. Sie reißt dich mit in den Tod, ihre Schritte führen geradewegs ins Grab.«[17]

Und ins Grab sollte es schon bald gehen. Die Führer der Philister, die außer sich vor Freude waren, feierten Simsons Gefangennahme mit einem großen Fest zu Ehren ihres Gottes Dagon. Die Stimmung war vorzüglich, das Haus voll; Tausende von Männern und Frauen, darunter natürlich die Führer der Philister und sicher auch die große »Heldin« Delila, waren versammelt.

Bald riefen die Leute: »Her mit Simson!« Mit dem mußte man sich doch einen richtigen Spaß machen und zeigen, daß Dagon größer war als dieser fremde Hebräergott. (Was dieser Gott in der Vergangenheit alles für sein Volk getan und wie er die Philister gezüchtigt hatte, das war vergessen.)

Simson kam und mußte sich zwischen die beiden Säulen, die das Dach trugen, stellen, damit ihn auch jeder gut sehen und verspotten konnte. Ob wirklich niemand bemerkte, daß sein Haar wieder gewachsen war? Aber Simson wußte es. Er dachte an seine Berufung zurück, an seinen Auftrag, sein Volk vor seinen Feinden zu schützen. Er betete: »Mein Herr und Gott! Höre mich und gib

[16] Kohelet (Pred) 7,26
[17] Sprüche 5,3–5

mir nur noch einmal meine alte Kraft! Ich will mich an den Philistern rächen – wenigstens für eines von den beiden Augen, die sie mir ausgestochen haben.«[18] Und er stemmte sich mit aller Kraft gegen die Säulen, und sie gaben nach und zerbrachen. Das ganze Haus stürzte ein und brachte Simson und Tausenden von Philistern den Tod – sehr wahrscheinlich auch Delila.

An Delila sehen wir einmal mehr, wie eine böse Tat eine ganze Kettenreaktion des Unheils in Gang setzen kann. Ähnlich wie bei Dina,[19] so begann das Unglück auch hier mit sexueller Unmoral, und das Endergebnis war vielfacher Tod.

Hören wir noch einmal, was Salomo über sexuelle Unmoral und Prostitution sagt: »Hüte dich vor der Dirne und der Frau eines anderen. Sie sind wie eine tiefe Grube, wie ein enger Brunnen, in dem du steckenbleibst.«[20] »Wer sie aufsucht, kommt nicht mehr zurück; denn von ihrem Haus führt kein Weg zum Leben.«[21] »Sie sind wie ein Feuer, an dem man sich unweigerlich verbrennt.«[22]

Ist dies nicht etwas viel des Moralisierens? Stehen die christlichen Frauen von heute nicht weit über Delila? Sind sie nicht Menschen, denen so etwas nie passieren kann? Vorsicht: Der Hang zu Raffinesse und Betrug steckt in jeder Frau. Jahrhunderte später sprach der Apostel Paulus eine Warnung aus, die wir auch auf das Problem »Delila und wir« anwenden müssen: »Dies soll uns warnen, damit wir nicht wie sie unser Verlangen auf das Böse richten.«[23] Wohl dem, der diese Warnung beachtet.

---

[18] Richter 16,28
[19] Genesis (1 Mo) 34,1–30
[20] Sprüche 23,27
[21] Sprüche 2,19
[22] Sprüche 6,27
[23] 1. Korinther 10,6

»Seid gütig und barmherzig. Laßt keinen je zu euch kommen, ohne daß er besser und glücklicher wieder geht. Seid lebendiger Ausdruck der Güte Gottes: Güte in eurem Gesicht, Güte in euren Augen, Güte in eurem Lächeln, Güte in eurem warmen Gruß.«

*Mutter Teresa**

NOOMI – eine Witwe, die das Beste der anderen sucht

Rut 1,1–6; 15–22; 4,14–17 (Einh):

Zu der Zeit, als die Richter regierten, kam eine Hungersnot über das Land. Da zog ein Mann mit seiner Frau und seinen beiden Söhnen aus Betlehem in Juda fort, um sich als Fremder im Grünland Moabs niederzulassen. [2]Der Mann hieß Elimelech, seine Frau Noomi, und seine Söhne hießen Machlon und Kiljon; sie waren Efratiter aus Bethlehem in Juda. Als sie im Grünland Moabs ankamen, blieben sie dort. [3]Elimelech, der Mann Noomis, starb, und sie blieb mit ihren beiden Söhnen zurück. [4]Diese nahmen sich moabitische Frauen, Orpa und Rut, und so wohnten sie dort etwa zehn Jahre lang. [5]Dann starben auch Machlon und Kiljon, und Noomi blieb allein, ohne ihren Mann und ohne ihre beiden Söhne.
[6]Da brach sie mit ihren Schwiegertöchtern auf, um aus dem Grünland Moabs heimzukehren; denn sie hatte dort gehört, der Herr habe sich seines Volkes angenommen und ihm Brot gegeben.
[15]Noomi sagte: Du siehst, deine Schwägerin kehrt heim zu ihrem Volk und zu ihrem Gott. Folge ihr doch!
[16]Rut antwortete: Dränge mich nicht, dich zu verlassen und umzukehren. Wohin du gehst, dahin gehe auch ich, und wo du bleibst, da bleibe auch ich. Dein Volk ist mein Volk, und dein Gott ist mein Gott. [17]Wo du stirbst, da sterbe auch ich, da will ich begraben sein. Der Herr soll mir dies und das antun – nur der Tod wird mich von dir scheiden. [18]Als sie

---

* Malcolm Muggeridge, Mutter Teresa (Herder), S. 59

sah, daß Rut darauf be-
stand, mit ihr zu gehen, re-
dete sie nicht länger auf sie
ein. [19]So zogen sie mitein-
ander bis Betlehem.
Als sie in Betlehem anka-
men, geriet die ganze Stadt
ihretwegen in Bewegung.
Die Frauen sagten: Ist das
nicht Noomi? [20]Doch sie
erwiderte: Nennt mich
nicht mehr Noomi (Liebli-
che), sondern Mara (Bitte-
re), denn viel Bitteres hat
der Allmächtige mir getan.
[21]Reich bin ich ausgezo-
gen, aber mit leeren Hän-
den hat der Herr mich
heimkehren lassen. War-
um nennt ihr mich noch
Noomi, da doch der Herr
gegen mich gesprochen
und der Allmächtige mir
Schlimmes angetan hat?
[22]So kehrte Noomi mit
Rut, ihrer moabitischen
Schwiegertochter, aus dem
Grünland Moabs heim. Zu
Beginn der Gerstenernte
kamen sie in Betlehem an.
[14]Da sagten die Frauen zu
Noomi: Gepriesen sei der
Herr, der es dir heute nicht
an einem Löser hat fehlen
lassen. Sein Name soll in
Israel gerühmt werden.
[15]Du wirst jemand haben,
der dein Herz erfreut und
dich im Alter versorgt;
denn deine Schwiegertoch-
ter, die dich liebt, hat ihn
geboren, sie, die mehr wert
ist als sieben Söhne. [16]Noo-
mi nahm das Kind, drückte
es an ihre Brust und wurde
seine Wärterin. [17]Die
Nachbarinnen wollten ihm
einen Namen geben und
sagten: Der Noomi ist ein
Sohn geboren. Und sie ga-
ben ihm den Namen Obed.
Er ist der Vater Isais, des
Vaters Davids.

(Vergleiche auch das ganze Buch Rut.)

Noomi, die Witwe Elimelechs, blickte liebevoll auf das Neugeborene in ihrem Schoß. Ihr fehlten die Worte, um auszudrücken, was sie fühlte. Tiefe Dankbarkeit durchströmte sie.

Um sie herum die Stimmen der aufgeregten Nachbarsfrauen: »Rut hat einen Sohn«, riefen sie, »der Herr sei gepriesen, Noomi! Jetzt wird sich ein Mann um dich kümmern, wenn du alt bist. Deine Familie hat einen Schützer und Löser bekommen! Möge dein Enkel berühmt werden in Israel!«[1]

Noomi lachte. Jetzt würde der Name ihres Mannes (der »mein Gott ist König« bedeutete) weitergetragen werden. Sein Erbe

[1] Rut 4,14–15

würde nicht an Fremde gehen. Die Namen ihrer toten Söhne würden nicht vergessen werden.

Wieder sah sie das Kleine an. Es hatte den Namen Obed (»Knecht«) bekommen. Im stillen betete sie, daß Gott, der Herr Israels, König und Herr in Obeds Leben sein möge. Dann mußte sie an ihren Mann Elimelech zurückdenken, und eine Flut von Erinnerungen kam in ihr Gedächtnis.

Sie sah das Bild wieder vor sich: Sie, ihr Mann und ihre beiden Söhne, wie sie von Juda nach Moab zogen, um der Hungersnot in Israel zu entgehen. Selbst in Betlehem, das als eine Kornkammer des Landes galt (»Betlehem« heißt »Haus des Brotes«) gab es fast nichts mehr zu essen, und die Söhne Elimelechs, Machlon und Kiljon, wurden immer schwächer. Und so faßte Elimelech den Entschluß, nach Moab auszuwandern, wo es genug zu essen gab.[2] Und dann kam alles so ganz anders.

Moab war das Land östlich des Toten Meeres, das von den Nachkommen Lots, des Neffen Abrahams, bewohnt wurde.[3] Es war nicht einfach ein Nachbarland. Es war ein Land, auf dem der Fluch Gottes ruhte – weil seine Bewohner sich gegen das Volk Israel gestellt hatten, als es von Ägypten nach Kanaan zog.[4] Ein Moabiter war in den Augen Gottes unrein und durfte nicht in die Versammlung des Herrn, Gottes Gemeinde, aufgenommen werden.

Unter diesem Volk ließ sich Elimelech mit seiner kleinen Familie nieder. Aber nach kurzer Zeit starb er. Seine Söhne taten das Naheliegende und heirateten moabitische Frauen; Machlon nahm Rut und Kiljon Orpa. Aber beide Ehen blieben kinderlos. »Hat Gott uns etwa seinen Segen entzogen?« fragte Noomi sich voll Angst. Wie jeder Israelit glaubte auch sie, daß Kinder eine Gabe Gottes waren und Kinderlosigkeit ein Zeichen seines Gerichtes.[5]

Und dann starben Kiljon und Machlon, beide noch in jungen Jahren. Jetzt hatte Noomi auch ihre beiden einzigen Kinder

---

[2] Rut 1,1
[3] Genesis (1 Mo) 19,36–37
[4] Numeri (4 Mo) 22; Deuteronomium (5 Mo) 23,3 ff.
[5] Deuteronomium (5 Mo) 28,4.18

verloren, und ihre Einsamkeit wurde fast unerträglich. Sie war allein – weit weg von ihrer Heimat, ohne Familie, von Gott verlassen; sie hatte keine Zukunft mehr.

Dann hörte sie, daß es in Betlehem wieder reichlich zu essen gab. Gott segnete sein Volk wieder und gab ihm gute Ernten. Dieses Wunder bestätigte, was Noomi schon lange gedacht hatte: Die lange Hungersnot war ein Gericht Gottes gewesen, eine Warnung an sein ungehorsames Volk.[6]

Noomi wußte schon seit langem, daß der Auszug ihrer Familie aus Betlehem auch ein Auszug aus der Gegenwart Gottes gewesen war. In Betlehem waren Elimelech und sie angesehene Bürger gewesen. »Wenn wir damals nur unsere Sünden vor Gott bekannt hätten«, dachte sie, »dann hätten wir vielleicht unser Volk wieder zu ihm zurückführen können.« Aber diese Gelegenheit hatten sie verpaßt; sie waren ja ausgewandert.

Auch die Heiraten ihrer Söhne waren im Lichte der Gesetze Gottes nicht recht gewesen. Ein Israelit durfte keinen Fremden heiraten;[7] mit diesem Gebot wollte Gott seinem Volk helfen, nicht durch heidnische Ehepartner von ihm abzufallen.

Noomis innere Überzeugung war immer größer geworden. Sie wußte: »Ich muß zurück; hier in diesem fremden Land kann ich nicht länger bleiben. Mein Platz ist in Israel, in Betlehem.«

Aber in all ihrem Leid hatte Noomi doch auch Segen erfahren, nicht zuletzt durch ihre beiden Schwiegertöchter, Orpa und Rut. Für sie hatte sie immer eine besondere Liebe und Verantwortung gefühlt – nicht nur, weil sie die Frauen bzw. Witwen ihrer Söhne waren, sondern auch, weil sie als heidnische Frauen den lebendigen Gott nicht kannten. Sie hatte ihnen viel von diesem Gott, den sie betrübt hatte, aber doch nach wie vor liebte, erzählt. Darin hatte sie auch einen gewissen Trost gefunden; ihr Mühen um Rut und Orpa ließ sie ihre eigene Trauer ein Stück weit vergessen.

Ihre Schwiegertöchter lohnten ihr ihre Liebe. Als Noomi sich auf den Weg zurück nach Betlehem machte, gingen sie ohne Zögern mit.

---

[6] Leviticus (3 Mo) 26,14–20
[7] Deuteronomium (5 Mo) 7,3–4

Aber unterwegs kamen Noomi Zweifel. War das wirklich richtig, wenn ihre Schwiegertöchter mit ihr zogen? Hing nicht ihre ganze Zukunft daran, wieder geheiratet zu werden? Sicher, der Gedanke, daß sie eines Tages die Frauen anderer Söhne – nicht mehr ihrer eigenen – sein würden, war für Noomi schmerzlich. Aber das Wohl Ruts und Orpas war doch wichtiger. Sie hatte einfach kein Recht, ihnen die Zukunft zu verbauen!

Auch Orpa und Rut wußten, was sie in Israel erwartete. Israel war ja geradezu Feindesland. Kein gesetzestreuer Israelit würde auch nur im Traum daran denken, eine Moabiterin zu heiraten. Und trotzdem zogen sie mit Noomi mit.

»Kehrt wieder um! Geht zurück zu euren Müttern!« bat Noomi sie. »Der Herr vergelte euch all das Gute, das ihr an den Verstorbenen und an mir getan habt!«[8] Aber die beiden antworteten unter Tränen: »Wir gehen mit dir zu deinem Volk.«[9]

Noomi ließ nicht locker. Sie wußte sehr wohl, daß ihr Leben ohne ihre Schwiegertöchter noch leerer sein würde. Aber Gott hatte ihr die Gnade und Kraft gegeben, selbstlos zu sein, und so war sie bereit, ihren eigenen Wunsch nach einem ruhigen, gesicherten Alter für das Beste dieser beiden jungen Frauen zu opfern.

Lange hatten die drei Frauen so auf der sonnendurchglühten Straße gestanden. Dann hatte plötzlich Orpa Noomi umarmt und war zurück nach Moab gegangen. Rut hatte sich an ihre Schwiegermutter geklammert.

»Bitte geh zurück, geh mit deiner Schwägerin«, bat Noomi sie.[10] Aber Rut schüttelte energisch den Kopf: »Dränge mich nicht, dich zu verlassen. Ich will bei dir bleiben. Dein Volk ist mein Volk, und dein Gott ist mein Gott.«[11]

»Dein Gott ist mein Gott.« Diese Worte hatten Noomi tief bewegt. Rut wollte also nicht nur bei ihrer Schwiegermutter bleiben; sie hatte sich auch für den Gott Israels entschieden. Noomis Glaubenszeugnis war nicht vergeblich gewesen. Gott

---

[8] Rut 1,8–13
[9] Rut 1,10
[10] Rut 1,15
[11] Rut 1,16

hatte es gesegnet – was für eine Gnade! Was für eine Gnade, was für ein unverdientes Wunder!

Nach diesem frohen Erlebnis war die Ankunft in Betlehem recht ernüchternd. Es sprach sich schnell herum, daß Noomi wieder da war.[12] Ihr Name war nicht unbekannt; schließlich war sie mit Boas, einem reichen Mitbürger, verwandt. Aber in der Art, wie sie fragten: »Ist das nicht Noomi?«[12] – gerade so, als ob sie es noch nicht ganz glauben konnten – lag etwas Bitteres. Die Noomi, die da aus Moab zurückkam, war eben nicht mehr die gleiche Frau, die vor über zehn Jahren ausgezogen war. Ihr Gesicht war vom Leid gezeichnet; der Name »Noomi« (»Liebliche«) paßte nicht mehr zu ihr.

Noomi selbst spürte dies nur zu gut. »Nennt mich nicht mehr Noomi«, antwortete sie, »nennt mich Mara.«[14] »Mara« heißt »bitter«, und genauso fühlte Noomi sich. Sie wurde in diesem Augenblick von Selbstmitleid überkommen. Ihre aufgestaute Trauer und Verzweiflung machten sich Luft in Anklagen gegen Gott. »Gott, der Allmächtige, hat mir ein sehr bitteres Schicksal bereitet«, sagte sie, »arm und ohne Beschützer läßt der Herr mich heimkehren.«[15] Daß Elimelech und sie doch damals von Gott fortgezogen waren, als sie nach Moab gingen, daran dachte sie in diesem Augenblick nicht; auch nicht daran, daß sie doch nicht ganz arm zurückgekommen war, daß Rut doch bei ihr war.

Doch sie blieb nicht lange in dieser Bitterkeit. Schon bald zeigte sich, daß hier, in Betlehem, wieder Gottes Segen auf ihr ruhte. Es konnte gar nicht anders sein. Schon oft hatte sie an die Worte Gottes denken müssen, die er durch Mose sagte: »Ich stelle euch heute vor die Wahl: wollt ihr Segen oder Fluch? Der Segen wird euch zuteil, wenn ihr die Weisungen des Herrn, eures Gottes, die ich euch heute verkünde, befolgt. Der Fluch trifft euch, wenn ihr sie mißachtet und euch anderen Göttern zuwendet.«[16]

Noomi erlebte Gottes Segen durch Rut, die sich wie eine

---

[12] Rut 1,19
[13] Rut 1,19
[14] Rut 1,20
[15] Rut 1,20–21
[16] Deuteronomium (5 Mo) 11,26–28

leibliche Tochter um sie kümmerte, und durch Gottes Führung. Kaum, daß sie im Land waren, führte er sie mit Boas zusammen.

Als Noomi merkte, wie gut Gott es mit ihnen meinte und daß er vielleicht Rut diesen Boas als Ehemann schenken wollte, sagte sie zu ihr: »Ich möchte, daß du wieder einen Mann und eine Heimat bekommst.«[17] Ihr Rat fiel nicht auf taube Ohren.

Boas war nicht nur ein reicher Grundbesitzer, sondern – was viel wichtiger war – ein gottesfürchtiger Mann. Einmal in Rut verliebt, heiratete er sie ohne Zögern. Und als Ergebnis lag jetzt der kleine Obed in Noomis Schoß. Nach einer kinderlosen Ehe hatte Gott Rut jetzt ein Kind geschenkt.

Das Strampeln des Kindes riß Noomi aus ihren Erinnerungen. Die Nachbarinnen hatten alle gesagt: »Der Noomi ist ein Sohn geboren.«[18] Sie mußte lächeln, wenn sie daran dachte, daß dieser »Enkel« keine Spur von ihrem Blut in seinen Adern hatte. Aber dieser Gedanke machte sie nicht bitter. Sie vergällte sich die Freude nicht mit Grübeln darüber, wie es gewesen wäre, wenn sie jetzt ein Kind von Machlon und Rut auf ihrem Schoß hätte halten können.

Noomi nahm die Dinge so, wie sie waren. Sie öffnete ihr Herz für Obed so, als sei er ihr »richtiger« Enkel. War er nicht der Sohn Ruts, der ihr kostbarer war als sieben Söhne? Und nach den jüdischen Gesetzen war er ja auch wirklich ihr Enkel, denn Obed »zählte« juristisch als Sohn Machlons.

Noomis Zukunft sah wieder hell aus. Ihre Einsamkeit schmolz weg wie Schnee in der Sonne. Sie konnte dieses Kind aufziehen, als wenn es ihr eigenes wäre. Aus der »Mara« wurde wieder die echte Noomi. »Gepriesen sei der Herr!«[19] hatten die Nachbarinnen auch gesagt, und diese Worte blieben in Noomis Herzen haften. Ja, Gott war gut, trotz all ihrer Mühen und Trauer, trotz all ihres Versagens.

Und er war noch viel größer und gütiger, als Noomi sich das jetzt vorstellen konnte. Dieses Kind, das da auf ihrem Schoß lag, würde ein wichtiges Bindeglied in der Geschichte Israels und der

---

[17] Rut 3,1
[18] Rut 4,17
[19] Rut 4,14

Heilsgeschichte Gottes werden – der Großvater König Davids! Erst die Zukunft würde zeigen, daß mit David dann die Geburt des Messias entscheidend näherkommen würde. Noomi – die Frau, die so wenig an sich und so viel an das Wohl anderer dachte, konnte noch nicht ahnen, daß ihr Leben mit dem des Heilands der Welt, Jesus Christus, verbunden war, der über tausend Jahre später auf die Erde kommen würde.

»Unser Leben wird weitergehen, Millionen und Abermillionen von Jahren. Und wie diese Millionen von Jahren aussehen werden, entscheidet sich jetzt, in den Lebensentscheidungen, die wir in diesem irdischen Leben treffen.«

*Billy Graham**

ORPA – durch eine Fehlentscheidung in Vergessenheit geraten

Rut, 1,1–15 (Einh):

Zu der Zeit, als die Richter
regierten, kam eine Hun-
gersnot über das Land. Da
zog ein Mann mit seiner
Frau und seinen beiden
Söhnen aus Betlehem in
Juda fort, um sich als Frem-
der im Grünland Moabs
niederzulassen. [2]Der
Mann hieß Elimelech, sei-
ne Frau Noomi, und seine
Söhne hießen Machlon und
Kiljon; sie waren Efratiter
aus Betlehem in Juda. Als
sie im Grünland Moabs an-
kamen, blieben sie dort.
[3]Elimelech, der Mann
Noomis, starb, und sie
blieb mit ihren beiden Söh-
nen zurück. [4]Diese nah-
men sich moabitische Frau-
en, Orpa und Rut, und so
wohnten sie dort etwa zehn
Jahre lang. [5]Dann starben
auch Machlon und Kiljon,
und Noomi blieb allein, oh-
ne ihren Mann und ohne
ihre beiden Söhne.
[6]Da brach sie mit ihren
Schwiegertöchtern auf, um
aus dem Grünland Moabs
heimzukehren; denn sie
hatte dort gehört, der Herr
habe sich seines Volkes an-
genommen und ihm Brot
gegeben. [7]Sie verließ zu-
sammen mit ihren beiden
Schwiegertöchtern den
Ort, wo sie sich aufgehal-
ten hatte. Als sie nun auf
dem Heimweg in das Land
Juda waren, [8]sagte Noomi
zu ihren Schwiegertöch-
tern: Kehrt doch beide
heim zu euren Müttern!
Der Herr erweise euch Lie-
be, wie ihr sie den Toten
und mir erwiesen habt.
[9]Der Herr lasse jede von
euch Geborgenheit finden
bei einem Gatten. Damit
küßte sie beide zum Ab-
schied; doch Orpa und Rut
begannen laut zu weinen

---

* The Challenge (doubleday), S. 71 f.

10 und sagten zu ihr: Nein,
wir wollen mit dir zu dei-
nem Volk gehen. 11 Noomi
sagte: Kehrt doch um, mei-
ne Töchter! Warum wollt
ihr mit mir ziehen? Habe
ich etwa in meinem Leib
noch Söhne, die eure Män-
ner werden könnten?
12 Kehrt um, meine Töch-
ter, und geht; denn ich bin
zu alt, noch einem Mann zu
gehören. Selbst wenn ich
dächte, ich habe noch
Hoffnung, ja, wenn ich
noch diese Nacht einem
Mann gehörte und gar Söh-
ne bekäme: 13 Wolltet ihr
warten, bis sie erwachsen
sind? Wolltet ihr euch so
lange abschließen und oh-
ne einen Mann leben?
Nein, meine Töchter! Mir
täte es bitter leid um euch;
denn mich hat die Hand des
Herrn getroffen. 14 Da
weinten sie noch lauter.
Doch dann gab Orpa ihrer
Schwiegermutter den Ab-
schiedskuß, während Rut
nicht von ihr ließ. 15 Noomi
sagte: Du siehst, deine
Schwägerin kehrt heim zu
ihrem Volk und zu ihrem
Gott.

(Vergleiche auch das ganze Buch Rut.)

Orpa hatte in ihrem kurzen Leben schon viel Leid tragen müssen – mehr als viele andere Menschen in 60 oder 70 Jahren durchzumachen haben. Der härteste Schlag war der frühe Tod ihres Mannes Kiljon gewesen. Sie war ihm eine gute Frau gewesen, aber das Eheglück hatte nur ein paar Jahre gedauert. Und da die Ehe kinderlos blieb, war sie jetzt allein.

Orpa war in ihrem Familienkreis nicht die einzige Witwe. Ihre Schwiegermutter Noomi und ihre Schwägerin Rut hatten das gleiche Los zu tragen. Alle hatten sie ihre Ehemänner verloren, alle waren sie jetzt kinderlos. Dieses gemeinsame Schicksal hatte die drei Frauen näher zueinander gebracht.

Orpa und Rut waren immer tief beeindruckt von der Liebe und Selbstlosigkeit ihrer Schwiegermutter, die doch am härtesten getroffen worden war. Anstatt sich dem Selbstmitleid zu überlassen, suchte Noomi ständig das Beste ihrer Schwiegertöchter. Jeden Tag bewies sie, daß die Beziehung zwischen Schwiegermutter und Schwiegertochter durchaus gut und harmonisch sein konnte.

Aber von jetzt ab würde Orpa ohne die liebende Fürsorge Noomis und die Freundschaft Ruts sein. Die Segnungen, die ihr

Leid erträglich gemacht hatten, sollten jetzt nur noch Erinnerungen sein. Orpa hatte beschlossen, zu ihrem eigenen Volk und seinen Göttern zurückzukehren.

Wir treffen Orpa auf einer verlassenen Straße irgendwo in Moab, nicht weit von der Grenze zu Israel. Sie ist allein. Wenn sie zurückschaut, sieht sie Noomi und Rut, wie sie in der entgegengesetzten Richtung fortgehen, weg von ihr. Dann hat der Horizont sie ganz verschluckt. Sie sind fort, für immer getrennt von Orpa.

Kurz davor waren die drei Witwen noch gemeinsam auf dem Weg zur israelitischen Grenze gewesen. Jetzt ging Orpa den Weg zu ihrem Heimatland zurück – allein.

Noomis Entschluß, nach Betlehem zurückzukehren, hatte Orpa nicht überrascht. Schon oft hatte sie denken müssen: »Fühlt sich meine Schwiegermutter hier in Moab wirklich wohl? Sie hat sich hier eingelebt, aber eigentlich gehört sie nicht so recht hierher. Sie ist so richtig entwurzelt.«

Orpa wußte auch, woran das lag. Noomi war eine Hebräerin und betete den wahren Gott an, den Gott, der Israel zu seinem Eigentumsvolk erwählt[1] und ihm das Land, in dem es jetzt lebte, gegeben hatte.[2] Mit den Götzen der Nachbarländer wollte sie nichts zu tun haben. Orpa war klar, daß Noomi auf die Dauer nur in ihrem eigenen Land, dem Land, wo man ihren Gott anbetete, glücklich sein konnte.

Rut und Orpa waren ohne Zögern mitgezogen, als Noomi aufbrach. Sie gehörten doch alle drei zusammen, sie waren in der Liebe zu Kiljon und Machlon vereinigt. Und so begannen sie ihre Reise, und während sie auf der heißen und staubigen Straße vorwärtsgingen, hing jede der Frauen ihren eigenen Gedanken nach. Orpa mußte an Kiljon denken, den Mann, den sie geliebt hatte. Sie vermißte ihn sehr – besonders jetzt, wo die Zukunft so unsicher aussah.

Und dann hielt Noomi plötzlich mitten auf der Straße an. »Kehrt wieder um«, sagte sie, »geht zurück zu euren Müttern. Der Herr vergelte euch alles Gute, das ihr an den Verstorbenen und an

---

[1] Deuteronomium (5 Mo) 7,6
[2] Deuteronomium (5 Mo) 1,8

mir getan habt! Er gebe euch wieder einen Mann und lasse euch ein neues Zuhause finden.«[3] Und um zu zeigen, daß sie es ernst meinte, gab sie ihnen den Abschiedskuß. Alle drei brachen in Tränen aus.

Rut und Orpa wollten nichts von Noomis Vorschlag hören. Aber Noomis Argumente waren stark und logisch. »Warum wollt ihr mit mir gehen?« erklärte sie. »Habe ich etwa noch Söhne zu erwarten, die eure Männer werden könnten? Ich bin zu alt, um noch einmal zu heiraten. Und selbst wenn es möglich wäre – wolltet ihr etwa warten, bis meine Söhne groß geworden sind?«[4] Es war klar: Sie konnte ihnen keine Zukunft bieten.

Die beiden brachen erneut in Tränen aus. Aber dann entschieden sie sich, und ihre Entscheidungen waren verschieden. Rut beschloß endgültig, bei Noomi zu bleiben, während sich Orpa von deren Argumenten überreden ließ; sie hatte Angst vor dieser ungewissen Zukunft. Und so küßte sie sie zum letzten Mal, drehte sich um und begann den Rückweg nach Hause. Dies ist die letzte Stelle in der Bibel, an der wir den Namen Orpa finden.[5]

Die Bibel sagt uns nicht die Gründe für Orpas Entscheidung. Klar ist jedoch, daß sie sich vor dieser Entscheidung nicht wesentlich von Rut unterschieden hatte. Beide Frauen liebten ihre Männer vorbildlich, beide waren bereit, ihr Elternhaus und Heimatland zu verlassen und in eine unbekannte Zukunft zu gehen. Aber dann, als plötzlich eine endgültige, persönliche Entscheidung verlangt war, trennten sich ihre Wege.

Warum hatte Noomi überhaupt so ernst mit ihnen geredet, ihnen die Zukunft so hart und ohne jede Beschönigung geschildert? Vielleicht wußte sie, daß sie in Israel nur dann glücklich werden konnten, wenn sie sich ganz bewußt und freiwillig für ihr neues Land entscheiden konnten. Durch ihr eigenes Leben hatte Noomi überdies gelernt, daß es hier um mehr als nur um den Wohnort und die äußere Umgebung ging. Die Entscheidung für oder gegen Israel war gleichzeitig eine Entscheidung

---

[3] Rut 1,8–9
[4] Rut 1,11–13
[5] Rut 1,14

für oder gegen Gott; und solch eine Entscheidung mußte jeder für sich, auf Grund seiner ganz persönlichen Überzeugung treffen.

In diesem Sinne hatte auch Josua, einer der Führer Israels, gesprochen, als er gesagt hatte: »Trennt euch von den Göttern, die eure Vorfahren verehrt haben, und gehorcht dem Herrn! Wenn ihr dazu nicht bereit seid, dann entscheidet euch heute, wem sonst ihr dienen wollt.« Und er hatte hinzugefügt: »Ich und meine Familie aber sind entschlossen, dem Herrn zu dienen.«[6]

Genau wie Rut hatte auch Orpa über die Hebräer den Gott Israels kennengelernt. Anders als Rut hatte sie jedoch beschlossen, diesem Gott nicht zu dienen. Daß er der Gott ihres Mannes und ihrer Schwiegermutter und Schwägerin war, nun gut. Aber sie war nicht bereit, ihn auch als ihren persönlichen Gott anzunehmen.

Durch ihre Entscheidung, nach Hause zurückzukehren, entschied sich Orpa für den Gott ihres Landes, Kemosch.[7] Statt des Schöpfers von Himmel und Erde wählte sie einen namenlosen, nichtigen Götzen,[8] statt des lebenschaffenden Gottes ein Götzenbild, dem Kinder geopfert wurden.

»Deine Schwägerin ist zu ihrem Volk und zu ihrem Gott zurückgegangen.«[9] Mit diesen Worten Noomis versinkt Orpa in die Vergessenheit; ihr Name verschwindet für immer aus der Bibel.

Die Bibel lehrt, daß jede Entscheidung, die ein Mensch trifft, Folgen für die Ewigkeit hat und nicht nur für sein irdisches Leben. Sie bringt ihn dem Himmel oder der Hölle näher. Und Gott kennt alle unsere Entscheidungen genau. In seinen Büchern ist alles, was wir je getan haben, aufgezeichnet, und jeder, dessen Name nicht im Buch des Lebens steht, geht verloren.[10]

Vielleicht hat Orpa später ihre Entscheidung zurückgenommen und sich doch noch von ihren Götzen ab- und Gott zugewandt. In

---

[6] Josua 24,15
[7] 1. Könige 11,7
[8] Jesaja 16,12; Jona 2,9
[9] Rut 1,15
[10] Maleachi 3,16; Offenbarung 20,12–15

diesem Fall hat er sie zweifellos auch angenommen.[11] Falls sie jedoch Gott – den sie doch kennengelernt hatte – nicht mehr suchte, dann waren ihre Zukunft und ihre Seele verloren.

---

[11] Jeremia 29,13–14

»Jede Frau hat das Vorrecht, ein ›Kraftwerk‹ Gottes für die Nöte der Menschen zu sein. Was die Menschen vor allem anderen brauchen, ist Liebe. Sie hungern nach LIEBE.«

*Brother Mandus**

RUT – eine Frau voller Treue

Rut 2,1–23; 3,1; 4,13 (Einh):

Noomi hatte einen Ver-
wandten von ihrem Mann
her, einen Grundbesitzer;
er war aus dem Geschlecht
Elimelechs und hieß Boas.
2 Eines Tages sagte die
Moabiterin Rut zu Noomi:
Ich möchte aufs Feld gehen
und Ähren lesen, wo es mir
jemand erlaubt. Sie ant-
wortete ihr: Geh, Tochter!
3 Rut ging hin und las auf
dem Feld hinter den
Schnittern her. Dabei war
sie auf ein Grundstück des
Boas aus dem Geschlecht
Elimelechs geraten. 4 Und
nun kam Boas von Betle-
hem dazu. Er sagte zu den
Schnittern: Der Herr sei
mit euch! Sie antworteten
ihm: Der Herr segne dich.
5 Boas fragte seinen
Knecht, der die Schnitter
beaufsichtigte: Wem ge-
hört dieses Mädchen da?
6 Der Knecht antwortete:
Es ist eine junge Moabite-
rin, die mit Noomi aus dem
Grünland Moabs gekom-
men ist. 7 Sie hat gesagt: Ich
möchte gern Ähren lesen
und bei den Garben hinter
den Schnittern her sam-
meln. So kam sie zu uns
und hielt aus vom Morgen
bis jetzt und gönnte sich
kaum Ruhe. 8 Boas sagte zu
Rut: Höre wohl, meine
Tochter, geh auf kein ande-
res Feld, um zu lesen; ent-
fern dich nicht von hier,
sondern halte dich an mei-
ne Mägde; 9 behalte das
Feld im Auge, wo sie ern-
ten, und geh hinter ihnen
her! Ich werde meinen
Knechten befehlen, dich
nicht anzurühren. Hast du
Durst, so darfst du zu den
Gefäßen gehen und von
dem trinken, was die
Knechte schöpfen. 10 Sie
sank vor ihm nieder, beug-
te sich zur Erde und sagte:
Wie habe ich es verdient,
daß du mich so achtest, da
ich doch eine Fremde bin?
11 Boas antwortete ihr: Mir
wurde alles berichtet, was

* Aus: For Women Only – With Mankind in Mind, S. 99–100

du nach dem Tod deines Mannes für deine Schwiegermutter getan hast, wie du deinen Vater und deine Mutter, dein Land und deine Verwandtschaft verlassen hast und zu einem Volk gegangen bist, das dir zuvor unbekannt war. [12]Der Herr, der Gott Israels, zu dem du gekommen bist, um dich unter seinen Flügeln zu bergen, möge dir dein Tun vergelten und dich reich belohnen. [13]Sie sagte: Du bist sehr gütig zu mir, Herr. Du hast mir Mut gemacht und so freundlich zu deiner Magd gesprochen, und ich bin nicht einmal eine deiner Mägde.

[14]Zur Essenszeit sagte Boas zu ihr: Komm und iß von dem Brot, tauch deinen Bissen in die Würztunke! Sie setzte sich neben die Schnitter. Er reichte ihr geröstete Körner, und sie aß sich satt und behielt noch übrig. [15]Als sie wieder aufstand zum Ährenlesen, befahl Boas seinen Knechten: Auch wenn sie zwischen den Garben liest, dürft ihr sie nicht schelten. [16]Ihr sollt sogar für sie etwas aus den Bündeln herausziehen und liegen lassen; sie mag es auflesen, und ihr dürft sie nicht schelten.

[17]So sammelte sie auf dem Feld bis zum Abend. Als sie ausklopfte, was sie aufgelesen hatte, war es etwa ein Efa Gerste. [18]Sie hob es auf, ging in die Stadt und zeigte ihrer Schwiegermutter, was sie aufgelesen hatte. Dann packte sie aus, was sie von ihrer Mahlzeit übrigbehalten hatte, und gab es ihr. [19]Ihre Schwiegermutter fragte: Wo hast du heute gelesen und gearbeitet? Gesegnet sei, der auf dich achthatte. Sie berichtete ihrer Schwiegermutter, bei wem sie gearbeitet hatte, und sagte: Der Mann, bei dem ich heute gearbeitet habe, heißt Boas. [20]Da sagte Noomi zu ihrer Schwiegertochter: Gesegnet sei er vom Herrn, der seine Gunst den Lebenden und Toten nicht entzogen hat. Und sie erzählte ihr: Der Mann ist mit uns verwandt, er ist einer unserer Löser. [21]Die Moabiterin Rut sagte: Er hat noch zu mir gesagt: Halte dich an meine Knechte, bis sie meine Ernte eingebracht haben. [22]Gut, meine Tochter, sagte Noomi zu Rut, wenn du mit seinen Mägden hinausgehst, dann kann man dich auf einem andern Feld nicht belästigen.

[23]Rut hielt sich beim Ährenlesen an die Mägde des Boas, bis die Gersten- und Weizenernte beendet war. Danach blieb sie bei ihrer Schwiegermutter.

Ihre Schwiegermutter Noomi sagte zu ihr: Meine Tochter, ich möchte dir ein Heim verschaffen, in dem es dir gutgeht.

[13]So nahm Boas Rut zur

Frau und ging zu ihr. Der Herr ließ sie schwanger werden, und sie gebar einen Sohn.

(Vergleiche auch das ganze Buch Rut.)

Rut arbeitete und arbeitete. Die Sonne wurde immer heißer, aber der kleine Haufen Ähren vor ihr wuchs. Dann und wann setzte sie sich im Schatten hin, um etwas auszuruhen, aber nur für kurze Zeit. Sie wollte ihrer Schwiegermutter Noomi mehr als nur eine Handvoll Korn nach Hause bringen.

Da kamen plötzlich Schritte herbei, und eine männliche Stimme sprach sie freundlich an. Sie blickte auf und sah das Gesicht eines nicht mehr ganz jungen Mannes. Sie erkannte ihn sofort; das war doch der Besitzer des Feldes, Boas.

»Hör auf meinen Rat«, sagte er. »Geh nicht auf ein anderes Feld. Bleib hier und halte dich zu meinen Mägden. Ich habe meinen Knechten befohlen, dich nicht zu belästigen. Und wenn du Durst hast, geh zu den Krügen und trink von dem Wasser, das die Männer mitgebracht haben.«[1]

Seine Freundlichkeit und Wärme überraschten sie. Sie fiel auf die Knie und verneigte sich. »Wie kommt es, daß du so freundlich zu mir bist?« stammelte sie. »Ich bin doch eine Fremde.«[2] Der behandelt mich ja gar nicht wie eine Bettlerin, mußte sie denken; der redet mit mir, als ob ich eine seiner eigenen Arbeiterinnen wäre und mein eigenes Brot verdiente.

Boas wußte sehr wohl, wer sie war. »Man hat mir alles erzählt, was du seit dem Tod deines Mannes für deine Schwiegermutter getan hast. Du hast deine Eltern und deine Heimat verlassen und bist mit ihr zu einem Volk gegangen, das du vorher nicht kanntest.«[3]

Wie nett und gütig er ist, dachte Rut. Sie hatte auch – noch bevor er sie anredete – mit angehört, wie er zu seinen Knechten sprach. Obwohl er offensichtlich ein reicher Mann war, behandelte er sie fair und herzlich. »Gott sei mit euch!« hatte er sie begrüßt,

---

[1] Rut 2,8–9
[2] Rut 2,10
[3] Rut 2,11

und sie hatten geantwortet: »Der Herr segne dich!«[4] Ist dies nur eine Art Grußformel, hatte Rut denken müssen, oder ist er wirklich so eng mit Gott verbunden, daß man das seinen Worten anmerkt?

Boas sprach weiter zu ihr. »Der Herr, der Gott Israels, bei dem du Zuflucht gesucht hast, belohne dich reich für alles, was du getan hast.«[5]

Wie natürlich und ungekünstelt der über Gott redete! Genauso wie Noomi. Diese Natürlichkeit hatte sie an ihrer Schwiegermutter immer so beeindruckt. »Der Mann macht mit Gott ernst«, dachte sie. »Das merkt man schon an seiner Sprache. Der versteht genau, warum ich in dieses Land gekommen bin. Er hat recht: Ich suche Zuflucht beim Gott Israels.«

Ruts Antwort war schlicht. »Du bist sehr gütig zu mir, Herr. Du hast mir Mut gemacht und so freundlich zu mir gesprochen, und dabei bin ich nicht einmal eine deiner Mägde.«[6]

Ein paar harte Stunden später war es Essenszeit. Bescheiden setzte Rut sich abseits hin, ein Stück weit von den Erntearbeitern entfernt. Sie gehörte ja nicht zu ihnen. Aber da rief Boas: »Komm zu uns und nimm dir von dem Brot!«[7] Und dann paßte er sogar persönlich auf, daß sie auch genug zu essen bekam.

Rut konnte ihre Aufregung, die ein wenig mit Angst vermischt war, nur mit Mühe verbergen. Sie wußte genau, daß hebräische Männer sich in der Öffentlichkeit wenig um eine Frau kümmerten, besonders wenn es auch noch eine Ausländerin war. Aber dieser Mann – ja, der behandelte sie ja gerade so, als sei sie vom gleichen gesellschaftlichen Rang wie er!

Rut – ihr Name ist moabitisch – erwarb sich rasch die Anerkennung ihrer neuen Umgebung. Vom ersten Augenblick an, in welchem sie die Felder Boas' betrat, fiel sie durch ihre Bescheidenheit, Höflichkeit und ihren Fleiß auf. Obwohl sie eine Ausländerin war, konnte sie sich ja auf gewisse Rechte berufen, und daß sie eine Schwiegertochter der bekannten Noomi war, wog schwer.

---

[4] Rut 2,4
[5] Rut 2,12
[6] Rut 2,13
[7] Rut 2,14

Sie hätte regelrecht verlangen können, daß man sie unterstützte; schließlich waren die Israeliten nach dem Gesetz ihres Gottes eindeutig dazu verpflichtet, den Armen und Fremden zu helfen.[8]

Aber Rut pochte nicht auf ihr Recht. Bevor sie anfing, die Ähren aufzulesen, bat sie erst höflich um Erlaubnis. Für jede kleine Gunst zeigte sie sich tief dankbar.

Sie fiel nicht nur Boas auf; auch der Vorarbeiter der Schnitter hatte einen sehr guten Eindruck von ihr. Und so konnte sie – in einem Land, wo normalerweise die Frauen das Wasser für die Männer holten – von dem Wasser trinken, das die Knechte mitgebracht hatten.

Rut erlangte bald sogar eine gewisse Berühmtheit als die junge moabitische Frau, die sich so rührend um ihre Schwiegermutter kümmerte. So wurde sie zu einem der Gesprächsthemen in Betlehem.

Erst am Abend hörte Rut mit dem Ährenlesen auf. Sie klopfte die Ähren aus, und das Ergebnis war stattlich: Etwa ein viertel Zentner Gerste! Ob sie gemerkt hatte, daß ihr die Arbeit am Nachmittag leichter von der Hand gegangen war als am Morgen? Daß die Schnitter auf Anweisung Boas' absichtlich so manche Ähre fallen gelassen hatten?

Sie machte sich auf den Heimweg. Müde, aber zufrieden und dankbar, kam sie mit ihrem Viertelzentner Gerste bei Noomi an. Die wollte ihren Augen nicht trauen. »So viel? Wo hast du denn die Ähren gesammelt? Gott segne den Mann, der dir das erlaubt hat.«[9]

Die Fragen sprudelten nur so aus Noomi heraus. Rut erzählte, und Noomi kam aus dem Staunen nicht heraus. Da hatte Boas ihrer Schwiegertochter sogar ausdrücklich angeboten, jeden Tag wiederzukommen, bis zum Ende der Ernte. Und Boas war ja mit ihr verwandt; er war einer von denen, die den beiden Frauen nach dem jüdischen Gesetz beistehen mußten.[10] Das mußte Gottes Führung sein! Würde Boas, als Verwandter die

---

[8] Leviticus (3 Mo) 19,9–10
[9] Rut 2,19
[10] Rut 2,20

Brücke zur Vergangenheit, jetzt auch eine Brücke in eine neue Zukunft werden?

In den nun folgenden Wochen ging Rut jeden Morgen auf die Felder von Boas, bis die Gersten- und Weizenernte vorbei waren. Obwohl sie schon an jenem ersten Tag genügend Korn für mehrere Wochen gesammelt hatte, ließ sie in ihrem Fleiß nicht nach. Daß sie mit dem reichen Boas verwandt war, spielte sie dabei nie aus. Für sie zählte nur, daß sie ihr Versprechen, für Noomi zu sorgen, treu einlöste.

Sechs oder acht Wochen vergingen wie im Fluge, und es kam der Tag des großen Erntefestes, an welchem man das Ende der Ernte mit einem großen Mahl feierte. Nach dem Fest legte Boas sich zufrieden auf der Tenne schlafen. (Es war sicherer, hier zu schlafen, um etwaige Diebe besser abfangen zu können.)

Auf diese Stunde hatte Noomi gewartet.[11] Nach dem hebräischen Gesetz hatte eine kinderlose Witwe ein Recht auf eine sogenannte Leviratsehe (Schwagerehe). Damit der Name des verstorbenen Ehemannes nicht aussterbe, hatte Mose angeordnet, daß der nächste Bruder des Toten die Witwe heiraten solle. Der erste aus dieser Ehe hervorgegangene Sohn würde dann die Linie des Verstorbenen fortführen, so daß dessen Name nicht vergessen würde.[12]

Soweit Noomi wußte, war Boas der nächste Verwandte, bei dem Rut dieses Recht beanspruchen konnte, denn direkte Brüder, die noch am Leben waren, hatte Elimelech nicht. Aber es ging Noomi nicht nur darum, daß der Name ihres Mannes und ihrer Söhne nicht ausstarb; es ging ihr auch darum, daß Rut glücklich wurde. Sie hatte die Entwicklungen der letzten Wochen sorgfältig beobachtet und konnte in ihnen nur Gottes Führung sehen.

Gott sorgte dafür, daß in seinem Volk Israel der Erbbesitz nicht auf Dauer verlorenging. Wenn ein Armer Land verkaufen mußte, mußte es von einem nahen Verwandten gekauft werden. Hatte er keine

---

[11] Rut 3,2

[12] Deuteronomium (5 Mo) 25,5–10

Verwandten, konnte er das Land an jedermann verkaufen, hatte aber auf jeden Fall ein Rückkaufsrecht. Blieb er arm, so bekam er bzw. seine Nachkommen das Land auf jeden Fall im sog. Jubeljahr (Erlaßjahr), das alle 50 Jahre begangen wurde, zurück. Vgl. Leviticus (3 Mo) 25.

Sie und Rut waren gerade zu Beginn der beiden Ernten nach Betlehem gekommen. Rut war auf das nächstbeste Feld gegangen, und siehe da, es gehörte Boas. Und das war noch nicht alles. Mit wachem Auge und Ohr hatte Noomi bemerkt, daß hier zwei Leute dabei waren, sich ineinander zu verlieben. Kein Zweifel: Gott war dabei, Rut und Boas zusammenzubringen.

Ob es nicht sogar etwas zu sagen hatte, daß Rut keine Israelitin war? Die Mutter Boas' (keine Geringere als Rahab) war das auch nicht gewesen.[13] Auch in dieser Hinsicht erschien Boas als der geeignete Ehemann für Rut. Und sie, das wußte Noomi genau, würde genau die Gehilfin sein, als die Gott die Frau ursprünglich geschaffen hatte.[14]

Auch an den Erzvater Abraham und seine Frau Sara mußte Noomi zurückdenken. Auch an Isaaks Frau Rebekka und Jakobs Rahel, die ihren Mann fürs Leben ebenfalls während der Arbeit gefunden hatten. Und wie bei ihnen, so lag auch hier gegenseitige Liebe vor.[15]

Jetzt wollte Noomi es ganz genau wissen: War Gott hier dabei, eine Tür zu öffnen, oder nicht? Der Vorschlag, den sie Rut jetzt machte, beruhte auf drei Grundlagen: Erfüllung des Gesetzes Gottes, Noomis Liebe zu Rut und ihr Offensein für die Führung des Heiligen Geistes.

»Bade und salbe dich, zieh deine besten Kleider an und geh zur Tenne«, sagte sie. »Sieh zu, daß er dich nicht bemerkt, bevor er mit Essen und Trinken fertig ist. Paß gut auf, wo er sich hinlegt, und wenn er schläft, schlüpfe am Fußende unter seine Decke. Er wird dir dann schon sagen, was du tun sollst.«[16]

---

[13] Josua 6,25; Mt 1,5
[14] Genesis (1 Mo) 2,18
[15] Genesis (1 Mo) 24,67; 29,20
[16] Rut 3,3–4

Für die Moabiterin Rut war dieser Vorschlag vielleicht nicht weniger merkwürdig als für uns heute. Sie wollte ja gerne den israelitischen Sitten und Gebräuchen folgen, aber ging dies nicht etwas zu weit? Sie war doch schließlich eine anständige Frau! Aber sie hatte auch großes Vertrauen in Noomi. Noomi würde sicher nichts tun, was sie unglücklich machen könnte. Sie traf ihre Entscheidungen mit Gott; daß sie zweideutige, unehrenhafte Pläne hatte – nein, das konnte eigentlich nicht sein.

»Dein Volk ist mein Volk, dein Gott ist mein Gott«[17], hatte sie Noomi damals, auf der Straße nach Betlehem, erklärt. Jetzt galt es, dieses Versprechen einzulösen. Der Gott, bei dem sie Zuflucht gesucht hatte, würde schon über ihr wachen und sie nicht verlassen, auch jetzt nicht. Ihm konnte sie vertrauen.

Und dann hatte sie auch große Achtung vor Boas. Hatte er sie nicht in seinen Schutz genommen – ganz freiwillig und spontan? Und er war ein frommer Mann, er würde sie nicht verletzen oder demütigen.

Damit war ihre Entscheidung klar. »Ich werde alles so machen, wie du gesagt hast«, antwortete sie Noomi.[18] Und so legte sie sich am Abend zu Boas' Füßen hin und wartete. Wie würde er reagieren?

Seine Reaktion war tief bewegend. Sie kam gegen Mitternacht, als er aufwachte, die Frau an seinem Fußende entdeckte und Aufklärung verlangte. Rut erklärte: »Nach Gottes Gesetz bitte ich dich, mich zur Frau zu nehmen, denn du bist der erste Verwandte, der das tun kann.«[19] Würde Boas jetzt ärgerlich werden? Oder aufdringlich? Würde er seine eigenen Qualitäten hervorheben? Nein, er pries Ruts Treue und Tugend. Ja, er war bereit, Rut zu heiraten, aber erst müßte man noch ein Problem lösen: Es gab jemanden, der noch näher mit Rut verwandt war als er, und wenn dieser Mann seiner Pflicht nicht nachkam, dann erst war der Weg frei für Boas. Durch diesen Test würde Gott zeigen, welchen der beiden Männer er zum Ehegatten Ruts haben wollte.

---

[17] Rut 1,16
[18] Rut 3,5
[19] Rut 3,9. Freie Übersetzung, aber genau dies ist die Bedeutung der Formulierungen in den verschiedenen Bibelübersetzungen.

Boas ersparte es Rut jedoch, sich noch einmal selbst einem Mann anbieten zu müssen. Er selbst würde die Sache erledigen. Und dann gab er noch ein Zeichen seiner Liebe: Er schickte sie nicht mitten in der Nacht weg, berührte sie aber auch nicht. Im frühen Morgengrauen konnte Rut ungesehen wieder nach Hause gehen. Ihr guter Ruf war bei Boas in den besten Händen.

Gedankenversunken ging Rut durch die stille Stadt. Die erste Begegnung mit Boas war an einem Arbeitstag, im hellen Sonnenlicht, gewesen; und jetzt diese unerwartete Szene auf einer Tenne, mitten in der Nacht. Jetzt war sie endgültig gewiß, daß Boas seinen Weg mit Gott ging. Sie wußte felsenfest: Diesem Mann konnte sie sich getrost anvertrauen.

Als sie von der Tenne aufbrach, hatte Boas ihr noch einen halben Zentner Gerste gegeben, damit sie nicht mit leeren Händen wieder zu Hause ankäme.[20] In dieser Geste lagen zwei Versprechen: Erstens, wenn Boas Rut heiratete, würde er auch Noomi nicht vergessen. Zweitens: Er hatte ihr ein erstes Angeld auf ihr Brautgeschenk gegeben. Und wenn wider Erwarten doch jemand Rut in dieser frühen Morgenstunde auf der Straße sehen würde, dann wäre dieser Sack mit Getreide eine hinreichende Erklärung für ihren frühen Gang.

Möglicherweise bedeutet der Name »Boas« soviel wie »von scharfem Geist« oder auch »Schnelligkeit«. Falls das stimmt, dann machte Boas seinem Namen alle Ehre. Noch am gleichen Morgen erledigte er sämtliche Formalitäten.[21] Er ging ans Stadttor, sprach Ruts anderen Verwandten an und holte zehn der Ältesten der Stadt als Zeugen. Der andere Verwandte wollte Rut nicht heiraten, da er damit seinen eigenen Erbbesitz geschädigt hätte, und Boas kaufte vor Zeugen Noomis Land. Damit wurde er auch Ruts Ehemann und verpflichtete sich, an Stelle ihres ersten Mannes Machlon einen Sohn zu zeugen.

Er hatte eine Braut mit außergewöhnlichen Qualitäten bekommen. Sie war mutig, hatte sie es doch gewagt, ihr Heimatland gegen eine ungewisse Zukunft einzutauschen. Sie war unerschüt-

---

[20] Rut 3,15
[21] Rut 4,1–10

terlich und tatkräftig, aber gleichzeitig bereit, auf den Rat anderer zu hören. Sie war treu und hielt, was sie versprochen hatte. Sie war fleißig, demütig, anständig und liebevoll.

Und Rut hatte einen ebenso hervorragenden Bräutigam bekommen. Er liebte sie, schützte sie und sorgte für sie. Er gab ihr seine ungeteilte Aufmerksamkeit und Zuwendung. Er achtete ihre Würde als Frau.

Damit war die Grundlage für eine gute Ehe gegeben. Die beiden verstanden einander, konnten miteinander sprechen und aufeinander hören. Daß sie sich eines Tages nichts mehr zu sagen hätten – eine Klippe, an der so viele Ehen scheitern – war nicht zu befürchten. Jeder wollte nur das Beste des anderen. Dies war wirklich einmal eine Ehe, die im Himmel geschlossen war.

Rut liebte Gott, und er schenkte ihr seine Gunst und Gnade. Ihr Sohn Obed würde einer der Vorväter in der menschlichen Abstammungslinie Jesu sein.[22] Damit bekam Rut, eine Ausländerin aus Moab, das höchste Vorrecht, das sich eine Hebräerin erträumen konnte: Sie wurde eine Mutter in der Abstammungslinie des Erlösers.

In der Bibel gibt es zwei Bücher, die nach Frauen benannt sind: Rut und Ester. Die Juden schätzen beide Bücher sehr und verlesen das Buch Ester beim Purim-Fest und das Buch Rut beim Pfingstfest.

Etwa 1,5 km östlich von Betlehem ist heute noch das »Feld des Boas« zu besichtigen, wo Rut damals die Ähren sammelte. Das daran angrenzende Feld ist das »Feld der Hirten«, wo nach der Überlieferung die Engel Christi Geburt verkündeten. Wenn dies stimmt, dann war der Ort, wo die Liebe zwischen Rut und Boas begann, auch der Ort, wo über tausend Jahre später die Engel sangen: »Ehre sei Gott in der Höhe und Friede auf Erden und den Menschen ein Wohlgefallen!« (Lk 2,14)

---

[22] Matthäus 1,5

Alle Christen sollten die Geschichte von Rut mit Dankbarkeit lesen. Der Messias, dessen Abstammung über sie läuft, ist ja nicht nur der Erlöser Israels, sondern der Heiland der ganzen Welt. In Rut treffen wir ein Stück der Vorgeschichte des Neuen Bundes. Rut ist nicht nur eine moabitische oder hebräische Figur. Ihre Geschichte hat letztlich die ganze Menschheitsgeschichte beeinflußt.

»Wo beide Partner Gott kennen, sind die Chancen, daß die Ehe gut wird, hoch. Wir können über alles mögliche verschiedener Meinung sein und doch noch einander lieben, wenn wir über Gott einig sind.«

*Eugenia Price**

MICHAL – wie eine Ehe ohne geistliche Gemeinschaft zerbricht

1. Samuel 19,9–17 (Einh):

9 Doch wieder kam vom Herrn ein böser Geist über Saul, während er in seinem Haus saß und den Speer in der Hand hielt und David auf der Zither spielte. 10 Da versuchte Saul, David mit dem Speer an die Wand zu spießen; aber er wich Saul aus, so daß der Speer in die Wand fuhr. David floh und brachte sich in Sicherheit. Noch in derselben Nacht 11 schickte Saul Boten zum Haus Davids, die ihm auflauern und ihn am nächsten Morgen töten sollten. Doch Michal, Davids Frau, warnte ihn und sagte: Wenn du dich nicht noch in dieser Nacht in Sicherheit bringst, wirst du morgen früh umgebracht. 12 Michal ließ David durch das Fenster hinab, so daß er fliehen und sich in Sicherheit bringen konnte. 13 Dann nahm Michal das Götterbild, legte es in Davids Bett, umgab seinen Kopf mit einem Geflecht von Ziegenhaaren und deckte es mit einem Kleidungsstück zu. 14 Als nun Saul die Boten schickte, die David holen sollten, sagte sie: Er ist krank. 15 Saul schickte die Boten (zurück), um nach David zu sehen, und befahl: Bringt ihn im Bett zu mir her; er soll umgebracht werden. 16 Als die Boten kamen, entdeckten sie im Bett ein Götterbild mit einem Geflecht von Ziegenhaaren um den Kopf. 17 Da sagte Saul zu Michal: Warum hast du mich so betrogen und meinen Feind entkommen lassen, so daß er sich in Sicherheit bringen konnte? Michal antwortete Saul: Er hat zu mir gesagt: Laß mich weggehen, sonst bringe ich dich um.

* The Unique World of Women (Zondervan), S. 76

2. Samuel 6,16–23 (Einh):

[16]Als die Lade des Herrn in
die Davidstadt kam, schau-
te Michal, Sauls Tochter,
aus dem Fenster, und als
sie sah, wie der König Da-
vid vor dem Herrn hüpfte
und tanzte, verachtete sie
ihn in ihrem Herzen.
[17]Man trug die Lade des
Herrn in das Zelt, das Da-
vid für sie aufgestellt hatte,
und setzte sie an ihren Platz
in der Mitte des Zeltes, und
David brachte dem Herrn
Brandopfer und Heilsopfer
dar. [18]Als David mit dem
Darbringen der Brandop-
fer und Heilsopfer fertig
war, segnete er das Volk im
Namen des Herrn der Hee-
re [19]und ließ an das ganze
Volk, an alle Israeliten,
Männer und Frauen, je ei-
nen Laib Brot, einen Dat-
telkuchen und einen Trau-
benkuchen austeilen.
Dann gingen alle wieder
nach Hause.
[20]Als David zurückkehrte,
um seine Familie zu begrü-
ßen, kam ihm Michal, die
Tochter Sauls, entgegen
und sagte: Wie würdevoll
hat sich heute der König
von Israel benommen, als
er sich vor den Augen der
Mägde seiner Untertanen
bloßgestellt hat, wie sich
nur einer vom Gesindel
bloßstellen kann. [21]David
erwiderte Michal: Vor dem
Herrn, der mich statt dei-
nes Vaters und seines gan-
zen Hauses erwählt hat, um
mich zum Fürsten über das
Volk des Herrn, über Isra-
el, zu bestellen, vor dem
Herrn habe ich getanzt;
[22]für ihn will ich mich gern
noch geringer machen als
diesmal und in meinen ei-
genen Augen niedrig er-
scheinen. Bei den Mägden
jedenfalls, von denen du
gesprochen hast, stehe ich
in Ehren. [23]Michal aber,
die Tochter Sauls, bekam
bis zu ihrem Tod kein
Kind.

Die Ehe zwischen David und Michal, der jüngsten Tochter König Sauls, war auf etwas makabre Weise entstanden. Saul hatte die Ehe mit dem Hintergedanken arrangiert, daß sie David Unglück und Tod bringen sollte.[1] David sollte sterben.

Dies war nicht das erste Mal gewesen, daß Saul David den Tod wünschte. Schon seit einiger Zeit konnte er ihn – den Mann, der später an seiner Stelle der König Israels werden würde und bereits

[1] 1. Samuel 18,17–21

die Liebe seines Volkes gewonnen hatte – nicht mehr ausstehen. Schon mehrfach hatte er versucht, David zu töten, aber ohne Erfolg. Aber über Michal mußte es eigentlich gelingen.

Eigentlich hätte David ja überhaupt das Recht gehabt, Sauls älteste Tochter, Merab, zu heiraten. Sie hatte der König dem Mann versprochen, der den Philister Goliath töten würde,[2] und dieser Mann war David. Aber Saul hatte dieses Versprechen nicht gehalten; Merab wurde einem anderen zur Frau gegeben.[3] Statt dessen bot er David Michal an – unter der kleinen Bedingung, daß er hundert Philister töten würde. »Gegen hundert Philister ist David verloren«, dachte Saul, »und dann bin ich ihn los.«

Aber Saul hatte die Rechnung ohne Gott gemacht. Mit Gottes Hilfe tötete der lästige junge Mann gleich zweihundert Philister, und Michal wurde seine Frau.[4]

Michal liebte David, und das war kein Wunder. Er war schön, mutig, sensibel und einfühlsam sowie allgemein beliebt – ein Mann, der sowohl blutige Kämpfe ausfechten als auch Gedichte und Lieder schreiben konnte. Und dann sein Verhältnis zu Gott! Es gab ihm eine zusätzliche magnetische Anziehungskraft – ein gewisses Etwas, das schwer zu beschreiben, aber immer da war.

Schon bald zeigte sich, daß David auch als Schwiegersohn nicht vor Saul sicher war. Wieder und wieder wollte Saul ihm ans Leben. Er gab ihm die gefährlichsten Aufträge im Krieg gegen die Philister; er versuchte, ihn persönlich zu töten. Nichts half. Nun gut, dann mußte man eben das Übel an der Wurzel packen und ihn zu Hause umbringen lassen!

Aber Michal erfuhr von dem Mordplan. Sie handelte schnell. »Wenn du dich nicht sofort in Sicherheit bringst, bist du morgen ein toter Mann«, warnte sie David.[5] Bei Nacht und Nebel floh er. Als am Morgen die Häscher kamen, sagte sie ihnen, David sei krank.[6] Je mehr Zeit David auf seiner Flucht gewinnen konnte, um so besser.

---

[2] 1. Samuel 17,25
[3] 1. Samuel 18,19
[4] 1. Samuel 18,27
[5] 1. Samuel 19,11
[6] 1. Samuel 19,14

Saul tobte. »Bringt ihn samt dem Bett!« befahl er.[7] Seine Diener gehorchten und drangen diesmal in Davids Haus ein. Da war das Bett, und darin lag – ein geschnitzter Hausgott mit einem Ziegenfell. Saul war fassungslos.

Aber lassen wir Saul. Ob David wohl wußte, daß ein Hausgötze in seinem Haus war? Vielleicht ja, vielleicht nein. Auf jeden Fall aber signalisiert diese Götzenfigur einen Riß in Davids Ehe mit Michal. Während David – beim Gottesdienst wie auch im Alltag – Gott ungeteilten Herzens liebte und vertraute, hatte Michal im tiefsten Herzen kein Verhältnis zu Gott; er war ihr letztlich fremd.

Das einzige Fundament, auf dem man sicher bauen kann, ist Jesus Christus (1 Kor 3,11). Dies gilt auch für die Ehe. Ehekonflikte gehören jetzt schon zu den häufigsten Problemen, die Seelsorger zu behandeln haben, und sie werden immer noch häufiger.

Wenn in einer Ehe Mann und Frau verschieden zu Gott stehen, mag dies anfangs nur als ein Schönheitsfehler erscheinen – ein kleiner Kratzer sozusagen. Aber nur zu leicht wird dieser Kratzer zu einem Riß und der Riß zu einer unüberbrückbaren Kluft. Das Lebenshaus der Ehe kann nicht auf einem schiefen Fundament gebaut werden; nur ein durch und durch solides Fundament garantiert, daß das Haus die Stürme und Beben des Lebens – und die kommen garantiert! – überstehen wird. Kein Mensch, der seiner fünf Sinne mächtig ist, würde in ein Haus ziehen, das ganz oder zum Teil auf losem Sand gebaut ist. Aber immer wieder findet man Ehen ohne ausreichendes geistliches Fundament.

Als ihr Vater sie nun wütend zur Rede stellte (»Warum hast du meinen Todfeind entkommen lassen?«), entgegnete Michal ihm: »Er hat zu mir gesagt: Laß mich weggehen, sonst bringe ich dich um.«[8] Das sind aufschlußreiche Worte! Anstatt die Wahrheit zu sagen, griff Michal zu einer furchtbaren Beschuldigung. Den Mann, der sich schon bald weigern würde, an seinem Schwiegervater Rache zu üben, und dem das Gewissen schlagen würde, als

---

[7] 1. Samuel 19,15
[8] 1. Samuel 19,17

er ihm nur ein Stück seines Gewandes abschnitt[9] – diesen Mann beschuldigte sie einer Morddrohung!

Wie ganz anders als David handelte Michal! Wo David sein Vertrauen ganz auf Gott warf, wo er allein in ihm seine Rettung und Zuflucht suchte, da griff Michal zu Unwahrheiten, Verstellung und Lüge. Ich glaube, diese Einstellung setzt ein großes Fragezeichen hinter Michals Liebesbeteuerungen.

Es verwundert nicht, daß David und Michal jetzt bald getrennte Wege gingen und ihre Ehe praktisch aufhörte. Obwohl der unmittelbare Grund dafür nicht im geistlichen Bereich lag. David mußte längere Zeit als Flüchtling umherschweifen, und Saul benutzte die Gelegenheit, um aus Rache Michal einem anderen Mann zur Frau zu geben: Palti, einem Sohn Lajischs aus Gallim.[10]

Paulus verglich einmal den Unterschied zwischen einem Christen und einem Nichtchristen mit dem Unterschied zwischen Recht und Unrecht bzw. Licht und Dunkelheit (2 Kor 6, 14–15). Gottes Liebe, wie sie in Christen wohnt, ist gütig und geduldig, demütig und selbstlos. Sie freut sich, wo die Wahrheit gewinnt und läßt sich nicht in böse Auseinandersetzungen ein (1 Kor 6,4–6).

Jahre vergingen. David wurde König von Juda und forderte Michal für sich zurück.[11] Wir erfahren nicht, warum er das tat; auch nichts über die Gefühle Michals, obwohl sie wahrscheinlich nicht die allerbesten waren, wurde sie doch wie ein Tennisball von einem Mann zum anderen geworfen und mußte miterleben, wie ihr zweiter Mann bitterlich weinend hinter ihr herlief.

Nach dieser Szene treffen wir Michal in den biblischen Berichten noch einmal. Wieder sind etliche Jahre vergangen, und David ist jetzt König über Israel. Er steht auf dem Höhepunkt seines Lebens. Gott hat seine Verheißungen an ihn erfüllt; seine Feinde sind besiegt, und er ist bei den Nachbarstaaten hoch angesehen und geachtet.[12] Aber die höchste Krönung von Davids Lebens-

---

9 1. Samuel 24,1–7
10 1. Samuel 25,44
11 2. Samuel 3,14–15
12 1. Chronik 14,2

werk soll erst noch kommen; einen Dienst muß er noch für Gott tun. Er kann nicht ruhen, bis er die Bundeslade, das Symbol der Gegenwart Gottes, an den ihr gebührenden Platz gebracht hat: in die Hauptstadt Jerusalem.

Als dieser große Tag endlich da war, strömte ganz Jerusalem zusammen, um die Lade des Herrn feierlich zu empfangen und zu dem von David ausgewählten Platz zu bringen. Alle waren sie da – die Priester und Leviten, die sich geistlich sorgfältig auf diesen Tag vorbereitet hatten, die Sänger und Musiker, die Führer des Volkes und die einfachen Leute.

Plötzlich brach ein unbeschreiblicher Jubel los. Trompeten, Harfen, Lauten und Becken vereinigten sich mit dem Freudenchor der Menschen zu einem großen Lobgesang.[13] Und der glücklichste von allen in diesem Augenblick war König David. Eine tiefe Dankbarkeit stieg in ihm empor. Er, er durfte diesen Dienst tun; ein sündiger Mensch durfte in die Gegenwart des heiligen Gottes treten.

War es hier nicht eigentlich recht und billig, daß er seine Königsgewänder ablegte und in dem leinenen Priesterschurz (Efod)[14] vor Gott tanzte? David spürte, daß er nur in dem Gewand eines Dieners der Bundeslade vor Gott treten konnte. Er wollte nicht einfach als der große Herr des Volkes auftreten, der seine Untertanen väterlich mit Geschenken segnete, er wollte sich mit ihnen identifizieren, ihnen zeigen, daß er vor Gott nicht mehr war als sie, daß ihr Gott sein Gott war. Sein religiöser Tanz (solche Tänze waren damals üblich) war ein sichtbarer Ausdruck seiner überschwenglichen Dankbarkeit und Freude zu Gott.

Michal war nicht in der großen Prozession, die die Bundeslade empfing – ein beredter Beweis dafür, wie tief die Kluft zwischen ihr und David war. Wie ihr Vater,[15] so kümmerte auch sie sich nicht weiter um die Bundeslade. Ein Musikinstrument zu nehmen und den Chor der Frauen anzuführen, wie Mirjam das einst getan hatte,[16] kam ihr nicht in den Sinn.

---

[13] 1. Chronik 15,3–25
[14] Exodus (2 Mo) 28,42–43; 1. Samuel 2,18
[15] 1. Chronik 13,3
[16] Exodus (2 Mo) 15,20–21

Ganz im Gegenteil. Sie verachtete David. Ein König, der wie verrückt mitten unter dem gemeinen Volk herumhüpfte, das war ja widerlich... Als David später nach Hause kam, um seine Freude mit ihr zu teilen, ließ sie ihren Gefühlen Lauf: »Der König von Israel weiß wahrhaftig, was er seiner Stellung schuldig ist! Vor den Frauen seiner Diener hat er sich heute schamlos entblößt, wie es nur das niedrigste Gesindel tut!«[17]

Michal dachte nicht an Gottes Ehre, als sie dies sagte. Sie verachtete diesen König, der sich so vergessen und mit seinem Volk identifizieren konnte. Für einen Mann, der seine Würde so wegwarf, konnte sie nur beißenden Zynismus übrighaben.

Michal hatte ein stolzes und kaltes Herz – gegenüber Gott, gegenüber ihrem Volk, gegenüber ihrem Mann. Sie nannte David »schamlos«. Sie bewarf seine Religion mit Schmutz. Sie hatte keine Liebe. Nach so vielen Ehejahren kannte sie immer noch nicht das Herz ihres Mannes. Was ihn bewegte, ließ sie kalt.

Der Mensch ist nach dem Bilde Gottes geschaffen (Genesis/1 Mo 1,26); darum sollte man ihn niemals entwürdigend behandeln.

Es ist wichtig, zu sehen, daß die wachsende Kluft zwischen David und Michal nicht ein Ergebnis üblicher Zerstrittenheit oder Charakterunterschiede war. Vielmehr lebte jeder der Partner in seiner eigenen religiösen Welt. Davids Gottesfurcht hatte in Michal nicht den Wunsch entfacht, diesen Gott ebenfalls zu erfahren; sie war in all den Ehejahren geistlich unberührt geblieben. Sie konnte im Innersten keine Frau nach dem Herzen Davids werden, weil sie keine Frau nach Gottes Herz war. David fühlte sich den einfachsten Menschen unter seinem Volk enger verbunden als seiner eigenen Frau, denn diese Menschen liebten Gott.

Die Bibel erwähnt nicht, wie lange Michal nach jenem Vorfall beim Einzug der Bundeslade noch lebte, aber sie läßt durchblikken, daß es mit der Ehe mit David aus und vorbei war. Der geistliche Riß, der durch sie lief, war endgültig geworden.

---

[17] 2. Samuel 6,20 (GN)

»Michal blieb ihr Leben lang kinderlos«, lesen wir.[18] In diesen wenigen Worten enthüllt sich Gottes Antwort auf die Frau, die den von ihm erwählten[19] Mann verachtete. Er versagte ihr Kinder, und Kinder waren damals ein äußerst wichtiges Zeichen des Segens Gottes. Vielleicht war es auch so, daß David keinen ehelichen Verkehr mehr mit ihr hatte. Ihre Rolle als Ehefrau war vorbei, und sie verbrachte den Rest ihrer Tage in Einsamkeit. Sang- und klanglos verschwindet sie aus der biblischen Geschichte. Ob sie dem Gott ihres Mannes noch einmal begegnet ist?

Die Ehe zwischen David und Michal ist ein warnendes Beispiel. Wo Mann und Frau nicht eins in Gott sind, kann ihre Ehe leicht unter dem Druck des Lebens zerbröckeln.

---

[18] 2. Samuel 6,23
[19] Apostelgeschichte 13,22

»Die innere Schönheit einer Frau ist fast immer ein Ausdruck ihrer Beziehung zu Gott.«

*Eugenia Price**

ABIGAJIL – Eine Frau wacht über dem Gewissen eines Gottesknechtes

1. Samuel 25,23–42 (Einh):

---

23 Als Abigajil David sah,
stieg sie schnell von ihrem
Esel, warf sich vor David
nieder und verneigte sich
bis zur Erde. 24 Sie fiel ihm
zu Füßen und sagte: Mich
allein, Herr, trifft die
Schuld. Möge deine Magd
mit dir reden dürfen; höre,
was deine Magd zu sagen
hat. 25 Mein Herr achte
nicht auf diesen üblen
Mann Nabal; denn wie sein
Name sagt, so ist er: Nabal
(Tor) heißt er, und voll
Torheit ist er. Ich, deine
Magd, habe die jungen
Leute, die du, mein Herr,
geschickt hast, nicht gese-
hen. 26 Doch nun, so wahr
der Herr lebt, und so wahr
du selbst lebst, hat dich der
Herr davor bewahrt, Blut-
schuld auf dich zu laden
und dir selbst zu helfen.
Möge es deinen Feinden
und allen, die gegen mei-
nen Herrn Böses planen,
ebenso ergehen wie Nabal.
27 Dieses Geschenk aber,
das deine Magd meinem
Herrn mitgebracht hat,
möge jetzt den jungen Leu-
ten gegeben werden, die
meinem Herrn folgen.
28 Verzeih deiner Magd ihr
Vergehen! Denn der Herr
wird meinem Herrn sicher
ein Haus errichten, das Be-
stand hat, weil mein Herr
die Kriege des Herrn führt,
und man wird dir nichts Bö-
ses vorwerfen können, so-
lange du lebst. 29 Wenn sich
aber ein Mensch erhebt,
um dich zu verfolgen und
dir nach dem Leben zu
trachten, dann sei das Le-
ben meines Herrn beim
Herrn, deinem Gott, ein-
gebunden in den Beutel des
Lebens; das Leben deiner
Feinde aber möge der Herr
mit einer Schleuder fort-
schleudern. 30 Wenn dann
der Herr meinem Herrn all
das Gute erweist, das er dir
versprochen hat, und dich
zum Fürsten über Israel
macht, 31 dann sollst du
nicht darüber stolpern, und
dein Gewissen soll meinem
Herrn nicht vorwerfen
können, daß du ohne

---

* The Unique World of Women (Zondervan), S. 82

Grund Blut vergossen hast
und daß sich mein Herr
selbst geholfen hat. Wenn
der Herr aber meinem
Herrn Gutes erweist, dann
denk an deine Magd! 32 Da
sagte David zu Abigajil:
Gepriesen sei der Herr, der
Gott Israels, der dich mir
heute entgegengeschickt
hat. 33 Gepriesen sei deine
Klugheit, und gepriesen
seist du, weil du mich heute
daran gehindert hast, Blut-
schuld auf mich zu laden
und mir selbst zu helfen.
34 Aber so wahr der Herr,
der Gott Israels, lebt, der
mich davon abgehalten
hat, dir etwas Böses zu tun:
Wärest du mir nicht so
schnell entgegengekom-
men, dann wäre von Na-
bals Männern am anderen
Morgen keiner mehr übrig
gewesen. 35 Und David
nahm von ihr entgegen,
was sie ihm gebracht hatte,
und sagte zu ihr: Geh in
Frieden hinauf in dein
Haus! Denk aber daran:
Ich habe auf dich gehört
und dich gnädig aufgenom-
men. 36 Als Abigajil zu Na-
bal kam, veranstaltete er in
seinem Haus gerade ein
Trinkgelage wie ein König.
Nabal war in fröhlicher
Stimmung, aber völlig be-
trunken. Darum erzählte
sie ihm mit keinem Wort,
was geschehen war, bis
zum anderen Morgen.
37 Als dann am Morgen der
Rausch Nabals vorüber
war, berichtete ihm seine
Frau, was sich zugetragen
hatte. Da versagte das
Herz in seiner Brust, und er
war wie versteinert. 38 Nach
etwa zehn Tagen schlug der
Herr den Nabal, so daß er
starb. 39 Als David hörte,
daß Nabal tot sei, sagte er:
Gepriesen sei der Herr, der
meinen Rechtsstreit gegen
Nabal wegen der Schmach,
die mir angetan wurde, ge-
führt hat und der seinen
Knecht von einer bösen Tat
zurückgehalten hat; die
Bosheit Nabals aber hat
der Herr auf ihn selbst zu-
rückfallen lassen. Darauf
schickte David (Boten) zu
Abigajil (mit dem Ange-
bot), er wolle sie zur Frau
nehmen. 40 Die Diener Da-
vids kamen zu Abigajil
nach Karmel, redeten mit
ihr und sagten: David
schickt uns zu dir, weil er
dich zur Frau nehmen will.
41 Sie stand auf, verneigte
sich bis zur Erde und sagte:
Deine Magd steht als Die-
nerin bereit, um den Die-
nern meines Herrn die Fü-
ße zu waschen. 42 Dann
machte sich Abigajil in al-
ler Eile auf, setzte sich auf
ihren Esel, und ihre fünf
Mägde folgten ihr. Sie zog
den Boten Davids nach und
wurde seine Frau.

(Vergleiche auch V. 1–22 aus dem gleichen Kapitel.)

Abigajil hatte keine Zeit zu verlieren. Die Worte des Knechtes klangen noch frisch in ihren Ohren: »Sieh zu, ob du noch etwas retten kannst, sonst ist unser Herr verloren, und wir alle mit. Du weißt ja, wie niederträchtig er ist und daß er auf niemand hört.«[1]

Jetzt ging es ums Ganze. Ein Fehler – und alles war verloren! Mit meisterhafter Schnelligkeit und Ruhe überschlug Abigajil die Lage. Was brauchte man alles, um 600 hungrige Männer, die im Freien lebten, satt zu bekommen?

In Rekordzeit hatte sie den Proviant beisammen – übrigens nicht nur Brot und andere lebenswichtige Dinge, sondern auch Rosinen- und Feigenkuchen und zwei Schläuche Wein.[2] Je zufriedener man die Männer bekommen konnte, desto besser. Und jetzt los! »Geht mir mit den Eseln voraus, ich komme gleich nach!«[3] befahl sie den Knechten. Es war vielleicht nicht das Verkehrteste, wenn das Essen schon vor ihr ankam.

Ihrem Mann, Nabal, sagte sie nichts von der Aktion. Mit Betrunkenen kann man bekanntlich nicht gut reden.

Wer war Nabal überhaupt? Ein reicher Mann, Herr über 3000 Schafe und 1000 Ziegen und somit ein bedeutender Wollieferant. Die Schafschur war gerade vorbei, und Nabal gab den Scherern – Männern ihres Fachs, die er speziell für diese Schur bestellt hatte – ein großes Festessen. Der Lauteste und Ausgelassenste am ganzen Tisch war Nabal selbst.

Abigajils Mann war der Nachkomme eines großen Mannes, Kaleb.[4] Aber er hatte rein nichts mit seinem berühmten Vorfahren gemeinsam – weder Gottesfurcht noch Einsicht noch Mut. Der Name »Nabal« bedeutet »Tor« oder »Narr«, und genau das war Nabal auch – ein heftiger, grober Klotz, mit dem man nicht vernünftig reden konnte.

Das mußte auch David erfahren, als er Boten zu Nabal schickte und um Essen für sich und seine 600 Gefolgsleute bat. Es war eine ganz normale Bitte, denn David und seine Leute hatten eine Art Schutzwall um Nabals Schafe und ihre Scherer gebildet, um sie vor

---

[1] 1. Samuel 25,17
[2] 1. Samuel 25,18
[3] 1. Samuel 25,19
[4] 1. Samuel 25,3; Numeri (4 Mo) 14,6–10,24

Räubern und Nomaden zu schützen, und für diese Bemühungen stand ihnen eine Belohnung zu. (Diese Regel gilt im Nahen Osten heute noch.) Dabei verhielt sich David mit seiner Bitte, mit der er doch im Grunde nichts als sein gutes Recht in Anspruch nahm, noch sehr freundlich und demütig; er behandelte Nabal fast wie einen Vater. Aber so taktvoll David seine Bitte vortrug, so grob war Nabals Antwort. »David?« schrie er, »Wer ist das? Nie von ihm gehört. Davongelaufene Sklaven gibt's heutzutage genug. Mein Brot und mein Trinkwasser und die geschlachteten Tiere hier sind für meine Schafscherer, nicht für jeden Landstreicher, der daherkommt!«[5]

Das waren unerhörte Worte für David. Er war doch schließlich im ganzen Land bekannt und beliebt. Die Frauen aus den Städten Israels hatten seine Siege besungen,[6] und er war schon längst zum künftigen König gesalbt worden. Selbst Nabals Knechte wußten nur Gutes über ihn und seine Leute zu berichten.[7] Er war ein umsichtiger und starker Führer, der seine Soldaten gut in der Hand hatte. Und jetzt behandelte dieser Nabal, der doch über David Bescheid wissen mußte, ihn wie einen Landstreicher!

David kochte vor Zorn. Es war gar nicht so lange her, da hatte er bewußt darauf verzichtet, sich an Saul zu rächen, und hatte die Sache statt dessen Gott überlassen.[8] Als er mit dem höhnenden und fluchenden Riesen Goliath gekämpft hatte, hatte er nur an die Ehre Gottes gedacht.[9] Aber jetzt konnte sich der »Mann nach dem Herzen Gottes«[10] nicht mehr bremsen. Er wollte Rache, und das sofort!

»Schnallt die Schwerter um!«[11] befahl er, und mit 400 Mann zog er los. Morgen früh sollte bei Nabal kein Mann mehr am Leben sein![12]

Zurück zu Abigajil. Sie bestieg ihren Esel und ritt David

---

[5] 1. Samuel 25,10–11
[6] 1. Samuel 18,6–7
[7] 1. Samuel 25,15–15
[8] 1. Samuel 24,5–7
[9] 1. Samuel 17,45–47
[10] Apostelgeschichte 13,22
[11] 1. Samuel 25,13
[12] 1. Samuel 25,22

entgegen. Sie war schon eine außergewöhnliche Frau: demütig und weise genug, um auf den Rat eines Knechtes zu hören, aber fest und mutig genug, um dem Zorn eines Mannes mit 400 Kriegern entgegenzutreten. Nur mit ihrem Mann hatte sie so recht kein Glück gehabt. Mit ihm zusammenleben müssen, das wollte zu der Bedeutung des Namens »Abigajil« (= »Mein Vater (Gott) gibt Freude«) nicht besonders passen.

Dies war sicher nicht das erste Mal, daß Abigajil versuchen mußte, einen von Nabal angerichteten Schaden wiedergutzumachen. Darauf deuten jedenfalls ihre ersten Worte zu David hin: »Es ist alles meine Schuld, Herr! ... Unglücklicherweise war ich nicht da, als deine Boten kamen.«[13] Mit anderen Worten: Wenn sie dagewesen wäre, als die Boten kamen, wäre es vielleicht gar nicht erst zu all diesem Ärger gekommen.

Abigajils Haltung war ebenso taktvoll wie beeindruckend. Obwohl sie die Fehler ihres Mannes mit Namen nannte, identifizierte sie sich doch mit ihm, nahm ein Stück Schuld auf sich. Damit handelte sie nach einem Grundsatz, der sich auch bei anderen Männern und Frauen des Reiches Gottes findet. Nehemia[14] und Daniel[15] z. B. würden sich später solidarisch mit unter die Schuld und den Ungehorsam des Volkes Israel stellen. Abigajil bat David um Vergebung für – ihr *eigenes* Versagen.

Abigajils Worte beeindruckten David, aber auch ihr ganzes Verhalten. Es war so ganz das Gegenteil von dem Verhalten Nabals. Diese Frau verstand es, dem Knecht Gottes und künftigen König Israels die ihm gebührende Ehre zu geben. Wo Nabal sich geweigert hatte, auch nur von seinem Wasser abzugeben, da bot sie Wein. Die Wirkung auf David blieb nicht aus: Als Abigajil anfangen konnte, mit ihm zu reden, hatten die vorausgeschickten Geschenke seine Wut schon ein ganzes Stück abgekühlt.

Salomo hat später bemerkt: »Geschenke schaffen dem Geber

---

[13] 1. Samuel 25,25
[14] Nehemia 1,4–11
[15] Daniel 9,3–19

Raum und geleiten ihn vor die Großen.«[16] Das durfte Abigajil jetzt erfahren. Es wäre jedoch verfehlt, in ihrem Verhalten lediglich diplomatisches Geschick zu sehen. Sie demonstrierte etwas, was später der Jakobusbrief die »Weisheit von oben« nennen würde – eine Weisheit, die »heilig, friedlich, freundlich, gehorsam, voll Erbarmen und reich an guten Früchten, unparteiisch und ohne Heuchelei ist«.[17]

Wie kam Abigajil zu dieser Weisheit von oben? Sicher nicht durch Berechnung. Solche Weisheit kann man nicht machen, und überdies war Abigajil ohnehin in einer Situation, in der es unmöglich ist, Rollen zu spielen und sich hinter falschen Fassaden zu verstecken. Was Abigajil plante, tat und redete, war kein kühl vorausberechnetes Spiel, sondern eine natürliche Reaktion, ein Ausdruck ihres Innersten.

Den entscheidenden Schlüssel zu Abigajils Weisheit müssen wir in ihrer Haltung gegenüber Gott sehen. Sie fürchtete ihn über alles; sie liebte ihn über alles; er ging ihr über alles. Sie wußte: Gott kann man nicht betrügen; jeder Versuch in dieser Richtung kann nur schmerzliche Folgen haben.

Abigajil fürchtete und liebte auch David. Sie wußte, daß er Gottes Knecht war, daß Gott ihn reich gesegnet hatte, daß er der künftige König Israels war. Als sie ihm jetzt gegenüberstand, spürte sie: Gottes bisherige Segnungen für ihn waren erst ein kleiner Vorschuß gewesen; mit diesem Mann hatte Gott noch viel Größeres vor.

Eine andere Person liebte Abigajil dagegen nur relativ begrenzt: sich selbst. Weil sie Gott fürchtete und sich ganz auf ihn verließ, hatte sie auch die rechte Einstellung zu sich selbst. Sie war bescheiden und frei von lähmendem Selbstmitleid.

Ihre ganze Liebe und Weisheit zeigte sich jetzt darin, daß sie nicht nur versuchte, das Leben Nabals und seiner Leute zu retten, sondern auch an das Gewissen der Männer dachte, die hier von so blinder Rachsucht getrieben waren. Wenn David seine Rache ausführte, würde er eine Sünde begehen, die er nie wiedergut-

---

[16] Sprüche 18,16
[17] Jakobus 3,17

machen könnte. Sein Gewissen wäre für den Rest seiner Tage schwer belastet. Nicht nur das Blut des Schuldigen, sondern auch das vieler unschuldiger Menschen würde an seinen Händen kleben. Daß er, der Mann, mit dem Gott noch so viel vorhatte, sich so belastete, das durfte nicht geschehen!

In diesem Bewußtsein redete Abigajil mit David. Sie erinnerte ihn an die Segnungen und den Schutz, den Gott ihm gab. Sie zeigte ihm seine Zukunft: Er würde ein König werden, dessen Königshaus für immer bestehen würde. Sicher, Nabal hatte Schuld auf sich geladen, er hatte David schwer beleidigt und damit indirekt auch Gott. Er würde seiner Strafe nicht entgehen. Aber die Strafe war Gottes Sache; nahm David sie in seine eigene Hand, würde er das Blut unschuldiger Leute vergießen.

Abigajil klagte David nicht an, sie tadelte ihn nicht. Sie zeigte ihm einfach die Folgen, die sein übereiltes Handeln haben würde. Sie begann ihren Appell mit den Worten: »So wahr der Herr lebt«[18], und sie sprach mit einer solch natürlichen Beredsamkeit, daß der Dichter David ihr ganz fasziniert zuhörte.

Paulus ermahnte die Korinther, immer das Beste ihrer Nächsten zu suchen (1 Kor 10,24) und niemandem ein Anstoß zu sein (1 Kor 10,32).

Diese Beredsamkeit war nicht vergebens. Davids Gewissen wurde wach. Abigajils Appell, diese Erinnerung an Gottes Heiligkeit und Macht, entwaffnete ihn. »Dem Herrn sei Dank«, rief er aus, »daß er dich in diesem Augenblick mir entgegengeschickt hat. Du hast mich davor bewahrt, eigenmächtig Rache zu nehmen und schwere Schuld auf mich zu laden. Ich schwöre dir beim Herrn, dem Gott Israels, der mich davor bewahrt hat, dir etwas zuleide zu tun: Wenn du mir nicht so schnell entgegengekommen wärst, hätte keiner von Nabals Männern den nächsten Morgen erlebt.«[19]

[18] 1. Samuel 25,26
[19] 1. Samuel 25,32–34

Mit diesen Worten dankte David der Frau, die über seinem Gewissen gewacht und ihn vor großer Schuld und bitterer Reue bewahrt hatte. Ihre von der Furcht Gottes bestimmten Worte hatten seine durch persönliche Rachsucht getrübten Augen geöffnet und ihm den rechten Blick für Gott wiedergegeben.

Abigajil hatte prompt, weitsichtig und weise gehandelt. Sie sah die Gefahr und bewahrte den zukünftigen König davor, zum Mörder zu werden und seinen guten Namen zu verlieren. Dank ihres Eingreifens brauchte er nicht seine Selbstachtung zu verlieren, konnten spätere Generationen ihn so hoch schätzen, daß sie Jesus den »Sohn Davids« nannten. Abigajil half David, sich selbst zu beherrschen – eine Kunst, die schwieriger und besser ist, als ganze Städte zu erobern.[20] Vor allem aber bewahrte sie ihn davor, sich gegen Gott zu versündigen. »Geh unbesorgt nach Hause. Was du von mir erbeten hast, ist dir gewährt«, konnte er ihr zum Abschied sagen.[21]

Abigajil hatte sich auch in ihrer Einschätzung Nabals nicht getäuscht. Als sie ihm am nächsten Morgen erzählte, was geschehen war, bekam er vor lauter Zorn und Angst einen Schlaganfall. Zehn Tage später starb er – ein Beispiel dafür, daß niemand ungestraft Gott spotten kann.

»Dem Herrn gehorchen, das ist der Anfang aller Lebensklugheit (Weisheit). Ihn, den Heiligen, kennen, das ist Einsicht.« (Spr 9, 10) »Wer klug und tüchtig werden will, muß vor allem Gott ernst nehmen. Wer ihn mißachtet, verachtet auch die Weisheit und läßt sich nichts sagen.« (Spr 1,7) Da Gottes Weisheit so eng mit seinem Wort verbunden ist, müssen wir gewissenhaft – gerade so, als suchten wir einen Schatz – die Bibel lesen. Dann wird Gott uns die Weisheit geben, die wir brauchen (Spr 2,1–6).

Als David vom Tod Nabals hörte, dankte er Gott.[22] Gott selbst hatte gehandelt und den Schuldigen bestraft. Und dann zeigte

[20] Sprüche 16,32
[21] 1. Samuel 25,35
[22] 1. Samuel 25,39

David, was für einen unvergeßlichen Eindruck Abigajil auf ihn gemacht hatte. Auf der Stelle machte er ihr einen Heiratsantrag, und Abigajil sagte nicht nein.

Damit erhielt Abigajils Bitte an David »Und denk dann auch an mich, deine Dienerin, wenn der Herr dich so weit gebracht hat«[23] eine rasche und unerwartete Antwort. Sie, die aus bitterer Erfahrung wußte, wie einsam eine Ehe sein kann, wenn man kaum etwas gemeinsam hat, wurde jetzt die Frau eines Mannes, der viele ihrer eigenen Eigenschaften hatte: Mut, Treue, Scharfsinn und Einsicht.

Das stärkste Band zwischen Abigajil und David aber war ihre Einstellung zu Gott. Er hatte in ihrer beider Herzen den ersten Platz. Die selbstlose Abigajil durfte erfahren, wie Gott denen, die ihn lieben, alle Dinge zum Besten dienen läßt.[24] Vor wenigen Tagen noch die Frau eines betrunkenen Taugenichts, wurde sie jetzt die Frau des Königs von Israel. Oder genauer: eine seiner insgesamt acht Frauen,[25] denn leider folgte David hier dem Beispiel der anderen Königshöfe seiner Zeit und hielt sich nicht an die von Gott vorgesehene Einehe.

Abigajil ist in die biblische Geschichte als eine Frau eingegangen, deren Gottesfurcht, Weisheit und Nächstenliebe einen der größten Glaubensmänner davor bewahrte, seinen Namen mit Blut zu besudeln. David steht hier vor uns als Mann, dem zum richtigen Zeitpunkt die richtige Frau das Gewissen schärfte, so daß er das tun konnte, wozu Gott jeden Menschen geschaffen hat: Gott Ehre bringen.[26]

---

[23] 1. Samuel 25,31
[24] Römer 8,28
[25] 2. Samuel 3,2–5, 13; 11,26–27
[26] Offenbarung 4,9–11; 5,11–14

»Weil du das getan und mir nicht gehorcht hast, werden in allen Generationen Mitglieder deines Königshauses ein blutiges Ende finden.«

2 Sam 12,10 (GN)

BATSEBA – freier Lauf für eine Sünde

2. Samuel 11, 1–17.26–27 (GN):

Im folgenden Frühling, um die Zeit, wenn die Könige in den Krieg ziehen, schickte David seine Kriegsleute und das ganze Heer Israels unter dem Befehl seines Heerführers Joab in den Kampf gegen die Ammoniter. Sie verwüsteten deren Land und belagerten die Stadt Rabba. David blieb in Jerusalem.
2 An einem Spätnachmittag erhob sich David von der Mittagsruhe und ging auf dem flachen Dach seines Palastes auf und ab. Da sah er im Hof des Nachbarhauses eine Frau, die gerade badete. Sie war sehr schön.
3 David ließ nachforschen, wer sie sei, und man sagte ihm: »Es ist Batseba, die Tochter Ammiëls und Frau des Hetiters Urija.« 4 Da-
vid schickte Boten zu ihr und ließ sie zu sich holen. Sie kam, und er schlief mit ihr. Sie hatte gerade die vorgeschriebene Reinigung nach ihrer monatlichen Blutung vorgenommen. Danach kehrte sie wieder in ihr Haus zurück.
5 Als Batseba entdeckte, daß sie schwanger geworden war, ließ sie es David melden.
6 Der schickte zu Joab und befahl ihm: »Sende mir den Hetiter Urija her!« Joab tat es.
7 Als Urija kam, erkundigte sich David nach dem Stand der Belagerung und wie es Joab und dem Heer gehe.
8 Dann sagte er zu Urija: »Geh jetzt nach Hause und ruh dich aus!« Als Urija ging, ließ David ihm Geschenke nachtragen.
9 Doch Urija ging nicht in sein Haus, sondern zu den Wachsoldaten am Eingang des Palastes und übernachtete dort.
10 Als David das erfuhr, fragte er ihn: »Warum gehst du nicht nach Hause? Du hast doch einen langen Weg hinter dir?«
11 Urija antwortete: »Die Männer Israels und Judas stehen im

Feld, und auch die Bundes-
lade hat nicht mehr als ein
Zeltdach; mein Befehlsha-
ber Joab und seine Offizie-
re lagern auf dem bloßen
Boden. Und da soll ich
nach Hause gehen, essen
und trinken und mit meiner
Frau schlafen? So gewiß du
lebst: Das werde ich nicht
tun!« [12]David sagte: »Bleib
noch einen Tag hier; mor-
gen lasse ich dich gehen.«
Urija blieb den Tag in Jeru-
salem. [13]Am nächsten Tag
lud David ihn an seine Ta-
fel. Er machte ihn betrun-
ken, aber wieder ging Urija
am Abend nicht nach Hau-
se, sondern legte sich bei
der Palastwache schlafen.
[14]Am nächsten Morgen
schrieb David einen Brief
an Joab und gab ihn Urija
mit. [15]Darin stand: »Stelle
Urija dorthin, wo der
Kampf am härtesten ist!
Dann zieht euch plötzlich
zurück, so daß er erschla-
gen wird.« [16]Joab stellte
Urija bei der Belagerung
an die Stelle, wo die Geg-
ner ihre tapfersten Solda-
ten hatten. [17]Einmal mach-
ten dort die Belagerten ei-
nen Ausfall, und einige von
Davids Leuten fanden den
Tod. Auch Urija fiel.
[26]Als die Frau Urijas hörte,
daß ihr Mann gefallen war,
trauerte sie um ihn. [27]Nach
Ablauf der Trauerzeit hol-
te David sie zu sich in sei-
nen Palast und heiratete
sie. Sie gebar ihm einen
Sohn.

Wir treffen David etliche Jahre nach seiner Begegnung mit Abigajil wieder. Nach siebeneinhalb Jahren Königsherrschaft über Juda ist er der Herrscher über das ganze Israel geworden. Er hat mit seiner Familie manchen Sturm bestehen müssen,[1] aber eines ist unverändert geblieben: seine Treue zu Gott. Er ist ein gerechter König, und immer wieder hat Gott bestätigt, daß er zu ihm steht. Der Name des Königs von Israel ist unter den Nachbarstaaten bekannt und gefürchtet.

Aber dann kam jener schicksalhafte Spätnachmittag, als David Batseba sah. Die Regenzeit, die den Krieg gegen die Ammoniter unterbrochen hatte, war vorüber, und General Joab und seine Armee waren wieder in den Kampf gezogen.[2] David zog, entgegen seiner früheren Gewohnheit, nicht mit, sondern blieb zu Hause. Dieser Müßiggang tat ihm nicht gut. Als er einmal auf dem

---

[1] 1. Samuel 30,1–6
[2] 2. Samuel 11,1

Flachdach seines Palastes auf und ab ging, sah er, wie diese schöne Frau badete. Eine *sehr* schöne Frau.

Satan hatte an diesem Nachmittag ein leichtes Spiel mit David. Anders als Hiob[3] hatte David wahrscheinlich nie einen Bund mit seinen Augen geschlossen, nie eine andere Frau lüstern anzublikken. Wie dem auch sein mag – an diesem Tag war seine Abwehrkraft gegen sexuelle Sünde sehr gering.

Petrus ermahnt die Christen seiner Zeit, vor dem Teufel auf der Hut zu sein, der wie ein sich Beute suchender Löwe umhergeht (1 Petr 5,8). Andererseits dürfen wir wissen: Gottes Waffenrüstung ist stark genug, um gegen die Angriffe des Teufels bestehen zu können (Eph 6,11).

Der Teufel benutzt für seine Versuchungen generell gerne die Augen der Menschen. Schon bei Eva spielte es eine Rolle, daß der Gegenstand der Versuchung so schön und verlockend aussah.[4] Davids Augen sahen, und schon gelüstete es sein Herz. Er unterließ es, sich sofort von dem, was er da sah, zu distanzieren, und so nahm das Böse seinen Lauf.

Batseba war eine außerordentlich schöne Frau. Ihr Vater, Ammiel, war einer der Helden Davids. Ihr Mann, Urija, war ein mutiger und ergebener Offizier, der seine Aufgaben gewissenhaft erfüllte.

Man fragt sich natürlich, warum Batseba überhaupt an einem Ort badete, wo man sie unter Umständen sehen konnte. War sie eine frivole Frau, die jetzt, wo ihr Ehemann nicht zu Hause war, auf Männerfang ging? Wollte sie den König, der ja weibliche Schönheit zu schätzen wußte, umgarnen? Fühlte sie sich einsam? Oder war sie einfach ein wenig unvorsichtig und rechnete nicht damit, daß sie jemand sehen könnte? Schließlich war es nicht das übliche, daß der König auf dem Dach seines Palastes spazierenging.

Die Bibel gibt uns keine Antwort auf diese Fragen, und wir

---

[3] Hiob (Ijob) 31,1
[4] Genesis (1 Mo) 3,6

haben kein Recht, das Schlimmste anzunehmen. Fest steht, daß David sie sah und zu sich holen ließ; daß dies für einen orientalischen König der damaligen Zeit etwas ganz Normales war; daß es aber eines Königs wie David vollständig unwürdig war.

Als der Befehl kam, zu David zu kommen, ging Batseba sofort. Als Untertanin des Königs mußte sie das auch. Wir wissen nicht, ob sie sich ihm willig hingegeben hat oder nur widerstrebend. Aber es scheint doch, daß sie nicht genug tat, um diese Sünde abzuwenden.

Batsebas Situation ist in manchem der Josefs vergleichbar. Aber während dieser mutig sagte: »Wie könnte ich ein so großes Unrecht begehen und tun, was Gott verboten hat?«[5], wird von Batseba nichts dergleichen überliefert. War sie ohne die Liebe, den Mut und die Selbstzucht, die Josef hatte und die Gott jedem geben will?[6] Mangelte ihr die Weisheit und Einsicht, mit der Abigajil[7] David vor schwerer Sünde bewahrt hatte?

Später lesen wir von David, daß er »Zeit seines Lebens getan hatte, was dem Herrn gefiel, und ihm in allen Dingen gehorcht hatte – das Unrecht gegen den Hetiter Urija ausgenommen«.[8] Diese »Ausnahme« warf einen schweren Schatten auf seinen guten Namen und gab seinen Feinden einen Grund, Gott zu lästern.[9] Sie beleidigte Gott. Und Batseba verhinderte dies nicht – obwohl sie es wahrscheinlich mit Erfolg hätte verhindern können, war David doch, wie Abigajil und andere Fälle[10] zeigten, für Rat und Ermahnung grundsätzlich empfänglich.

Es ist bemerkenswert, wie ehrlich die Bibel ist. Sie beschönigt nichts. Sie läßt keine Zweifel daran, daß David der Vater des Kindes war, das Batseba jetzt bekommen sollte. Sie erzählt uns genau, wie nach und nach alles ans Licht kommt und David in immer tiefere Schuld verstrickt wird. Sexuelle Begierde entwikkelt sich zum bewußten Ehebruch (David wußte, daß Batseba

---

[5] Genesis (1 Mo) 39,9
[6] 2. Timotheus 1,7
[7] 1. Samuel 25,23–31
[8] 1. Könige 15,5
[9] 2. Samuel 12,14 (Einh)
[10] 2. Samuel 18,3–4

bereits verheiratet war), zum unappetitlichen Betrugsversuch (kann man das Kind nicht Urija unterschieben?) und schließlich zum geplanten Mord. Es war gerade so, wie es später Jakobus beschreibt: Zweifelhafte Begierden führten zur Sünde und schließlich zum Tod[11] – in diesem Fall zum wortwörtlichen Tod von mindestens fünf Menschen.

Davids Gewissen muß damals sehr taub gewesen sein. Er sah seine Schuld erst, als der Prophet Natan sie ihm vorhielt. Aber da waren schon über neun Monate vergangen, und in all diesen Monaten war Davids Verbindung zu Gott empfindlich getrübt. Wo er sonst in den schönsten Worten von seiner Sehnsucht zu Gott sang,[12] blieb er jetzt still. Es war dunkel in ihm. Aber als Natan ihm seine Sünde in anonymer, bildlicher Form beschrieb, zögerte er nicht mit seinem Urteil: »Dieser Mann muß sterben!« Und da mußte Natan ihm sagen: »Du bist dieser Mann!«[13]

Davids Sünde, die Gott sehr mißfiel,[14] setzte eine Kettenreaktion von Tod und Schmerz in Gang. Nach dem Gesetz des Mose hätten eigentlich sowohl David als auch Batseba sterben müssen,[15] aber Gott war gnädig. Jetzt, wo David seine Sünde bekannt hatte, würden sie beide am Leben bleiben. Das Kind allerdings müßte sterben, es würden in Zukunft manche Mitglieder des Königshauses ein blutiges Ende finden, und David würde selbst das Opfer von Ehebruch werden.[16]

Diese Voraussagen erfüllten sich alle. Das Kind Davids und Batsebas starb nach wenigen Tagen.[17] Urija war tot. Drei der Söhne Davids – Amnon,[18] Abschalom[19] und Adonija[20] – starben eines gewaltsamen Todes. Und Abschalom entehrte in aller Öffentlichkeit die Nebenfrauen Davids.[21]

---

[11] Jakobus 1,14–15
[12] Psalm 63,2
[13] 2. Samuel 12,5–7
[14] 2. Samuel 11,27
[15] Leviticus (3 Mo) 20,10
[16] 2. Samuel 12,10–14
[17] 2. Samuel 12,19
[18] 2. Samuel 13,28–30
[19] 2. Samuel 18,14
[20] 1. Könige 2,24–25
[21] 2. Samuel 16,22

Die Bibel berichtet nicht nur die Taten von Menschen; sie zeigt auch die Größe und unendliche Gnade Gottes. Als David erst einmal seine Schuld vor Gott eingesehen und bekannt hatte, wurde er frei von ihrer Last. Er bekam neue innere Freude und Gemeinschaft mit Gott, die sich unter anderem in seinem wohl bekanntesten Bußpsalm ausdrückte,[22] aber auch in den folgenden Psalmversen: »Wohl dem, dessen Frevel vergeben und dessen Sünde bedeckt ist. Wohl dem Menschen, dem der Herr die Schuld nicht zur Last legt.«[23] David stellte sich voll zu seiner Schuld; er verschwieg und beschönigte nichts. Aber er konnte sich auch über die Vergebung Gottes freuen.

Obwohl die Bibel auch hier nichts über Batsebas Gefühle sagt, muß man doch annehmen, daß sie an Davids Schuldbewußtsein und der darauf folgenden Freude über die Vergebung Teil hatte. War nicht das zweite Kind, das Gott David und Batseba gab, Salomo – jener Mann, dem Gott so viel Reichtum und Weisheit schenken würde? Als er geboren wurde, gab der Prophet Natan ihm auf Gottes Befehl den Namen Jedidja (»Liebling des Herrn«).[24]

Ja, Gott war gnädig auch zu Batseba. Später durfte sie sich dafür einsetzen, daß Salomo den Thron erbte. Die Frau, deren Geschichte in der Bibel so negativ begann, wurde durch Gottes Gnade die Mutter des weisesten und reichsten Herrschers Israels[25] und wird als einer der Vorfahren des Heilands der Welt genannt.[26]

Die Geschichte von Batseba und David ist eine zweischneidige Geschichte. Sie ist ein Denkmal der Gnade und Treue Gottes, eine lebendige Ermutigung und Trost für jeden, der wie David und Batseba seine Sünde vor Gott bekennt. Aber sie ist und bleibt auch ein abschreckendes Beispiel – ein Beispiel dafür, wie eine erwachsene, erfahrene, in der Furcht Gottes erzogene Frau es versäumte, rechtzeitig einer Sünde Einhalt zu gebieten.

Jede Frau sollte sich über die Heiligkeit Gottes und die verhee-

---

[22] Psalm 51
[23] Psalm 32,1–2
[24] 2. Samuel 12,24–25
[25] 1. Könige 1,11–31
[26] Matthäus 1,6

renden Folgen von Sünde im klaren sein und sich bemühen, nie einen Mann in eine Situation der Versuchung zu bringen. Batseba wußte damals, was richtig war, aber tat es nicht; darin lag ihre Schuld.[27]

[27] Jakobus 4,17

»Macht euch nichts vor! Gott läßt keinen Spott mit sich treiben. Jeder wird ernten, was er gesät hat. Wer sich von seiner Selbstsucht leiten läßt, wird den Tod ernten.«

Gal 6,7–8 (GN)

ISEBEL – Eine Frau vergißt, daß Gott sich nicht spotten läßt

1. Könige 19,1–3; 21,4–16 (GN):

Ahab berichtete Isebel al-
les, was Elija getan und daß
er alle Propheten Baals
umgebracht hatte. 2 Da
schickte Isebel einen Boten
zu Elija und ließ ihm sagen:
»Die Götter sollen mich
strafen, wenn ich dich mor-
gen um diese Zeit nicht
ebenso umbringen werde,
wie du meine Propheten
umgebracht hast!«
3 Da packte Elija die Angst,
und er floh, um sein Leben
zu retten. Seinen Diener
nahm er mit. In Beersche-
ba an der Südgrenze Judas
ließ er ihn zurück.
4 Verärgert kehrte der Kö-
nig in seinen Palast zurück
und wollte keinen Bissen
anrühren. 5 Seine Frau Ise-
bel trat zu ihm und fragte:
»Was ist passiert? Warum
bist du so verstimmt?«
6 Ahab antwortete: »Mehr
als einmal habe ich Nabot
zugeredet und gesagt: ›Gib
mir deinen Weinberg!‹ Ich
habe ihm Bezahlung oder
einen besseren dafür ange-
boten; aber er bleibt dabei:
›Ich gebe ihn dir nicht!‹«
7 »Bist du König oder
nicht?« sagte Isebel. »Steh
auf, sei wieder vergnügt
und laß es dir schmecken!
Ich werde dir Nabots Wein-
berg schon verschaffen.«
8 Sie schrieb im Namen
Ahabs an die Ältesten und
die einflußreichen Bürger
in Jesreël und versah die
Briefe mit dem königlichen
Siegel. 9 Die Briefe lau-
teten:
»Ruft einen Bußtag aus!
Laßt die Bewohner der
Stadt zusammenkommen
und gebt Nabot einen der
vordersten Plätze. 10 Setzt
ihm zwei gewissenlose
Männer gegenüber, die als
Zeugen gegen ihn auftre-
ten und sagen: ›Du hast
Gott und dem König ge-
flucht.‹ Dann führt ihn vor
die Stadt hinaus und stei-
nigt ihn.«
11 Die Ältesten und die ein-
flußreichen Bürger Jesreëls
befolgten die Anordnun-
gen Isebels genau. 12 Sie
riefen die Bürger der Stadt
zu einer Bußfeier zusam-
men und ließen Nabot ganz

vorne sitzen. [13]Ihm gegen-
über saßen die beiden
Schurken. Sie standen als
Zeugen gegen Nabot auf
und erklärten: »Nabot hat
Gott und dem König ge-
flucht.« Man führte ihn
vor die Stadt hinaus und
steinigte ihn. [14]Dann lie-
ßen die Ältesten der Stadt
Isebel melden: »Nabot ist
tot, man hat ihn gestei-
nigt.«
[15]Als Isebel die Nachricht
erhielt, sagte sie zu Ahab:
»Der Weinberg gehört dir,
nimm ihn in Besitz! Der
Mann, der ihn dir nicht
verkaufen wollte, ist tot.«
[16]Ahab ging sofort hin-
über, um sich den Wein-
berg Nabots anzueignen.

(Man lese auch 2. Könige 18.)

Die Königin Isebel kochte innerlich vor Wut. Sie lag auf ihrem Ruhelager im Sommerpalast in Jesreel und mußte den Bericht ihres Mannes anhören, der gerade vom Berg Karmel zurückgekehrt war.

»Was dieser Elija getan hat, das hättest du mal sehen sollen«, sagte König Ahab kopfschüttelnd, und er erzählte seiner Frau genauestens, wie die Machtprobe zwischen Elija und den Baalspriestern ausgefallen war. Das heißt, eigentlich war es ja nicht Elija, der hier seine Übermacht bewiesen hatte, sondern der Gott des Himmels und der Erde; aber das behielt Ahab für sich.

Für Isebel war der Gott Israels, Jahwe, nicht mehr als Baal – ein Stammesgott, der für *einen* Stamm (und nur für diesen) der Herr war. Wobei man sich bei Jahwe fragen mußte, ob er selbst für diesen einen Stamm noch der Herr war. Der Baalskult war in Israel auf dem Vormarsch, und als Elija die Baalspriester zu dem großen Kräftemessen aufrief, reagierten sie gelassen und guter Dinge. Waren sie nicht in der Überzahl? Was wollte dieser eine gegen vierhundertfünfzig?[1]

Man baute zwei Altäre, je einen für Gott den Herrn und einen für Baal. Auf beide legte man Holz zum Verbrennen des Opfers. Das Opfer anzünden durfte niemand; der wahre Gott – Baal oder der Gott Israels, das würde man ja sehen – würde sein Opfer selbst anzünden.[2]

---

[1] 1. Könige 18,22
[2] 1. Könige 18,23–24

Die Priester des Baal machten den Anfang; stundenlang schrien sie sich ihre Kehlen heiser, um ihren Gott anzurufen. Kein Feuer kam. Sie steigerten ihre Beschwörung und fügten sich mit Messern und Schwertern gräßliche Verletzungen zu. Aber all ihr Toben half nichts. Baal war ein toter Götze, der selbst auf das ekstatische Schreien von 450 seiner Diener nicht antworten konnte.[3]

Dann fing Elija an, den niedergerissenen Altar seines Gottes wieder aufzubauen. Allein schleppte er zwölf Steine herbei (einen für jeden der Stämme Israels) und fügte sie zusammen.[4] Dann, als Symbol des Gegensatzes zwischen Gott und den Heiden und als zusätzliches Zeugnis seines Glaubens, zog er einen etwa einen Meter breiten Graben um den Altar. Er legte das Holz und den zerteilten Stier auf den Altar und ließ dreimal je vier Krüge Wasser darübergießen. Niemand würde sagen können, sein Gott habe es mit dem Anzünden zu leicht gehabt.

Als er diese Vorbereitungen beendet hatte, trat er vor den Altar und rief: »Höre mich, Herr, erhöre mich! Dieses Volk soll erkennen, daß du, Herr, der wahre Gott bist und daß du sie wieder auf den rechten Weg zurückbringen willst.«[5]

Und da, in diesem Augenblick, schoß Feuer vom Himmel herab und verzehrte das ganze Opfer, das Holz, ja die Steine, die Erde und das Wasser. Es war ein atemberaubender, schrecklicher Augenblick.

Wer war der wahre Gott? Kein Zweifel mehr, er hatte sich überzeugend gezeigt. Die Israeliten, die so sehr in den Götzendienst abgeglitten waren, kamen wieder zur Besinnung. Viele waren lediglich als interessierte Zuschauer gekommen; jetzt waren sie von Gottes Macht und Gegenwart überzeugt.

»Der Herr ist Gott, der Herr ist Gott!« riefen sie.[6] Dann brach das Zorngericht über die Baalspropheten herein; alle wurden sie an einem nahegelegenen Bach getötet.

Kurz danach erhörte Gott ein weiteres Gebet seines Propheten. Die Trockenheit, die das Land seit dreieinhalb Jahren heimsuch-

---

[3] 1. Könige 18,29
[4] 1. Könige 18,31
[5] 1. Könige 18,37
[6] 1. Könige 18,39

te, ging zu Ende. Der langersehnte Regen kam vom Himmel, und das sehr plötzlich. »Ich habe mich beeilt, so sehr ich konnte, aber der Regen war schneller«[7], berichtete Ahab; die Furcht zitterte noch in seiner Stimme.

Soweit der Bericht Ahabs. Isebel war außer sich vor Zorn. Sie war doch die Tochter des phönizischen Königs Etbaal (sein Reich lag nördlich von Israel)[8], und der war nicht nur König, sondern gleichzeitig auch ein Baalspriester! Nach ihrer Heirat mit Ahab hatte Isebel den Baalskult – eine grausame Religion, die sich unter anderem durch ihre Kinderopfer auszeichnete – in Israel eingeführt.

Ahab, ein schwacher Mann, hatte dabei willig mitgemacht. Durch seine heidnische Frau (die Heirat mit ihr war im Grunde seine schlimmste Sünde[9]) ließ er sich zu allem möglichen Bösen verleiten[10] und ging als der israelitische König in die Geschichte ein, der sich mehr als alle anderen gegen Gott versündigte.[11] Ein König Israels, des Gottesvolkes, wurde zum Instrument des Baal.

Ahabs böses Beispiel machte Schule: Baal verdrängte den lebendigen Gott aus den Herzen der Israeliten; schließlich beteten ihn fast alle an. Der eigentliche König des Landes war nicht Ahab, sondern Isebel. Sie befahl, alle Propheten Gottes umbringen zu lassen, und Ahabs Palastverwalter Obadja riskierte Kopf und Kragen, um wenigstens hundert von ihnen in Höhlen zu verbergen und so zu retten.[12] Täglich durften 450 Propheten des Baal und 400 der Aschera von Isebels Tisch essen.[13]

Für Isebel war Gottes Handeln auf dem Karmel nicht so sehr ein Grund zur Furcht, sondern vielmehr ein Grund zum Zorn – gegen Elija, der (in ihren Augen) das alles angezettelt hatte. »Du hast meine Propheten getötet, jetzt werde ich dich

---

[7] 1. Könige 18,44–45
[8] 1. Könige 16,31
[9] 1. Könige 16,30–32
[10] 1. Könige 21,25
[11] 1. Könige 16,33
[12] 1. Könige 18,4
[13] 1. Könige 18,19

umbringen. Morgen bist du ein toter Mann!« ließ sie ihm sagen.[14]

Isebel war eine mächtige, böse, durch und durch grausame Frau, und Elija zweifelte keinen Augenblick, daß sie ihre Drohung wahrmachen würde. Der Mann, der eben noch ruhig und besonnen dem König Ahab und den 450 aufgeputschten Baalspropheten entgegengetreten war, verlor auf einmal seinen Mut. »Herr, ich kann nicht mehr«, jammerte er, »laß mich sterben!«[15]

Aber die Lage war gar nicht so verzweifelt, wie sie dem entmutigten Propheten erschien. Es gab noch 7000 Menschen in Israel, die nicht ihre Knie vor Baal gebeugt und nicht den Bund mit Gott gebrochen hatten.[16] Aber das erfuhr Elija erst später.

Isebel betrachtete die Flucht Elijas wahrscheinlich als einen neuen Sieg über den lebendigen Gott. Getötet hatte sie ihn zwar noch nicht – ob aus Mangel an Gelegenheit oder aus Furcht vor dem Volk, erfahren wir nicht –, aber jedenfalls war er jetzt fort. Jetzt war niemand mehr da, der sich öffentlich auf die Seite Gottes stellte. Isebel war ihrem Ziel, die Religion Israels auszulöschen, einen wichtigen Schritt nähergekommen. Und dieser Sieg beflügelte sie zu neuen Taten, wie sich nur zu bald zeigte.

Ahab bekam lebhaftes Interesse an einem Weinberg, der neben seinem Palast lag und einem Mann namens Nabot gehörte. Diesen Weinberg sollte man eigentlich dem königlichen Garten einverleiben, dachte Ahab. Nun, er bot Nabot einen guten Preis, aber Nabot lehnte ab. Ahab schlug ein Tauschgeschäft vor, aber auch das wollte Nabot nicht. Der Weinberg war sein väterliches Erbe, und nach dem Gesetz des Mose durfte er ihn daher nicht veräußern; der Grundbesitz mußte jeweils in der Familie bleiben. Nabot wußte: Wenn ich auf Ahabs Wunsch eingehe, bin ich Gott ungehorsam.[17]

Ahab verstand die Gründe für Nabots Nein, denn er kannte ja die Gebote Gottes. Aber er schmollte wie ein Kind. Er legte

---

[14] 1. Könige 19,2
[15] 1. Könige 19,4
[16] 1. Könige 19,18
[17] 1. Könige 21,1–3; vgl. Numeri (4 Mo) 36,7; Hesekiel 46,18

sich auf sein Bett, mit dem Gesicht zur Wand, und wollte nichts mehr essen.[18]

Für Isebel war Ahabs Reaktion schlicht und einfach dumm. In ihrer Heimat war der König die höchste Autorität. »Du bist mir ein schöner König«, spottete sie. »Bist du eigentlich König oder nicht? Steh auf, sei wieder vergnügt und laß es dir schmecken! Ich werde dir Nabots Weinberg schon verschaffen.«[19]

Für Isebel war ein Mord eine kleine Sache. Nabot mußte weg, wenn Ahab an diesen Weinberg kommen sollte; die Frage war nur: wie? Ironischerweise fand Isebel den Schlüssel in eben den Geboten Gottes, die sie so sehr bekämpfte.

Der Schlüssel war die Institution des Bußtages (Fasten). Hierbei versammelten sich die Leute, um sich vor dem heiligen Gott, der Sünde nicht ungestraft lassen konnte, zu demütigen und ihn um Vergebung zu bitten.[20] Erkannte man bei einer solchen Gelegenheit, daß jemand sich ein tödliches Vergehen gegen Gottes Gebote hatte zuschulden kommen lassen, dann mußte er hingerichtet werden, und sein Besitz fiel dem König zu.

Damit war für Isebel alles klar: Sie ließ im Namen Ahabs einen Bußtag ausrufen und durch falsche Zeugen Nabot der Lästerung gegen Gott und den König beschuldigen; und Gotteslästerung wurde mit dem Tode bestraft.[21] Daß die Zeugen in diesem Fall bestochen waren, machte nichts; das Gesetz verlangte die übereinstimmende Aussage von zwei Zeugen,[22] und die wußte Isebel sehr wohl zu besorgen. Der Plan klappte, Nabot und seine Söhne[23] wurden gesteinigt, und Ahab konnte seinen geliebten Weinberg in Besitz nehmen.

So, das war geschafft! Isebel hatte den Gott Israels mit seinen eigenen Geboten geschlagen und diese dabei auch noch verfälscht; denn die Todesstrafe stand nur auf Gotteslästerung, und wenn Nabot wegen Lästerung Gottes *und* des Königs hingerichtet

---

[18] 1. Könige 21,4 (Einh)
[19] 1. Könige 21,7
[20] Psalm 35,13
[21] Leviticus (3 Mo) 24,16
[22] Deuteronomium (5 Mo) 19,15
[23] 2. Könige 9,26

wurde, so wurde Ahab hier juristisch auf eine Stufe mit Gott erhoben. Ob Isebel dachte, sie hätte Gott jetzt endgültig zum Schweigen gebracht?

Aber Gott schwieg nicht. Als Ahab den geraubten Weinberg betrat, stand auf einmal wieder Elija vor ihm: »Erst mordest du und dann raubst du! Darum läßt der Herr dir sagen: Wo die Hunde das Blut Nabots aufgeleckt haben, dort werden sie auch dein Blut auflecken.«[24] Elija kündigte auch das Gericht über Ahabs Nachkommen an,[25] und über Isebel prophezeite er: »An der Stadtmauer von Jesreel werden die Hunde ihren Leichnam fressen.«[26]

Das Blut des unschuldigen Nabot, seiner Söhne und der Propheten Gottes hatte nicht umsonst zu Gott geschrien.[27] Ahab und Isebel starben so, wie Elija es vorausgesagt hatte.[28]

Besonders schrecklich war das Ende Isebels. Nach einem Leben der Abgötterei und Zauberei[29] wurde sie auf Befehl Jehus aus dem Fenster des Palastes geworfen und mit Pferd und Wagen zertrampelt und überrollt. Die Hunde zerrissen ihren Leichnam wie ein Aas und fraßen das Fleisch auf. Als sie dann – da sie ja immerhin eine Königstochter gewesen war – begraben werden sollte, waren nur noch ihr Schädel und ihre Hände und Füße übrig.

Gottes Prophezeiung über Isebel erfüllte sich mit schrecklicher Genauigkeit. Sie erntete, was sie gesät hatte. Sie säte auf das Feld ihrer Ichsucht und Boshaftigkeit und erntete Gericht und Zerstörung. Isebel steht vor uns als schreckliches Beispiel für die Worte Salomos: »Als ich rief, habt ihr euch geweigert, meine drohende Hand hat keiner beachtet; jeden Rat, den ich gab, habt ihr ausgeschlagen, meine Mahnung gefiel euch nicht. Darum werde auch ich lachen, wenn euch Unglück trifft, werde spotten, wenn Schrecken über euch kommt.«[30]

Gott hatte Isebel mehr als einmal Gelegenheit gegeben, sich zu ihm zu wenden. Sie, die heidnische Prinzessin, hatte in dem

---

[24] 1. Könige 21,19
[25] 1. Könige 21,21–22
[26] 1. Könige 21,23
[27] 2. Könige 9,26
[28] 1. Könige 22,29–40; 2. Könige 9,30–37
[29] 2. Könige 9,22
[30] Sprüche 1,24–26

Gelobten Land Gottes leben, sein Gesetz und seine Propheten hören, seine Wunder sehen dürfen. Aber sie nutzte diese Gelegenheiten nicht; im Gegenteil, sie höhnte Gott und mißbrauchte die Religion als Deckmantel für ihre bösen Taten.

Gott liebte Isebel. Er hatte sie geschaffen. Er hatte ihr ungewöhnliche Gaben – Intelligenz, Geistesschärfe, Resolutheit – gegeben. Er hatte ihr eine hohe Stellung geschenkt, von der aus sie viel Gutes hätte tun können. Er hatte ihr viele Gelegenheiten gegeben, seine Gnade anzunehmen und ihm zu dienen. Aber sie mißbrauchte alle seine Gaben; sie verschrieb sich dem Bösen und stiftete andere dazu an, ebenso zu handeln.

Viele Jahrhunderte später weinte Jesus über die Bewohner Jerusalems: »Jerusalem, Jerusalem, du tötest die Propheten und steinigst die Boten, die zu dir gesandt sind. Wie oft wollte ich deine Kinder um mich sammeln, so wie eine Henne ihre Küken unter ihre Flügel nimmt; aber ihr habt nicht gewollt.«[31]

Auch Isebel weigerte sich standhaft, sich zu Gott zu kehren. Bis zu ihrem Tod tat sie das Böse – in dem stolzen Glauben, sie könne es mit Gott aufnehmen. Aber Gott läßt sich nicht spotten.

---

[31] Matthäus 23,37

»Die Prophezeiungen (hebr. *nebu'ah*) in der Bibel wollen nicht so sehr künftige Ereignisse »vorhersagen«, so wie jemand das Wetter oder die Aktienkurse vorhersagt, sondern vielmehr den intuitiv gewußten Willen Gottes in einer ganz bestimmten Situation im Leben eines einzelnen oder einer Nation verkünden.«*

HULDA – eine Frau, die einem abtrünnigen Volk auf dem Weg zurück zu Gott half

2. Chronik 34, 22–33 (Einh):

---

[22] Da ging Hilkija mit den
Männern, die der König
bestimmt hatte, zur Pro-
phetin Hulda. Sie war die
Frau Schallums, des Soh-
nes Tokhats, des Sohnes
Hasras, des Verwalters der
Kleiderkammer, und
wohnte in Jerusalem in der
Neustadt. Die Abgesand-
ten trugen ihr die Angele-
genheit vor, [23] und sie gab
ihnen diese Antwort: So
spricht der Herr, der Gott
Israels: Sagt zu dem Mann,
der euch zu mir geschickt
hat: [24] So spricht der Herr:
Ich bringe Unheil über die-
sen Ort und seine Bewoh-
ner, alle Flüche, die im
Buch geschrieben stehen,
das man dem König von
Juda vorgelesen hat.
[25] Denn sie haben mich ver-
lassen, anderen Göttern
geopfert und mich durch
alle Werke ihrer Hände er-
zürnt. Darum hat sich mein
Zorn über diesen Ort er-
gossen, und er wird nicht
erlöschen. [26] Sagt aber zum
König von Juda, der euch
hergesandt hat, um den
Herrn zu befragen: So
spricht der Herr, der Gott
Israels: Durch die Worte,
die du gehört hast, [27] wurde
dein Herz erweicht. Du
hast dich vor Gott gedemü-
tigt, als du seine Drohun-
gen gegen diesen Ort und
seine Bewohner vernom-
men hast. Du hast dich vor
mir gedemütigt, deine
Kleider zerrissen und hast
vor mir geweint. Darum
habe ich dich erhört –
Spruch des Herrn. [28] Ich
werde dich mit deinen Vä-
tern vereinen, und du sollst
in Frieden in deinem Grab
beigesetzt werden. Deine

---

* Aus: M. S. und J. L. Miller, Harper's Bible Dictionary (Harper & Row), S. 582

Augen sollen all das Unheil nicht mehr sehen, das ich über diesen Ort und seine Bewohner bringen werde. – Sie berichteten das dem König.
29 Der König ließ alle Ältesten Judas und Jerusalems bei sich zusammenkommen. 30 Er ging zum Haus des Herrn hinauf mit allen Männern Judas und den Einwohnern Jerusalems, den Priestern und Leviten und allem Volk, alt und jung. Er ließ ihnen alle Worte des Bundesbuches vorlesen, das im Haus des Herrn gefunden worden war. 31 Dann trat der König an seinen Platz und schloß vor dem Herrn diesen Bund: Er wolle dem Herrn folgen, auf seine Gebote, Satzungen und Gesetze von ganzem Herzen und ganzer Seele achten und die Vorschriften des Bundes durchführen, die in diesem Buch niedergeschrieben sind. 32 Er ließ auch alle, die sich in Jerusalem und Benjamin befanden, dem Bund beitreten, und die Einwohner Jerusalems hielten sich an den Bund Gottes, des Gottes ihrer Väter. 33 Joschija entfernte alle Greuel aus allen Gebieten der Israeliten und veranlaßte alle, die in Israel lebten, dem Herrn, ihrem Gott, zu dienen. Solange er lebte, fielen sie nicht mehr vom Herrn, dem Gott ihrer Väter, ab.

(Siehe auch 2. Chronik 34,1–21; 1–19.)

»Hulda« bedeutet wörtlich soviel wie »Maulwurf«, aber diesem Namen machte Hulda zum Glück keine Ehre. Was zu ihrer Zeit in Israel gebraucht wurde, waren auch keine Leute, die wühlten und sich versteckten, sondern Menschen, die offen zu ihren Überzeugungen standen und furchtlos handelten.

Hulda war eine Prophetin, ein Sprachrohr Gottes. Sie stand dadurch jedoch nicht außerhalb der Gesellschaft, denn sie war gleichzeitig auch eine normale Ehe- und Hausfrau; sie war mit Schallum, dem Verwalter der Kleiderkammer König Joschijas, verheiratet. Sie verstand es, sowohl ihren Pflichten als Ehefrau als auch ihren Prophetenpflichten nachzukommen. Es gab damals auch zwei männliche Propheten in Israel: Jeremia[1] und Zephan-

---

[1] Jeremia 25,3–7

ja[2], die beide ständig das Volk ermahnten, endlich zu Gott zurückzukehren.

Das Volk Israel hatte Gott verlassen. Es gehorchte nicht mehr seinem Wort und befolgte seine Gebote nur noch äußerlich. An diesen Geboten jedoch hing das ganze Heil und Wohlergehen Israels. Israel war Gottes auserwähltes Volk, sein Eigentum vor allen anderen Nationen,[3] das Volk, bei dem er wohnen und das er unter seinen besonderen Schutz nehmen wollte. Aber es mußte ihm treu bleiben. Wenn es ihn verließ, würde er es auch verlassen.[4] Not und Katastrophen würden dann kommen, und das Volk würde nicht in dem durch Mose versprochenen Land bleiben können.[5]

Gott hatte sein Volk nicht nur allgemein zur Treue aufgerufen, sondern ihm auch eine Richtschnur für diese Treue gegeben: seine Gebote. Durch sie wußten die Israeliten genau, was Gott von ihnen erwartete und was sie im einzelnen zu tun hatten, um ihm zu gehorchen. Diese Gebote sollten sie in ihren Herzen bewahren und ihren Kindern weitergeben; ihr ganzes Leben sollte von Gott und seinem Wort durchdrungen sein.[6]

Es war nicht unmöglich oder zu schwer, Gottes Wort zu gehorchen. Ein Israelit hatte Gottes Gesetze von Kind auf gehört und in seinem Herzen getragen und konnte sie jederzeit aufsagen,[7] und wenn er nur willens war, diesen Geboten zu gehorchen, würde Gott ihm dazu die nötige Hilfe und Kraft geben. Damit würde Israel ein lebendiges Beispiel dafür sein, wie glücklich ein Volk ist, das mit Gott seinen Weg geht.

Zeitweise funktionierte dies auch, besonders wenn Israel von guten Königen geführt wurde. So hatte Gott das Volk zur Zeit des Königs David, der ihm treu ergeben war, reich gesegnet. Und unter seinem Sohn Salomo, der für seine Frömmigkeit und Weisheit weithin berühmt war, war Israels Ruhm noch gestiegen.

---

[2] Zefanja 1,1–6
[3] Deuteronomium (5 Mo) 7,6
[4] Hosea 4,6
[5] Deuteronomium (5 Mo) 28,1–64
[6] Deuteronomium (5 Mo) 6,6–9
[7] Deuteronomium (5 Mo) 30,14

Aber dann waren die Israeliten geistlich nach und nach herabgesunken. Immer wieder wandten sie sich von ihrem Bund mit Gott ab. Kaum einer der bisherigen Könige hatte sich so sehr von Gott abgewendet wie Manasse und Amon, der Großvater bzw. Vater des jetzigen Königs Joschija. Kaum einer war so abtrünnig und böse gewesen wie sie und hatte sich so tief in Götzendienst verstrickt.[8]

Aber trotz allem gab es immer noch Menschen in Israel, die nach Gott fragten; und ihnen gab Hulda, die in der Neustadt von Jerusalem wohnte, Rat und Weisung. Sie konnte dies offen tun, ohne Angst vor Verfolgung; denn nach dem Tod des Königs Amon hatte Juda jetzt zum ersten Mal seit vielen Jahren wieder einen König, der Gott diente: Joschija folgte in den Fußstapfen seines großen Vorfahren David und bemühte sich sorgsam, die Gesetze Gottes zu halten. Diese Hingabe an Gott war zweifellos ein Ergebnis des Einflusses seiner Mutter Jedida. Er begann, das Land von den Götzenaltären und -bildern zu reinigen, und ging daran, den Tempel Gottes wieder instandsetzen zu lassen.[9]

Hulda gewöhnte sich bald an das Geräusch der Restaurationsarbeiten. Dann, eines Tages, sah sie, wie fünf Männer zu ihr kamen: Hilkija (der Hohepriester), Schafan (der Staatsschreiber) und andere Diener des Königs. Ihre Gesichter und Stimmen waren sehr ernst.

»Wir kommen im besonderen Auftrag Seiner Majestät des Königs«, begann Hilkija. »Es geht um das Gesetz Moses. Ich fand es im Haus Gottes, als wir das Geld, das wir für die Reparaturarbeiten brauchen, herausholten.«[10]

»Wir haben dem König das Gesetz vorgelesen«, fuhr Schafan fort, »und er ist in großer Furcht, weil unser Volk das Gesetz nicht gehalten hat. Seine Majestät hat seine Kleider zerrissen und schämt sich der Sünde seines Volkes. Ihm ist klar, daß die Lage sehr ernst ist, denn er fürchtet den Zorn Gottes.«[11]

Die Männer wollten also Gottes Willen in bezug auf dieses

---

[8] 2. Chronik 33,1–25
[9] 2. Könige 22,1; 2. Chronik 34,1–13
[10] 2. Chronik 34,14–15
[11] 2. Chronik 34,18–19

Gesetzbuch, das sie gefunden hatten, erfahren. Ob Hulda sich fragte, warum der König ausgerechnet sie, eine Frau, um Rat fragte, und nicht z. B. den Propheten Jeremia? Wenn ja, dann zeigte sie es nicht. Wie schon andere Prophetinnen vor ihr – z. B. Mirjam[12] und Debora[13] – war sie es gewohnt, in Ruhe und Würde mit Männern zusammenzuarbeiten.

Gott brauchte einen Menschen, der sein Wort auf der Erde verkünden konnte. Meistens gebraucht er Männer, aber diesmal gebrauchte er eine Frau. Hulda verstand dabei ganz richtig, daß sie nicht versuchen sollte, in Konkurrenz zu den Männern zu treten. Aber sie versuchte auch nicht, sich vor Aufgaben zu drücken, nur weil sie eine Frau war. Gott suchte jemanden, der sein Werkzeug sein würde; welches Geschlecht dieser Jemand hatte, war zweitrangig.

Viel wichtiger als das Geschlecht ist die Stellung des Menschen zu Gott. Das betont auch Paulus, wenn er z. B. in Gal 3,28 schreibt: »Es hat darum nichts mehr zu sagen, ob einer... Mann oder Frau ist. Durch eure Verbindung mit Jesus Christus seid ihr alle zu einem Menschen geworden.«

»Jahwe sei gepriesen«, dachte Hulda. »Joschija betrachtet das Buch des Gesetzes nicht wie ein Museumsstück, das man sammelt und in einen Schrank einschließt. Er versteht, daß Gottes Buch nicht die königliche Bibliothek verzieren, sondern im Leben angewendet werden will.«

Für Hulda gab es nur eine Antwort auf die Frage der fünf Gesandten, und sie gab sie prompt, deutlich, ohne falsche Zurückhaltung oder Achtung der Person. Durch ihren Mund sprach Gott selbst zu seinem Volk. »So spricht der Herr...«: Mit diesen vier Worten erwies Hulda ihre Vollmacht und Glaubwürdigkeit als Prophetin.[14]

Und dann kündigte Hulda den Sturz der Nation an. Sie hatte den lebendigen Gott verlassen und sich von seinem Wort zu

[12] Exodus (2 Mo) 15–20
[13] Richter 4,4
[14] 2. Chronik 34,23–24

fremden Götzen hingewandt. Es war eine Gerichtsbotschaft, die Hulda hier zu geben hatte, aber sie hielt nicht mit ihr zurück.[15] Sie sagte, was sie sagen mußte, ungeachtet jeglicher möglicher Bedenken um ihre persönliche Sicherheit.

Aber die Worte Gottes sprachen auch von Gnade. Gott hatte die Liebe und Treue Joschijas zu ihm und seinem Wort wohl bemerkt und schob daher das Gericht bis auf die Zeit nach dem Tode Joschijas auf.[16] Und in der Tat: Erst unter König Zidkija (Zedekija) würde das Gericht über Israel hereinbrechen. Dann würde der Becher des göttlichen Zornes zum Überlaufen voll sein, dann würde es für das Volk, das beharrlich nicht auf Gott gehört[17] und sein beschwörendes »Land, Land, höre das Wort des Herrn!«[18] abgeschüttelt hatte, zu spät sein. Jerusalem und der Tempel würden zerstört und das Volk in die Verbannung geschickt werden.[19]

Als der König Huldas Gerichtsbotschaft hörte, zögerte er keinen Augenblick. Gott hatte gesprochen, jetzt hieß es antworten und handeln. Joschija ging sofort mit den Führern des Volkes zum Tempel und verlas dort vor allen Einwohnern Jerusalems, groß und klein, das Gesetz des Herrn.[20]

Und die Menschen hörten. Wie Joschija, so waren auch sie überzeugt, daß Gott durch die Prophetin Hulda gesprochen hatte. Eine Erweckung ohnegleichen begann. Der König, die Führer des Volkes, die ganze Nation schloß einen neuen Bund mit Gott. Sie verpflichteten sich feierlich, von nun an dem Herrn zu dienen und seinem Wort von ganzem Herzen und ganzer Seele zu gehorchen.

Die Erweckung wurde zur Reformation. Die Reinigung vom Götzendienst und die sittliche Erneuerung des Volkes wurden konsequent weitergeführt – nicht nur in Jerusalem, sondern auch im ganzen Land, von Geba im Norden bis Beerscheba im Süden.[21] Was vielleicht das Wichtigste war: Auch das Passafest wurde

---

[15] 2. Chronik 34,24–25
[16] 2. Chronik 34,26–28
[17] Jeremia 29,19
[18] Jeremia 22,29
[19] 2. Chronik 36,15–21
[20] 2. Chronik 34,30
[21] 2. Könige 23,4–8

wieder begangen. Lange Jahre hatten die Israeliten dieses von Mose zur Erinnerung an die Befreiung aus Ägypten eingesetzte Fest (das ja gleichzeitig ein bildlicher Wegweiser zu Christus war)[22] vergessen gehabt. Jetzt wurde auch das anders.

Joschija lebte nach der Norm Gottes, wie wir sie bei Mose finden: »Und wenn er (der König) seinen Königsthron bestiegen hat, soll er sich von dieser Weisung ... eine Zweitschrift anfertigen lassen. Sein Leben lang soll er die Weisung mit sich führen, und in der Rolle lesen, damit er lernt, den Herrn, seinen Gott, zu fürchten, auf alle Worte dieser Weisung und dieser Gesetze zu achten, sie zu halten ...«[23]

Weil Joschija das Wort Gottes so stark in sich aufnahm und befolgte, erlebte er auch Gottes Segen. Dies ist ein Gesetz, das auch an anderen Stellen der Bibel bestätigt wird.[24] So wie Ungehorsam gegen Gott sein Gericht heraufbeschwört, so zieht Gehorsam seinen Segen nach sich.

Dies erfuhr Joschija, und dies erfuhr das ganze Volk. Es fand die gründlichste Reformation statt, die Juda bisher erlebt hatte; ein abtrünniges Volk kehrte zu seinem Gott zurück. Sicher, ganz abgewendet werden konnte das Gericht nicht; zu viele Generationen hatten zu schwer gesündigt. Aber das Volk durfte einen Aufschub des Gerichts erfahren.

Huldas Name ist nur ein kurzes Blitzlicht in der Liste historischer Namen, aber ihr Einfluß war sehr weitreichend. Weil sie so mit Gottes Wort verbunden war, konnte sie es anderen Menschen zur Warnung und Ermutigung weitergeben und damit letztlich das Geschick eines ganzen Volkes beeinflussen.

Anders als manche anderen Propheten enthüllte Hulda nicht die Geheimnisse der fernen Zukunft. Ihre Aufgabe war einfach, Gottes Willen weiterzugeben – seinen Willen im Hier und Jetzt, in der konkreten historischen Situation des Volkes Israel. Sie half diesem Volk, vergessene Wahrheiten wiederzuentdecken. Sobald es wieder anfing, Gottes Wort zu beachten – es zu hören, zu lesen, zu bedenken –, ging es wieder bergauf mit ihm. Wo Menschen

---

[22] Exodus (2 Mo) 12,1–17; 23,14–15
[23] Deuteronomium (5 Mo) 17,18–19
[24] Josua, 1,8; Ps 1,1–3

bereit sind, das zu tun, was Gott von ihnen erwartet, geschehen Dinge, die niemand für möglich gehalten hätte.

Hulda war, wie viele andere Frauen auch, eine Hausfrau. Aber sie war stets bereit, Gottes Wort zu befolgen und zu verkünden, und damit wurde sie stärker und wichtiger als viele Männer ihrer Zeit. Als der große Augenblick ihres Lebens kam, in welchem Gott sie gebrauchen wollte, war sie bereit.

»Wo eine Frau das Gute wählt, wird sie mehr zum Segen, als ein Mann das jemals kann. Aber sobald sie sich der Sünde hingibt, entwickelt sich in ihr ein Haß gegen die Männer Gottes, der an Heftigkeit und Tödlichkeit seinesgleichen sucht; dann schreckt sie vor nichts zurück.«

*Abraham Kuyper**

HERODIAS – eine rachsüchtige Mörderin

Markus 6,17–28 (Einh):

---

[17]Herodes hatte nämlich
Johannes festnehmen und
ins Gefängnis werfen las-
sen. Schuld daran war He-
rodias, die Frau seines Bru-
ders Philippus, die er ge-
heiratet hatte. [18]Denn Jo-
hannes hatte zu Herodes
gesagt: Du hattest nicht das
Recht, die Frau deines
Bruders zur Frau zu neh-
men. [19]Herodias verzieh
ihm das nicht und wollte
ihn töten lassen. Sie konnte
ihren Plan aber nicht
durchsetzen, [20]denn Hero-
des fürchtete sich vor Jo-
hannes, weil er wußte, daß
dieser ein gerechter und
heiliger Mann war. Darum
schützte er ihn. Sooft er mit
ihm sprach, wurde er unru-
hig und ratlos, und doch
hörte er ihm gern zu. [21]Ei-
nes Tages ergab sich für
Herodias eine günstige Ge-
legenheit. An seinem Ge-
burtstag lud Herodes seine
Hofbeamten und Offiziere
zusammen mit den vor-
nehmsten Bürgern von Ga-
liläa zu einem Festmahl
ein. [22]Da kam die Tochter
der Herodias und tanzte,
und sie gefiel dem Herodes
und seinen Gästen so sehr,
daß der König zu ihr sagte:
Wünsch dir, was du willst;
ich werde es dir geben. [23]Er
schwor ihr sogar: Was du
auch von mir verlangst, ich
will es dir geben, und *wenn
es die Hälfte meines Reiches
wäre*. [24]Sie ging hinaus und
fragte ihre Mutter: Was soll
ich mir wünschen? Hero-
dias antwortete: Den Kopf
des Täufers Johannes.
[25]Da lief das Mädchen zum
König hinein und sagte: Ich
will, daß du mir sofort auf
einer Schale den Kopf des

---

* Women of the Old Testament (Zondervan), S. 60

Täufers Johannes bringen läßt. [26] Da wurde der König sehr traurig, aber weil er vor allen Gästen einen Schwur geleistet hatte, wollte er ihren Wunsch nicht ablehnen. [27] Deshalb befahl er einem Scharfrichter, sofort ins Gefängnis zu gehen und den Kopf des Täufers herzubringen. Der Scharfrichter ging und enthauptete Johannes. [28] Dann brachte er den Kopf auf einer Schale, gab ihn dem Mädchen, und das Mädchen gab ihn seiner Mutter. [29] Als die Jünger des Johannes das hörten, kamen sie, holten seinen Leichnam und legten ihn in ein Grab.

»Was soll ich mir wünschen?«[1] fragte Salome ihre Mutter. »Den Kopf des Täufers Johannes«, antwortete Herodias.[2] Ihre Antwort kam rasch, fest, ohne Zögern. Um sie herum waren angeregte Gespräche im Gange. Viele hohe Gäste waren in dem Palast zusammengekommen, um den Geburtstag von König Herodes Antipas zu feiern: Hofbeamte, Offiziere und vornehme Bürger aus Galiläa.[3]

In den Augen der Herodias standen Triumph und Rache zu lesen. Ihr Plan war gelungen; heute würde sie diesen Mann, den sie am meisten in der ganzen Welt haßte, endlich loswerden. Wo Worte vergeblich gewesen waren, hatte die List endlich gesiegt. Jetzt müßte Herodes den Täufer töten. Hatte er Salome nicht gerade laut und deutlich und in der Gegenwart vieler Zeugen angeboten, ihr zu geben, was immer sie wolle?[4]

Herodes, der den Titel »Tetrarch« (Vierfürst) trug und über Galiläa und Peräa (also nur einen Teil des jüdischen Landes) herrschte, hatte eine ausgeprägte Neigung zu Grausamkeit; das wußte auch seine Frau. Schon sein Vater, Herodes der Große, war für Grausamkeit bekannt gewesen,[5] und sein Sohn stand ihm in nichts nach. Hatte er nicht seine rechtmäßige Frau – eine arabische Prinzessin – verstoßen, um Herodias, die Frau seines Bruders

---

[1] Markus 6,24
[2] Markus 6,24
[3] Markus 6,21
[4] Markus 6,23
[5] Matthäus 2,13

Philippus, heiraten zu können? Hatten sie nicht beide – Herodes und Herodias – ihre Ehepartner verlassen?

Herodes war auch stolz und sinnlich, und diese Charakterzüge wußte Herodias geschickt auszunutzen, als sie Salome bat, vor den Gästen zu tanzen. Solche Tänze waren damals bei einem königlichen Festmahl durchaus üblich, wenngleich bei rechtgläubigen Juden natürlich verpönt. Der betörende Tanz des Mädchens wirkte aufputschend auf die Feiernden, die schon den halben Abend mit Essen und Trinken verbracht hatten, und das unüberlegte Angebot kam nur zu leicht von Herodes' Lippen.

Und schließlich wußte Herodias auch, daß ihr Mann im Grunde ein feiger Mensch war. Er würde es nicht wagen, sein Versprechen zurückzunehmen und öffentlich zuzugeben, daß er unüberlegt gesprochen hatte und gar kein Recht besaß, so einfach über das Leben eines Menschen zu verfügen. Es war klar: Dieser stolze, durch und durch selbstsüchtige und gleichzeitig so feige Mann würde, nur um sein Gesicht nicht zu verlieren, das Leben des Propheten opfern.

Herodias hatte eineinhalb Jahre warten müssen, bis diese erstklassige Gelegenheit kam. Schon oft hatte sie versucht, den Täufer Johannes umzubringen, aber immer wieder hatte Herodes ihn vor ihren Anschlägen in Schutz genommen. Irgendwie hatte er es nicht fertiggebracht, Johannes ans Leben zu gehen. Aber jetzt hatte Herodias ihn und Johannes gefangen. Das Spiel war aus, sie hatte gewonnen.

Ihr Haß gegen Johannes kam nicht von ungefähr. Der Grund lag letztlich in ihrer Ehe mit Herodes, die nach den Gesetzen des jüdischen Volkes illegal und gegen Gottes Gebot war. »Wer mit der Frau seines Bruders schläft, entehrt seinen Bruder und tut etwas Schändliches. Er und die Frau werden ohne Nachkommen sterben.«[6] – so stand es unmißverständlich im Gesetz des Mose. Aber für die Untertanen des Königspaares war es natürlich eine schwierige Sache, die beiden Ehebrecher, die ja immerhin die Vertreter der römischen Besatzungsmacht waren, zur Rede zu stellen. Bis dann dieser Johannes kam.

---

[6] Leviticus (3 Mo) 20,21

Johannes der Täufer ließ sich durch keine noch so hohen Titel einschüchtern. Er kam und sprach im Namen Gottes, ohne jedes Ansehen der Person. Seine Botschaft war ebenso einfach wie stark: »Kehrt um! Denn das Himmelreich ist nahe.«[7] Bald erscholl seine Stimme, in der die Strenge der Wüste, in der er lange gelebt hatte,[8] im ganzen jüdischen Land widerhallte.

Grundsätzlich war seine Botschaft nichts völlig Neues. Schon viele Propheten – Männer wie Mose[9] und Jeremia[10] – hatten das Volk zur Buße gerufen. Und hätte es nur damals auf sie gehört, dann hätte Gott ihm seine Sünden vergeben und ihm Heilung geschenkt.[11] Aber die Predigt des Johannes war so dringlich wie vielleicht noch nie eine Predigt zuvor: Das Königreich Gottes kam! »Bereitet dem Herrn den Weg! Ebnet ihm die Straßen!«[12] Und viele, viele erkannten die Stimme Gottes, bekannten ihre Sünden und ließen sich – zum Zeichen ihrer Herzenswandlung – von Johannes taufen.

Die Ruferstimme des Johannes machte vor dem Palast des Herodes und seiner Frau nicht halt, obwohl die beiden keine Israeliter sondern Edomiten, (Nachkommen Esaus) waren. (Immerhin waren sie mit den Juden über die gemeinsamen Erzväter Abraham und Isaak verbunden.) Auch sie brauchten, ebenso wie die Juden, Buße und Bekehrung. Und Johannes brachte ihnen die Bußbotschaft nicht in irgendwelchen allgemeinen, unverbindlichen frommen Formulierungen; er sprach sie ganz persönlich an, da, wo es weh tat und sie es am nötigsten hatten, und sagte Herodes: »Du hattest nicht das Recht, die Frau deines Bruders zur Frau zu nehmen.«[13] Auch seine anderen Schandtaten hielt er ihm vor.[14]

Man kann sich kaum einen größeren Unterschied denken als den zwischen dem rechtschaffenen, resoluten Johannes und dem

---

[7] Matthäus 3,1–6
[8] Lukas 1,80
[9] Deuteronomium (5 Mo) 30,9–11
[10] Jeremia 18,11
[11] 2. Chronik 7,14
[12] Matthäus 3,3
[13] Markus 6,18
[14] Lukas 3,19–20

zügellosen und wankelmütigen Herodes. Eigentlich hätte man erwarten müssen, daß Herodes kurzen Prozeß mit Johannes machte, als er ihn jetzt ins Gefängnis warf. Aber irgendwie zog ihn dieser Prophet an. In ihm fand Herodes etwas, was in seinem eigenen Leben so deutlich fehlte: Rechtschaffenheit und ein Leben mit Gott. Immer wieder ließ er ihn zu sich kommen und hörte ihm zu; er konnte nicht anders. Aber zu einer durchgreifenden Änderung in seinem Denken und Leben kam es nicht.

Die Gefühle der Herodias waren eindeutiger. Zwei Ehen hatte sie ruiniert, und jetzt sollte sie sich von diesem Frömmler zurechtweisen lassen? Er war ein Störenfried und mußte weg! Daß Herodes ernsthaft unter seinen Einfluß käme, das durfte unter keinen Umständen geschehen. Die Verhaftung war gut und schön, Johannes saß hinter Schloß und Riegel, und in stillen Stunden verzweifelte er (den Jesus den Größten unter den Menschen genannt hatte[15]) beinahe an seiner Berufung.[16] Aber Herodias konnte erst wieder frei atmen, wenn er tot war. Schlimm, daß Herodes so zögerte. Er meinte, sich die Hinrichtung eines so populären Propheten nicht leisten zu können; einen Volksaufstand würde sein wackliger »Thron« womöglich nicht überleben.[17]

Aber zurück zu dem Festmahl. Jetzt konnte Herodias den verzwickten Knoten endlich durchhauen. Wozu hatte man eigentlich eine attraktive Tochter? Und die machte mit. Schnell – ehe die Stimmung des Königs sich womöglich änderte – ging sie in den Festsaal zurück und brachte ihre Bitte vor: »Ich will, daß du mir jetzt sofort den Kopf des Täufers Johannes auf einem Teller überreichst!«[18] Auf einem Teller – solch eine makabre Phantasie hatte vielleicht selbst Herodias nicht aufzuweisen. Der Kopf eines ermordeten Propheten als Tischdekoration auf der Geburtstagstafel Seiner Majestät Herodes, auf ausdrücklichen Wunsch der Damen Herodias und Salome ...

Und so wurde aus einer königlichen Laune und Gunstbezeigung ein Mord. Ein Unschuldiger, dessen einziges »Verbrechen« darin

---

[15] Matthäus 11,11
[16] Matthäus 11,2–6
[17] Matthäus 14,5
[18] Markus 6,25

bestanden hatte, daß er furchtlos die Worte Gottes sprach, mußte sterben. Ein König, dessen Name wörtlich übersetzt soviel wie »Held« bedeutete, ließ sich von seiner Frau (auch sie eine Namensheldin) zu einer Tat der Feigheit und der Hölle hinreißen.

Kaum eine andere Frau der Bibel war so böse und gottlos wie Herodias. An ihren Händen klebte viel Blut. Mehr noch: Sie schlug Gottes Angebot der Buße aus – eigentlich ihre größte Sünde.

Bevor Johannes ins Gefängnis kam, hatte er die Augen der Menschen auf einen Mann gelenkt, der viel im jüdischen Land umherreiste und predigte und viel Wunder tat: Jesus von Nazareth. »Seht, das Lamm Gottes, das die Sünde der Welt hinwegnimmt«,[19] hatte er gesagt. Das Lamm Gottes, der Mann, der eigentlich viel größer war, als daß Johannes ihm auch nur die Schuhe hätte aufschnüren können.[20] Johannes war nur sein Wegbereiter.

Jesus, der Sohn Gottes, nahm die verdiente Todesstrafe der Menschen auf sich und erlitt stellvertretend für sie Gottes Gericht. Der Sündlose bezahlte die Schuld für den Sünder (Jes 53,5–12). Daher wird jeder gerettet, sobald er nur seine Sünden bekennt und Jesus und seine Vergebung und Herrschaft annimmt.

Die Juden verstanden das Bild von dem Lamm Gottes; es bedeutete, daß dieser Jesus – wie das unschuldige Opferlamm des Alten Bundes[21] – sein Leben geben würde, um sie zu erlösen. Jesus war das Ende der Tieropfer, der verheißene Messias, der Retter seines Volkes, ja der ganzen Welt.[22]

Letztlich wollte Johannes der Täufer Herodes und seine Frau zu diesem Jesus hinführen, damit sie an dem neuen Bund mit Gott teilhaben könnten. Dazu hätten sie sich vor Gott demütigen, ihre

[19] Johannes 1,29
[20] Markus 1,7
[21] Exodus (2 Mo) 12,1–16
[22] Johannes 3,16

Sünden bekennen und ihr Leben ändern müssen. Sie hätten sich vor dem Messias, der doch schon in ihrer Mitte lebte, beugen müssen. Aber dazu waren sie nicht bereit. Sie hörten Gottes Ruf – und weigerten sich, ihm zu folgen.

Wie ganz anders war da z. B. die samaritische Frau, mit der Jesus am Jakobsbrunnen sprach! Sie hatte manches mit Herodias gemeinsam: einen moralisch fragwürdigen Lebenswandel,[23] den seelsorgerlichen Anruf (hier durch Jesus selbst).[24] Aber anders als Herodias erkannte sie ihre Sünde und die Sackgasse, in der sie steckte, und fand zum rettenden Glauben an Jesus. Sie wurde zu einem anderen Menschen und zu einem Segen für viele; durch ihr Zeugnis fanden auch andere Bewohner ihres Dorfes zu Jesus.[25]

Herodias dagegen sank immer tiefer in Sünde und Haß und wurde zum Fluch ihrer Umgebung. Sie befleckte das Gewissen ihres eigenen Kindes mit dem Blut eines Dieners Gottes. Auch Salome fand nicht den Weg zu Reue und Buße. Und Herodes selbst hatte zwar seine Herzenstür einen Spalt breit geöffnet für Gott, ließ sie aber durch seine Frau wieder zuschlagen.

Als Jesus später selbst in den Tod ging, sprach er zu Pilatus und öffnete noch am Kreuz für einen Mörder den Himmel.[26] Aber Herodes hatte er nichts zu sagen.[27] Herodes hatte seine Gnadenstunde versäumt. Gott spricht oft mehrmals zu den Menschen,[28] und er tat dies auch bei Herodes und Herodias, aber wenn sie auf sein Rufen nicht hören, können sie ihre Erlösung für immer verspielen.

Herodes, der das Leben des Johannes so lange hatte schonen wollen, war verhärtet geworden, als er sich am Tod Jesu beteiligte.[29] Auch seine Frau verstockte ihr Herz gegen Gott und stürzte sich so mit ins Verderben.[30] Ihre größte Sünde war nicht Ehebruch oder Mord, sondern ihr Unglaube.

---

[23] Johannes 4,18
[24] Johannes 4,7–26
[25] Johannes 4,28–39
[26] Lukas 23,39–43
[27] Lukas 23,9
[28] Hiob (Ijob) 33,14
[29] Lukas 23,8–12
[30] Sprüche 28,14

Wie drückte es doch Salomo, jener große Weise des Alten Testamentes, aus? »Wer Zucht liebt, liebt Erkenntnis, wer Zurechtweisung haßt, ist dumm.«[31] – »Halt fest an der Zucht, und laß davon nicht ab, bewahre sie; denn sie ist dein Leben.«[32] – »Den Weg zum Leben geht, wer Zucht bewahrt; wer Warnung mißachtet, geht in die Irre.«[33]

Herodias wies jede Mahnung Gottes von sich und kam furchtbar zu Fall – in ihrer Seele, aber auch in ihrem Leben. Der Geschichtsschreiber Flavius Josephus berichtet, wie Herodias durch ihren Ehrgeiz politisch stürzte.[34] Als sie es so weit trieb, Herodes zu überreden, beim römischen Kaiser Caligula den Königstitel zu beantragen, wurde er in die Verbannung geschickt und beendete sein Leben als verachteter Mann. Mit ihm stürzte seine Frau.

---

[31] Sprüche 12,1
[32] Sprüche 4,13
[33] Sprüche 10,17
[34] Antiquitates Judaicae (Jüdische Altertümer) Buch XVIII, Kap. 7.

»Salome hatte Ehrgeiz für ihre Söhne, und Ehrgeiz ist durchaus lobenswert – wo er in voller Übereinstimmung mit dem Willen Gottes steht. Göttlich gelenkter Ehrgeiz kann zu höchsten Ehren führen, aber selbstsüchtiger Ehrgeiz kann einen Menschen in die tiefste Schmach stürzen.«

*Herbert Lockyer**

SALOME – Eine Mutter sucht das Beste für ihre Kinder

Matthäus 20,17–28 (Einh):

---

[17] Als Jesus nach Jerusalem
hinaufzog, nahm er unter-
wegs die zwölf Jünger bei-
seite und sagte zu ihnen:
[18] Wir gehen jetzt nach Je-
rusalem hinauf; dort wird
der Menschensohn den
Hohenpriestern und
Schriftgelehrten ausgelie-
fert; sie werden ihn zum
Tod verurteilen [19] und den
Heiden übergeben, damit
er verspottet, gegeißelt und
gekreuzigt wird; aber am
dritten Tag wird er aufer-
stehen.
[20] Damals kam die Frau des
Zebedäus mit ihren Söh-
nen zu Jesus und fiel vor
ihm nieder, weil sie ihn um
etwas bitten wollte. [21] Er
fragte sie: Was willst du?
Sie antwortete: Versprich,
daß meine beiden Söhne in
deinem Reich rechts und
links neben dir sitzen dür-
fen. [22] Jesus erwiderte: Ihr
wißt nicht, um was ihr bit-
tet. Könnt ihr den Kelch
trinken, den ich trinken
werde? Sie sagten zu ihm:
Wir können es. [23] Da ant-
wortete er ihnen: Ihr wer-
det meinen Kelch trinken;
doch den Platz zu meiner
Rechten und zu meiner
Linken habe ich nicht zu
vergeben; dort werden die
sitzen, für die mein Vater
diese Plätze bestimmt hat.
[24] Als die zehn anderen
Jünger das hörten, wurden
sie sehr ärgerlich über die
beiden Brüder. [25] Da rief
Jesus sie zu sich und sagte:
Ihr wißt, daß die Herrscher
ihre Völker unterdrücken
und die Mächtigen ihre
Macht über die Menschen
mißbrauchen. [26] Bei euch
soll es nicht so sein, son-
dern wer bei euch groß sein

---

* The Women of the Bible (Zondervan), S. 151

will, der soll euer Diener sein, [27]und wer bei euch der Erste sein will, soll euer Sklave sein. [28]Denn auch der Menschensohn ist nicht gekommen, um sich dienen zu lassen, sondern um zu dienen und sein Leben hingeben als Lösegeld für viele.

Salome, die Mutter von Johannes und Jakobus,[1] räusperte sich und trat ein paar Schritte vor. Ihre beiden Söhne folgten ihr. Sie hatte eine Frage, die ihr keine Ruhe ließ; jetzt mußte sie sie vorbringen.

Es war kurz vor dem Passafest, und wieder waren Jesus und seine Jünger auf der Reise von Galiläa nach Jerusalem. Eine wachsende Schar von Menschen zog mit ihnen – Menschen, die in Jerusalem das Passafest feiern wollten; Menschen – Lahme, Blinde, Verkrüppelte –, die sich von Jesus heilen lassen wollten. Das Jordantal lag hinter der Gruppe. Jetzt waren sie in Jericho, und der letzte Abschnitt der langen Reise, mit seinem beschwerlichen Aufstieg zu den Bergen Jerusalems, lag vor ihnen.

Die Stimmung der Jünger war gedrückt. Die Worte, die Jesus schon in Galiläa zu ihnen gesprochen hatte, wollten ihnen nicht aus dem Sinn: »Der Menschensohn wird den Menschen ausgeliefert werden, und sie werden ihn töten; aber am dritten Tag wird er auferstehen.«[2] Und jetzt, während der Reise nach Judäa, wieder die gleiche Ankündigung, nur daß noch ein paar unangenehme Einzelheiten dazukamen. Verspotten würden sie Jesus also auch, und er würde wie ein gemeiner Verbrecher sterben.[3] Unerhört: Die Vertreter des Volkes –, für das Jesus gekommen war – seines eigenen Volkes, würden ihn zurückweisen, ablehnen, hassen.[4]

Das war die Lage, in welcher Salome ihren Wunsch an Jesus vorbrachte. Man hätte vielleicht erwarten können, daß sie, die Jesus doch so treu gedient hatte, ihn jetzt auf sein Leiden hin ansprechen und ihm, menschlich gesprochen, ihr Mitleid und ihre Trauer zeigen würde. Aber nein, sie sah nur sich selbst und ihre beiden Jungen, die schon vor über drei Jahren Jünger von

---

[1] Matthäus 27,56; Mk 15,40
[2] Matthäus 17,22–23
[3] Matthäus 20,18–19
[4] Johannes 1,11

Johannes dem Täufer gewesen und dann spontan Jesus gefolgt waren, als er sie rief.[5]

Meine Söhne mögen ein bißchen ungestüm sein, dachte Salome, aber sie sind doch geistlich gesinnt. Ich verstehe gut, daß Jesus sie »Donnersöhne« nennt.[6] Aber ihre Herzen sind offen für Gott, und das ist doch die Hauptsache.

Sie und ihr Mann Zebedäus hatten die beiden nicht zurückgehalten, als sie sich Jesus anschlossen. Zebedäus konnte zwar in seinem Fischereiunternehmen nur schlecht auf seine Söhne verzichten; die anderen Arbeiter waren nicht so zuverlässig. Aber war es nicht viel wichtiger, daß Jakobus und Johannes sich für die Sache Gottes interessierten – wichtiger als aller irdischer Reichtum? Es war ein großes Vorrecht, daß dieser Jesus gerade diese beiden jungen Männer als Jünger hatte haben wollen. Salome und Zebedäus waren stolz und dankbar, und sie wurden es noch mehr, als sie sahen, daß Johannes ein besonderer Vertrauter Jesu wurde.

Und jetzt diese merkwürdigen Leidensankündigungen! Salome wurde unruhig. »Was wird bloß aus meinen Söhnen, wenn der Meister nicht mehr da ist?« mußte sie denken. »Ihre ganze Hoffnung ruht doch auf ihm; ohne ihn haben sie keine Zukunft.«

Wieder ging sie in Gedanken Jesu Worte durch. War denn wirklich keine Hoffnung? Ja, doch – er hatte ja nicht nur vom Sterben gesprochen, sondern auch von seiner Auferstehung! Na klar! Jesus würde wieder von den Toten auferstehen und sein Reich aufrichten; bald würde er als König über sein Volk herrschen! (Salome war nicht die einzige, der solche Gedanken durch den Kopf gingen.[7])

So war das also! Nun, dann wußte Salome, was sie jetzt zu tun hatte: Sie mußte sicherstellen, daß ihre Söhne einen guten Platz in diesem Reich bekamen. War das nicht ihr gutes Mutterrecht? Hatte sie dem Meister nicht ihre beiden Söhne gegeben? War sie ihm nicht selbst gefolgt und hatte ihm einen Teil ihrer

---

[5] Markus 1,19–20
[6] Markus 3,17; vgl. Lukas 9,54–55
[7] Apostelgeschichte 1,6

Zeit und ihres Besitzes geopfert? Und überhaupt, sie war doch nicht irgendwer, sondern die Schwester von Jesu Mutter![8]

Sie trat vor Jesus hin und kniete ehrerbietig vor ihm nieder. »Was willst du?« fragte er freundlich.[9] Und ohne Umschweife brachte sie ihre Bitte vor: »Versprich, daß meine beiden Söhne in deinem Reich rechts und links neben dir sitzen dürfen.«[10]

Jetzt war es heraus. Ob Salome wirklich nicht merkte, wie schrill und egoistisch ihre Worte im Ohr Jesu klingen mußten? Wie kleinlich und lieblos ihre Bitte war? Da ging der Sohn Gottes in seinen Tod, und sie hatte nichts im Sinn als die Karriere ihrer Söhne. Mutterstolz – mehr brachte sie nicht zustande.

Wir wissen nicht genau, ob Salome rein aus eigenem Antrieb sprach oder mehr eine Bitte ihrer Söhne erfüllte.[11] Aber auch im letzteren Fall steht sie nicht besonders gut da – eher im Gegenteil, denn dann müßte man annehmen, daß sie es versäumte, ihre Söhne auf die Ungehörigkeit ihres Wunsches hinzuweisen.

Ihre Worte bedeuteten zusätzliches Leiden für Jesus – Leiden an ihrem Mutterstolz, aber auch am Stolz ihrer Söhne. Hieß es nicht, ihn verlassen, wenn man ihm in einer solchen Lage, nach seiner dritten Leidensankündigung, mit solch hochfahrenden Wünschen kam?

Und die anderen Jünger? Sie wurden wütend, als sie von der Bitte Salomes hörten. Warum? Weil sie merkten, wie schmerzlich diese Bitte für Jesus sein mußte? Nein, sondern weil diese Frau und ihre Söhne sie, die anderen Jünger, so schnöde übergingen. Was bildeten sich diese Zebedäussöhne eigentlich ein?

Ähnlich werden auch die Mütter der anderen Jünger gedacht haben, als sie von der Sache hörten: Warum eigentlich die Zebedäussöhne? Ist es nicht Zeit, daß für *unsere* Söhne etwas getan wird? Haben Petrus und Andreas und die anderen denn nicht auch alles verlassen und sind ihrem Herrn nachgefolgt?[12]

Ein Wespennest von Ehrgeiz und Neid!

---

[8] Markus 15,40–41; Joh 19,25
[9] Matthäus 20,21a
[10] Matthäus 20,21b
[11] Markus 10,35–45
[12] Matthäus 19,27

Was tat Jesus nun mit der Bitte Salomes? Nun, er, der Sohn Gottes, sieht ins Innerste jedes Menschen, und auch Salomes Herz war vor ihm wie ein aufgeschlagenes Buch. Er las es und fand ohne Zweifel Schreckliches in ihm: Ehrgeiz und Selbstsucht. Aber es stand auch Mutmachendes darin. Jesus wußte, wie sehr Salome an diesen ihren Söhnen hing. Niemand weiß besser als der Schöpfer, was in einem Mutterherzen vor sich geht und wie leicht ein Kind zwischen die Mutter und Gott kommen kann. Jesus verstand Salome und vergab ihr.

Er wußte auch, daß Salome an ihn glaubte. Sie glaubte – wie verzerrt und egoistisch auch immer –, daß er auferstehen und herrschen würde, und wollte halt (was doch eigentlich sogar ein Zeichen von Liebe war), daß ihre Söhne für immer bei ihm wären.

Schließlich wußte er auch um ihre Treue. Von Anfang an hatte sie ihm gedient; auch jetzt, wo in Jerusalem der Haftbefehl gegen ihn ergangen war, hatte sie ihn nicht verlassen.

Und so wies Jesus Salome nicht schroff ab. Statt dessen korrigierte er sie. Die Antwort auf ihre Bitte würde kommen, aber auf ganz andere Weise, als sie sich das jetzt vorstellte.

Salome dachte typisch menschlich; für sie waren Ruhm und Ehre das Höchste. Jesus dagegen dachte göttlich: Die größten Ehrenplätze im Himmel sind für die bestimmt, die für ihren Glauben an Jesus gelitten haben. Und so fragte er, über Salomes Kopf hinweg, die beiden Jünger geradewegs: »Könnt ihr den Leidenskelch trinken, den ich trinken muß?«[13]

Der Herr Jesus würde in der Tat ein Reich errichten, aber kein irdisches, sondern ein himmlisches. Die Ehrenplätze in diesem Reich würden allein von Gott dem Vater vergeben werden. Und das Eingangstor zu diesem Reich Gottes hieß Leiden – das Leiden des Sohnes Gottes.

Und wie bitter dieses Leiden sein würde! Einige Tage später, als Salome unter dem Kreuz Jesu stand, wurde sie Zeugin eines Teils dieses Leidens. Sie mußte hören, wie Jesus in größter Qual ausrief: »Mein Gott, mein Gott, warum hast du mich verlassen?«[14]

---

[13] Matthäus 20,22
[14] Matthäus 27,46

– der Herzensschrei zu dem Vater im Himmel, der zu Beginn des Wirkens Jesu gesagt hatte: »Du bist mein geliebter Sohn, an dir habe ich Gefallen gefunden.«[15]

In seinem Brief an die Philipper erklärt Paulus den scheinbaren Widerspruch zwischen Jesu Leiden und seiner Herrlichkeit. Er schreibt: »Er war Gott gleich, hielt aber nicht daran fest, wie Gott zu sein, sondern er entäußerte sich und wurde wie ein Sklave und den Menschen gleich. Sein Leben war das eines Menschen; er erniedrigte sich und war gehorsam bis zum Tod, bis zum Tod am Kreuz. Darum hat ihn Gott über alle erhöht und ihm den Namen verliehen, der größer ist als alle Namen, damit alle im Himmel, auf der Erde und unter der Erde ihre Knie beugen und vor dem Namen Jesu und jeder Mund bekennt: »Jesus Christus ist der Herr – zur Ehre Gottes, des Vaters« (Phil 2,6–11).

Gottes Reich war auf Leiden und Gehorsam gegründet. Jesus, der große Heilsbringer, würde *durch sein Leiden* viele Menschen zur Herrlichkeit Gottes führen.[16] Er, der Sohn Gottes, würde in der Leidensschule Gottes Gehorsam lernen.[17]

Die herrlichste Krone, die ein Mensch tragen kann, ist nicht aus Ehre und Ruhm gearbeitet, sondern aus Leiden. Das gilt auch für die Nachfolger Jesu. Für sie geht es durch Leiden zur Herrlichkeit.[18] Ja, die Söhne Salomes würden ihren Platz im Reich Gottes bekommen, aber anders, als Salome das dachte. Jakobus war der erste Apostel, der den Märtyrertod erlitt. Ob Salome noch lebte, als er unter König Herodes Agrippa I. getötet wurde?[19] Daß Johannes am Ende seines Lebens um des Evangeliums willen in die Verbannung mußte,[20] erlebte sie jedenfalls nicht mehr mit. Wir wissen nicht, wieviel sie leiden mußte und wieviel sie davon verstand.

---

[15] Markus 1,11
[16] Hebräer 2,10
[17] Hebräer 5,8
[18] 1. Petrus 4,12–13
[19] Apostelgeschichte 12,1–2
[20] Offenbarung 1,9

Von Natur aus leidet niemand gern. Für den Christen wird das Leiden jedoch erträglicher, wenn er auf die Leidensschule Christi schaut und auf die Herrlichkeit des ewigen Lebens mit Gott (2 Kor 4,17–18). Der Christ, der sich an Gottes Verheißungen in der Bibel festklammert, lernt es, Leiden zu tragen und seine verborgenen Segnungen zu verstehen. Paulus schreibt hierzu: »Denn euch wurde die Gnade zuteil, für Christus dazusein, also nicht nur an ihn zu glauben, sondern auch seinetwegen zu leiden« (Phil 1,29).

Noch unter dem Kreuz durfte Salome ein besonderes Vorrecht erfahren. Jesus gab ihrem Sohn Johannes den Auftrag, sich um seine Mutter Maria zu kümmern.[21] Er gab ihm das Vorrecht, dienen zu dürfen. Leiden und Dienst sind die Grundfundamente des Reiches Gottes – ganz anders als bei jedem irdischen Reich.

Leiden und Dienst statt Ehre und Glanz – das ist die Lektion, die Jesus seinen Jüngern nach jener Frage der Salome gab.[22] Wer bereit ist, auf der Erde am geringsten zu sein, der wird im Himmel am meisten zählen.

Jede Mutter – vor allem jede christliche, die den Herrn liebhat und das Beste ihrer Kinder sucht, sollte Salomes Bitte und Jesu Antwort genau betrachten und zu Herzen nehmen. Sie kann aus dieser Begebenheit viel lernen, besonders was das Gebet betrifft. Sie sollte Gott nicht vorschnell um etwas für ihre Kinder bitten. Sie muß lernen, selbstlos und überlegt zu beten. Sie darf aber auch wissen, daß Gott immer weiß, was das Beste für das Kind ist, auch wenn die Mutter um das Falsche bittet.

[21] Johannes 19,25–27
[22] Matthäus 20,26–28

»Tote Frau liegt 10 Monate in ihrer Wohnung. In Den Haag wurde heute der Leichnam von Frau B. entdeckt. Anhand der Berge von Post im Flur konnte die Polizei ermitteln, daß die Frau bereits vor 10 Monaten starb. Für ein Verbrechen gibt es keine Anzeichen.«*

MARIA MAGDALENA – Pionierin in der Nachfolge Christi

Johannes 20,1–18 (Einh):

Am ersten Tag der Woche kam Maria von Magdala frühmorgens, als es noch dunkel war, zum Grab und sah, daß der Stein vom Grab weggenommen war. 2 Da lief sie schnell zu Simon Petrus und dem Jünger, den Jesus liebte, und sagte zu ihnen: Man hat den Herrn aus dem Grab weggenommen, und wir wissen nicht, wohin man ihn gelegt hat. 3 Da gingen Petrus und der andere Jünger hinaus und kamen zum Grab; 4 sie liefen beide zusammen dorthin, aber weil der andere Jünger schneller war als Petrus, kam er als erster ans Grab. 5 Er beugte sich vor und sah die Leinenbinden liegen, ging aber nicht hinein. 6 Da kam auch Simon Petrus, der ihm gefolgt war, und ging in das Grab hinein. Er sah die Leinenbinden liegen 7 und das Schweißtuch, das auf dem Kopf Jesu gelegen hatte; es lag aber nicht bei den Leinenbinden, sondern zusammengebunden daneben an einer besonderen Stelle. 8 Da ging auch der andere Jünger, der zuerst an das Grab gekommen war, hinein; er sah und glaubte. 9 Denn sie wußten noch nicht aus der Schrift, daß er von den Toten auferstehen mußte. 10 Dann kehrten die Jünger wieder nach Hause zurück.

11 Maria aber stand draußen vor dem Grab und weinte. Während sie weinte, beugte sie sich in die Grabkammer hinein. 12 Da sah sie zwei Engel in weißen Gewändern sitzen, den einen dort, wo der Kopf, den anderen dort, wo die Füße des Leichnams Jesu gelegen hatten. 13 Die Engel sagten zu ihr: Frau, warum weinst du? Sie antwortete ihnen: Man hat

---

* Aus der niederländischen Zeitung *Trouw* vom 24. 7. 1974, S. 2.

meinen Herrn weggenommen, und ich weiß nicht, wohin man ihn gelegt hat. [14]Als sie das gesagt hatte, wandte sie sich um und sah Jesus dastehen, wußte aber nicht, daß es Jesus war. [15]Jesus sagte zu ihr: Frau, warum weinst du? Wen suchst du? Sie meinte, es sei der Gärtner, und sagte zu ihm: Herr, wenn du ihn weggebracht hast, sag mir, wohin du ihn gelegt hast. Dann will ich ihn holen. [16]Jesus sagte zu ihr: Maria! Da wandte sie sich ihm zu und sagte auf hebräisch zu ihm: Rabbuni!, das heißt: Meister. [17]Jesus sagte zu ihr: Halte mich nicht fest; denn ich bin noch nicht zum Vater hinaufgegangen. Geh aber zu meinen Brüdern, und sag ihnen: Ich gehe hinauf zu meinem Vater und zu eurem Vater, zu meinem Gott und zu eurem Gott. [18]Maria von Magdala ging zu den Jüngern und verkündete ihnen: Ich habe den Herrn gesehen. Und sie richtete aus, was er ihr gesagt hatte.

Markus 16,9 (Einh):

Als Jesus am frühen Morgen des ersten Wochentages auferstanden war, erschien er zuerst Maria aus Magdala, aus der er sieben Dämonen ausgetrieben hatte.

Der Ort Magdala, fünf Kilometer von Kapernaum (Kafarnaum) entfernt am Nordwestufer des Sees Genezareth gelegen, war für Maria (Maria Magdalena) ein schicksalhafter Ort. Hier war ihre Heimat, hier begegnete sie Jesus, hier trieb er Satans Dämonen aus ihr aus[1] – ein Wunder, dessen ganze Tragweite ihr erst allmählich zu Bewußtsein kam.

Vor dieser Begegnung war Maria von Magdala eine bejammernswerte Frau gewesen. Wie andere Besessene war sie nicht mehr Herr über sich selbst gewesen, hatte im eisernen Griff Satans gelebt, war von den anderen, »normalen« Menschen gemieden worden. Und dann, als Jesus das große Machtwort über die

[1] Lukas 8,1–3; Markus 16,9

Dämonen sprach, wurde ihre gebundene Seele frei, ihre verkrampften Glieder entspannten sich, der Blick ihrer Augen wurde ruhig.

Diese Befreiung war eine so gewaltige Wende, daß Menschenworte sie kaum beschreiben konnten. Nur einer verstand dieses Wunder wirklich ganz: Jesus. Ihn mochte Maria nicht mehr missen. Sie verließ das blühende Städtchen Magdala und folgte Jesus nach.

Es gab im einzelnen mehrere Gründe, warum Maria bei Jesus bleiben wollte. Erstens wußte sie aus Erfahrung, wie groß die Macht Satans war. Nur wenn sie in der Nähe Jesu – des einzigen, der mächtiger war – blieb, konnte sie vor etwaigen erneuten Angriffen des Teufels sicher sein. Nur Jesus konnte verhindern, daß der Böse erneut Besitz von ihr ergriff und es schlimmer mit ihr wurde als zuvor.[2] Maria brauchte einfach den Schutz Jesu.

Zweitens folgte sie ihm aus Liebe und Dankbarkeit. Sie wollte mehr tun, als ihm nur von ihren Gütern zu geben und ansonsten zu Hause zu bleiben und hier und da weiterzuerzählen, was er für sie getan hatte. Nein, dieser Jesus sollte fortan ihr Herr sein. Dieser Jesus, der sie so radikal aus der Dunkelheit ins Licht gerettet hatte,[3] sollte über ihr ganzes Leben verfügen, egal was sie das kosten würde. Und so zog sie – ebenso wie einige andere Frauen, die er geheilt hatte – mit ihm und seinen Jüngern.

Und jetzt zog sie zu seinem Grab. Es war früh am Morgen, noch vor Sonnenaufgang. Eine kleine Gruppe von Frauen ging raschen Schrittes durch die noch dunklen, stillen Straßen Jerusalems: Maria Magdalena, Johanna, Maria (die Mutter des Jakobus), Salome und einige andere.[4] Sie wollten zum Grab Jesu, um den Leichnam weiter einzubalsamieren. Sie hatten diese Arbeit bereits am Karfreitagabend begonnen, dann aber die vorgeschriebene Sabbatruhe eingehalten.[5]

Maria Magdalena führte die kleine Gruppe an. Aber ihre Gedanken waren weit von den anderen Frauen entfernt. Sie

---

[2] Lukas 11,24–26
[3] Apostelgeschichte 26,18
[4] Lukas 24,10
[5] Lukas 23,56

kreisten um einen einzigen Punkt: den Herrn, Jesus. Wieder und wieder traten die Szenen der letzten Tage vor ihr inneres Auge: die lange Reise von Galiläa nach Jerusalem, auf der Jesus seinen erschütterten Begleitern gesagt hatte, was mit ihm in Jerusalem geschehen würde; dann der so unerwartet triumphale Einzug in Jerusalem, als die begeisterte Menge in laute Hosianna-Rufe ausbrach und Kleider und Zweige vor Jesus auf den Weg legte;[6] dann, wenige Tage später, das furchtbare Geschrei des aufgebrachten Pöbels: »Weg mit ihm! Kreuzige ihn!«[7]

Maria war mit im Gerichtsgebäude gewesen, als die aufgebrachte Menge den Tod Jesu forderte. Sie hatte gesehen, wie Pilatus ihn in die Hand seiner Feinde gab und wie er verspottet und gegeißelt wurde. Sie war ihm gefolgt, als er sein Kreuz nach Golgatha schleppte – auf der Straße, die man später die »Via Dolorosa« (»Straße der Leiden«) nennen würde.

Mit Tränen und machtlos hatte sie mitansehen müssen, wie ihr Meister unter dem Gewicht des Kreuzes taumelte und wankte, wie man ihm Nägel durch die Hände und Füße trieb, wie ein Soldat einen Speer in seine Seite stieß und Blut und Wasser herauskam.[8] Sie hatte erlebt, wie der Himmel sich für drei Stunden verdunkelte und ein Erdbeben die Stadt erschütterte.[9] Und sie hatte diesen furchtbaren Todesschrei gehört: »Mein Gott, mein Gott, warum hast du mich verlassen?«[10]

O diese Hilflosigkeit! In Marias Kopf hatte es gebrannt und gehämmert: »Warum? Warum? Warum ist Jesus so verlassen? Ich kann nichts machen, und von den Jüngern läßt sich keiner blicken bis auf Johannes, und der kann auch nichts tun. Aber was soll's auch, er kann sich doch selbst helfen, ja, warum hilft er sich denn nicht selbst? Er hat mich vom Satan befreit, er hat alle möglichen Leute geheilt, er hat mit einem Wort den Sturm auf dem See zum Schweigen gebracht – warum kann er sich jetzt nicht selbst helfen? Warum?«

---

[6] Matthäus 21,8–9
[7] Johannes 19,14–16
[8] Johannes 19,34
[9] Matthäus 27,45–53
[10] Markus 15,34

Es war furchtbar gewesen, aber Maria war beim Kreuz geblieben, bis Jesus gesagt hatte: »Es ist vollbracht!«[11], bis alles vorbei gewesen war. Dann war sie auch bei seinem Begräbnis dabei gewesen, und anschließend, als bis auf Maria, die Mutter des Jakobus, alle anderen nach Hause gingen, war sie noch am Grab sitzengeblieben, bis sie wegen des beginnenden Sabbats nach Hause mußte.

Jetzt war der Sabbat endlich vorüber, und sie konnten wieder zum Grab. Aber je näher sie ihm kamen, um so stärker wurden ihnen die praktischen Probleme ihres Unternehmens bewußt, die vielen kleinen Dinge, an die sie bis jetzt vor lauter Trauer nicht gedacht hatten. Wie sollten sie z. B. den Stein von der Öffnung der Grabkammer wegrollen?[12] Und dann die Wachtposten, die Pilatus hatte aufstellen lassen, damit Jesu Jünger dem Leichnam auch ja nicht zu nahe kämen und ihn etwa wegnähmen.

Als sie am Grab ankamen, war gerade die Sonne aufgegangen. Es war niemand sonst da. Da war er, der Grabstein, aber – sie hielten den Atem an – was war denn das? Der war ja weggerollt!

Maria Magdalena nahm sich gar nicht erst die Zeit, in das Grab hineinzuschauen. Nichts wie hin zu den Jüngern Jesu! Sie lief, was sie konnte, zu Simon Petrus und Johannes. Außer Atem berichtete sie ihnen die Neuigkeit: »Man hat den Herrn aus dem Grab weggenommen, und wir wissen nicht, wohin man ihn gelegt hat!«[13]

Petrus und Johannes gingen sofort mit Maria zum Grab zurück. Sie wollten es genau wissen und betrachteten die Grabkammer. Der Leichnam war fort, aber nach der Lage der Leinentücher zu urteilen, hatte man ihn nicht gestohlen. Grabräuber arbeiteten nicht so behutsam. Benommen und verwirrt gingen die Jünger in die Stadt zurück.

Maria blieb. So einfach den Ort verlassen, wo der Leichnam ihres Herrn gelegen hatte, das konnte sie nicht. Sie ließ ihren Tränen freien Lauf. Dann bückte sie sich, um ein letztes Mal in das Grab hineinzusehen – und sah direkt in die Augen von zwei Engeln. In weißen, leuchtenden Gewändern saßen sie da, einer

---

[11] Johannes 19,30
[12] Markus 16,1–4
[13] Johannes 20,2

am Kopfende, der andere am Fußende der Stelle, wo der Leichnam gelegen hatte.

»Frau, warum weinst du?« fragten sie sie.[14] Sie antwortete: »Man hat meinen Herrn weggenommen, und ich weiß nicht, wohin man ihn gelegt hat.«[15] Dann, so als suchten ihre Augen immer noch den Leichnam, drehte sie sich wieder um und sah einen Fremden draußen stehen. Das muß der Gärtner sein oder auch Josef von Arimathäa, dachte sie.

»Frau, warum weinst du?« fragte der Mann sie. »Wen suchst du?«[16] Wen sie suchte? Das war doch klar. Und ohne erst lange zu erklären, wen sie meinte, sprudelte sie hervor: »Herr, wenn du ihn weggebracht hast, sag mir, wohin du ihn gelegt hast, dann will ich ihn holen.«[17] Sie mußte doch ihren Herrn fertigsalben, sie konnte ihn doch nicht so einfach verlassen!

Und dann hörte sie die Stimme wieder: »Maria!«[18] Es war seine Stimme, Jesu Stimme! Keine andere klang so wie sie: so warm, so vollmächtig. Ein Strom von Überraschung, Freude, Dankbarkeit, Anbetung ging durch Maria.

»Rabbuni!« war alles, was sie sagen konnte.[19] Das war das altvertraute, aramäische Wort für »Meister«. Aramäisch war die Sprache, in der auch Jesus gesprochen hatte.

In diesem Augenblick wurde Maria Magdalena die erste Zeugin des auferstandenen Jesus. Sie war die erste, die die Kernwahrheit der großen Erlösungsgeschichte sehen durfte. Was für ein gewaltiges Vorrecht!

Jesus sprach weiter, und seine Worte zeigten, daß von nun an alles neu und anders sein würde. Er ließ es nicht zu, daß sie seine Füße umklammerte, sondern sagte: »Halte mich nicht fest; denn ich bin noch nicht zum Vater hinaufgegangen. Geh aber zu meinen Brüdern und sag ihnen: Ich gehe hinauf zu meinem Vater und zu eurem Vater, zu meinem Gott und zu eurem Gott.«[20]

---

[14] Johannes 20,13
[15] Johannes 20,13
[16] Johannes 20,15
[17] Johannes 20,15
[18] Johannes 20,16
[19] Johannes 20,16
[20] Johannes 20,17

Mit diesen Worten wurde Maria auch zur ersten Verkünderin seiner Auferstehung. Diese Ehre wurde weder seinem Freund Johannes noch dem Führer der Jünger, Petrus, zuteil, ja noch nicht einmal seiner Mutter Maria. Die erste Verkünderin der Auferstehung war Maria Magdalena, die Pionierin in der Nachfolge Christi.

Die Geschichte der Maria Magdalena wird in allen vier Evangelien erzählt. Wo sie zusammen mit anderen Frauen genannt wird, erscheint ihr Name zuerst – außer unter dem Kreuz, wo natürlich Jesu Mutter an erster Stelle genannt wird.[21] Nicht weniger als vierzehnmal wird Maria Magdalena (bzw. Maria von Magdala) in den Evangelien erwähnt, und jeder der Evangelisten berichtet, daß sie der erste Mensch war, der Jesus nach seiner Auferstehung sah.

Leider wird ihr Name manchmal mit sexueller Unmoral in Verbindung gebracht, gerade so, als sei sie ursprünglich eine Prostituierte gewesen. Vielleicht kommt dies daher, daß im jüdischen Talmud die Stadt Magdala, die damals für ihre Färberei- und Textilindustrie bekannt war, einen schlechten Ruf hat; sie soll wegen sexueller Sünden zerstört worden sein. Daß 1324 in Neapel ein Haus für »gefallene Mädchen« ausgerechnet nach Maria Magdalena benannt wurde, macht die Sache nicht besser. Manche Ausleger sehen in Maria Magdalena auch die Sünderin, von welcher Lukas kurz vor der ersten Erwähnung der Maria Magdalena spricht;[22] doch ist dies reine Spekulation.

Wir lesen in der Bibel nichts über irgendwelche sexuelle Sünden Marias, wohl aber, daß sie eine Zeitlang von Dämonen besessen war. Aus diesem Alptraum befreite Jesus sie und gab ihrem Leben einen neuen Sinn. Dieses neue Leben in Jesus erhielt an jenem Auferstehungsmorgen eine zusätzliche Dimension. Sieben Wochen später, an Pfingsten, wurde der Heilige Geist auf die Gläubigen ausgegossen,[23] zweifellos auch auf Maria Magdalena (auch wenn ihr Name nicht ausdrücklich erwähnt wird[24]).

---

[21] Johannes 19,25
[22] Lukas 7,37–50
[23] Apostelgeschichte 2,1–21
[24] Apostelgeschichte 1,14

Der Pfingsttag gab Maria auch die Antwort auf ihre Frage, warum Jesus sich damals am Kreuz nicht selbst helfen konnte und dem Tod nicht auswich. Er war nicht nur der Herr; er war auch der Christus, der Messias, der Retter, wie Petrus in seiner vollmächtigen Ansprache klarstellte. Später hat Petrus den Tod Jesu und seine Bedeutung noch ausführlicher so beschrieben: »Auch Christus hat ja für die Sünden der Menschen gelitten, der Schuldlose für die Schuldigen, und dies ein für allemal. Damit hat er euch den Weg zu Gott frei gemacht. Als einer, der zu den Menschen gehörte, wurde er getötet. Als einer, der zu Gott gehörte, wurde er lebendig gemacht.«[25]

Gott gab seinen Sohn am Kreuz in den Tod, weil er die Menschen liebt und jedem, der an Jesus Christus glaubt, ewiges Leben geben will.[26] Und als Christus wieder zum Vater aufstieg, kam sein Heiliger Geist herab, um den Menschen zu zeigen, daß sie vor Gott schuldig sind, und um sie in alle Wahrheit zu leiten.[27]

Dieser Heilige Geist half auch Maria Magdalena, bei Jesus zu bleiben, in ihm zu leben und für ihn Zeugnis abzulegen.[28] Sie erfuhr das, was später auch Paulus schrieb: »Er ist aber für alle gestorben, damit die Lebenden nicht mehr für sich leben, sondern für den, der für sie starb und auferweckt wurde.«[29]

Millionen von Frauen haben gelebt, sind gestorben und in völlige Vergessenheit geraten, aber der Name Maria Magdalena lebt weiter. Als fast 2000 Jahre nach der Auferstehung Jesu Archäologen die früheren Grundmauern von Magdala ausgruben, wurden sie an den Namen Maria Magdalena erinnert, und die Nachricht von der Ausgrabung ging durch die internationale Presse. Viele Generationen von Dichtern und Malern haben sich durch diesen Namen inspirieren lassen; ein Beispiel unter vielen ist Rubens' Gemälde »Die Kreuzabnahme«.

Die Geschichte der Maria Magdalena wirft auch viel Licht auf

---

[25] 1. Petrus 3,18
[26] Johannes 3,16
[27] Johannes 16,8–11
[28] Apostelgeschichte 1,8
[29] 2. Korinther 5,15

Jesus Christus. Sie zeigt seine Liebe zu den Menschen und seine Macht über Satan, und sie zeigt, daß Gott Großes bereit hat für Frauen, die sich ihm in Liebe und Dankbarkeit ganz ergeben.

»Niemals in der langen Geschichte der Kirche hat es ein so eindrückliches Beispiel für christliche Haushalterschaft und persönliche Verantwortung vor Gott gegeben wie hier.«

*Herbert Lockyer**

SAPHIRA – die Frau, die den Tod fand, weil sie auf Satan hörte

Apostelgeschichte 4,32 – 5,11 (Einh):

---

32 Die Gemeinde der Gläu-
bigen war ein Herz und ei-
ne Seele. Keiner nannte et-
was von dem, was er hatte,
sein Eigentum, sondern sie
hatten alles gemeinsam.
33 Mit großer Kraft legten
die Apostel Zeugnis ab von
der Auferstehung Jesu, des
Herrn, und reiche Gnade
ruhte auf ihnen allen. 34 Es
gab auch keinen unter ih-
nen, der Not litt. Denn al-
le, die Grundstücke oder
Häuser besaßen, verkauf-
ten ihren Besitz, brachten
den Erlös 35 und legten ihn
den Aposteln zu Füßen. Je-
dem wurde davon so viel
zugeteilt, wie er nötig hat-
te. 36 Auch Josef, ein Levit
aus Zypern, der von den
Aposteln Barnabas, das
heißt übersetzt Sohn des
Trostes, genannt wurde,
37 verkaufte einen Acker,
der ihm gehörte, brachte
das Geld und legte es den
Aposteln zu Füßen.
Ein Mann namens Hana-
nias aber und seine Frau
Saphira verkauften zusam-
men ein Grundstück, 2 und
mit Einverständnis seiner
Frau behielt er etwas von
dem Erlös für sich. Er
brachte nur einen Teil und
legte ihn den Aposteln zu
Füßen. 3 Da sagte Petrus:
Hananias, warum hat der
Satan dein Herz erfüllt,
daß du den Heiligen Geist
belügst und von dem Erlös
des Grundstücks etwas für
dich behältst? 4 Hätte es
nicht dein Eigentum blei-
ben können, und konntest
du nicht auch nach dem
Verkauf frei über den Erlös
verfügen? Warum hast du
in deinem Herzen be-
schlossen, so etwas zu tun?
Du hast nicht Menschen
belogen, sondern Gott.
5 Als Hananias diese Worte
hörte, stürzte er zu Boden

---

* The Women of the Bible (Zondervan), S. 153

und starb. Und über alle, die es hörten, kam große Furcht. [6]Die jungen Männer standen auf, hüllten ihn ein, trugen ihn hinaus und begruben ihn.
[7]Nach etwa drei Stunden kam seine Frau herein, ohne zu wissen, was geschehen war. [8]Petrus fragte sie: Sag mir, habt ihr das Grundstück für soviel verkauft? Sie antwortete: Ja, für soviel. [9]Da sagte Petrus zu ihr: Warum seid ihr übereingekommen, den Geist des Herrn auf die Probe zu stellen? Siehe, die Füße derer, die deinen Mann begraben haben, stehen vor der Tür; auch dich wird man hinaustragen. [10]Im selben Augenblick brach sie vor seinen Füßen zusammen und starb. Die jungen Männer kamen herein, fanden sie tot, trugen sie hinaus und begruben sie neben ihrem Mann. [11]Da kam große Furcht über die ganze Gemeinde und über alle, die davon hörten.

Wer hatte wohl die Idee als erster gehabt – Hananias oder Saphira? Und es war keine schlechte Idee – ein Stück Land verkaufen, um den Erlös den Armen zu geben . . .

Hananias und Saphira waren im Zuge einer neuen und ganz außerordentlichen religiösen Bewegung in Jerusalem einer Gruppe von Menschen beigetreten, deren brennender Wunsch es war, anderen zu helfen. Später würde man diese Leute »Christen« nennen,[1] nach ihrem Herrn und großen Vorbild, Jesus Christus. Die Zahl der Christen in Jerusalem wuchs täglich.

Wie war es zu dieser Bewegung gekommen? Zehn Tage nach der Himmelfahrt Jesu war – so wie Jesus es vorausgesagt hatte – sein Heiliger Geist auf seine Nachfolger gekommen. Dieser Geist hatte ihre Herzen durchdrungen und sie zu ganz anderen Menschen gemacht. Sie und die neugewonnenen Gläubigen entwickelten eine Liebe und Einigkeit, wie man sie vorher nicht für möglich gehalten hatte – eine Verbindung, wie es sie noch nie zuvor gegeben hatte und die später weitgehend wieder in Vergessenheit geraten würde.

Täglich trafen sich die Christen im Tempel. Es zog sie dorthin, sie wollten zusammensein. Sie besuchten auch einander und hielten ihre Mahlzeiten gemeinsam. All ihr Denken und Reden kreiste um Gott und seinen Messias Jesus.

---

[1] Apostelgeschichte 11,26

In dieser Situation kamen ihnen die sozialen Unterschiede, die es unter ihnen gab, schmerzhaft zu Bewußtsein. Wie konnte jemand sich seines Besitzes erfreuen, wenn er wußte, daß andere in Not lebten! Der Geist Jesu, über den die Apostel immer wieder mit Nachdruck sprachen, wohnte in den Gläubigen, und seine Liebe wurde auch ihre; wie er, so wollten auch sie anderen dienen, andere glücklich machen. Sie wollten gute Verwalter ihrer irdischen Besitztümer werden. Und so – ohne daß jemand ein entsprechendes Programm entwickelt oder dazu aufgerufen hätte – fingen die Reichen unter ihnen an, ihren Besitz zu verkaufen. Der Erlös kam in eine Art Hilfsfonds, aus welchem man dann den Armen das gab, was sie brauchten. So wurden die Christen nicht nur innerlich, sondern auch äußerlich immer mehr eins.

Die Apostelgeschichte hebt unter den Männern, die ihren Besitz verkauften, Barnabas, der sich später des neubekehrten Paulus annahm,[2] besonders hervor. Barnabas machte seinem Namen (»Sohn des Trostes«) alle Ehre. Sein gutes Beispiel war in aller Munde.

Die damalige junge Kirche dachte sehr geistlich; ihre Glieder wußten, daß aller irdischer Besitz nur relativ und vergänglich war. Hatte nicht der Meister selbst betont, daß nur jemand, der alles, was er hatte, hingab, sein Jünger sein konnte und daß Gott für den, der das Reich Gottes an die erste Stelle setzte, sorgen würde?[3] Hatte er nicht gesagt, daß jeder, der für ihn und die Gute Nachricht seine Verwandten, sein Heim, seinen Besitz aufgab, all dies hundertfältig wiederbekommen würde?[4] Die Gläubigen hielten sich strikt an diese göttlichen Richtlinien. Kein Wunder, daß sie beim ganzen Volk beliebt waren. Und jeden Tag kamen neue Gläubige hinzu.[5]

Es gab jedoch einen, der mit dieser Situation ganz und gar nicht zufrieden war: Satan. Er haßte dieses rasche Wachstum der jungen Gemeinde, denn jeder neue Gläubige bedeutete einen

---

[2] Apostelgeschichte 9,27
[3] Lukas 14,33; Mt 6,33
[4] Markus 10,29–30
[5] Apostelgeschichte 2,43–47

Verlust für sein Reich.[6] Was konnte man bloß tun, um der Kirche zu schaden? Ach ja, Hananias und Saphira – da war eine Möglichkeit!

Auch der Teufel kann in die Herzen der Menschen sehen, und er sah, daß der Glaube des Hananias und der Saphira nicht vom gleichen Format war wie beispielsweise der des Barnabas. Auch Hananias und Saphira beschlossen, ein Stück Land zum Besten der Armen in der Gemeinde zu verkaufen, und auch sie taten dies freiwillig. Aber ihre Motive waren nicht ganz rein. Sie wollten etwas für die Armen tun, gewiß, aber es ging ihnen auch um ihre eigene Ehre. Sie wollten nicht hinter den anderen zurückstehen, sie wollten sich in einem möglichst guten Licht zeigen, sie wollten gelobt werden. Es ging ihnen weniger um die gute Tat als solche, als um das gute Ansehen, das sie durch sie bekommen würden.

Diese gemischten Motive sah Satan mit Freuden. Vielleicht kam auch noch ein anderer Faktor hinzu: eine gewisse Angst vor der Zukunft. Hananias und Saphira wurden langsam alt, und da war es nicht sehr ratsam, sein ganzes Geld fortzugeben.

Wie immer die Motive der beiden im einzelnen aussahen: Sie beschlossen, einen Teil des Geldes für sich zurückzulegen, jedoch in der Gemeinde so zu tun, als hätten sie den ganzen Erlös für die Armen gegeben. Das war kein Augenblickseinfall, sondern ein bewußt durchdachter Plan. Zugeben, daß man nur einen Teil des Erlöses an die Apostel abgab? Nein danke, dann würde man ja nicht so viel Lob erhalten wie Barnabas und die anderen.

Das Ergebnis des Planes war furchtbar. Als Petrus das Geld in Empfang nahm, wußte er instinktiv, daß hier ein Betrug vorlag. Seine Worte waren schrecklich: »Hananias, warum hast du dein Herz dem Satan geöffnet? Warum betrügst du den Heiligen Geist?«[7] Diese Worte enthüllten den ganzen Ernst des Betrugs. Hananias und Saphira hatten, wie einst Adam und Eva,[8] den Satan in ihr Herz gelassen und sich von ihm, der immer Gottes Werk hindern und zerstören will, betrügen lassen.

Petrus fuhr fort: »Du hättest ja das Land behalten können, und

---

[6] Apostelgeschichte 26,18
[7] Apostelgeschichte 5,3
[8] Genesis (1 Mo) 3,1–8

nachdem du es verkauft hattest, auch das Geld. Warum hast du dich auf dieses falsche Spiel eingelassen? Du hast nicht Menschen, sondern Gott betrogen!«[9]

Und Hananias fiel zu Boden und war tot. Er wurde nicht deswegen von Gott verurteilt, weil seine Gabe nicht groß genug gewesen wäre, sondern weil sie unehrlich war. Eine gute Tat wurde durch Doppelspiel und Lüge zunichtegemacht und verdorben. Hananias hatte Gottes Heiligkeit gering geachtet und ihn betrügen wollen; das kostete ihn das Leben.

Gott ist ein heiliger Gott, ein verzehrendes Feuer.[10] Vor seinem Auge ist nichts verborgen,[11] auch nicht unsere geheimsten Gedanken. Diese Tatsache schlugen Hananias und Saphira in den Wind. Dafür zog sie Gott zur Rechenschaft; und wer kann bestehen, wenn Gott zur Rechenschaft zieht?

Versteinert sahen die Zeugen dieser Szene zu, wie die jungen Männer den Leichnam Hananias' in ein Tuch hüllten und ihn umgehend hinaustrugen, um ihn zu begraben.

Jerusalem war klein. Der Tempelplatz war von allen Punkten der Stadt aus schnell zu erreichen. Als ihr Mann nach drei Stunden immer noch nicht wieder zu Hause war, zog Saphira los, um nach dem Rechten zu sehen. Als sie in den Raum trat, wo Petrus und die anderen Gläubigen waren, erschollen in der Ferne gerade die Schritte der jungen Männer, die Hananias begraben hatten und nun zurückkamen.

Der Eindruck des furchtbaren Ereignisses war noch frisch in den Herzen der Anwesenden. Die Luft war mit Spannung geladen. Ob Saphira dies merkte? Auf jeden Fall: Sie vergaß ganz, zu fragen, wo ihr Mann sei; vielleicht wagte sie es auch nicht.

Niemand sagte ihr, was geschehen war. Sie mußte sich der gleichen Probe unterziehen wie ihr Mann. Petrus redete sie an, als sei der Vorfall mit Hananias noch gar nicht geschehen, als sei noch alles offen: »Sag mir doch, habt ihr den Acker zu diesem Preis verkauft?«[12] Gott gab ihr eine zweite Chance. Die erste hatte sie ja

---

[9] Apostelgeschichte 5,4
[10] Hebräer 12,29
[11] Hebräer 4,13
[12] Apostelgeschichte 5,8

schon verspielt, als sie mit Hananias den unseligen Plan entworfen hatte.

Eine Ehefrau soll ihrem Mann eine Gehilfin sein und Gutes tun.[13] Sie soll ihren Einfluß auf ihn nutzen, um ihm Segen zu geben. Das hatte Saphira nicht getan. Sie hatte nicht versucht, ihren Mann vor Sünde zu bewahren; im Gegenteil, sie hatte aktiv mitgemacht. Sie war mit schuld an seinem Tod.

»Jeder ist ein Sklave dessen, der ihn besiegt hat«, schreibt Petrus später (2 Petr 2,19). Ein Christ darf auch nicht die kleinste Gewohnheit einreißen lassen, von der er weiß, daß sie gegen den Heiligen Geist ist und außerhalb der wahren Freiheit in Christus liegt.

Aber auch ihre zweite Chance nutzte Saphira nicht. Sie war zu sehr in der Gewalt Satans. Ohne Zögern antwortete sie Petrus: »Ja, zu diesem Preis.«[14] Und ohne Zögern sprach Petrus: »Warum habt ihr euch verabredet, den Geist des Herrn herauszufordern?«[15] Damit brach auch Saphira tot zusammen. Die jungen Männer waren gerade rechtzeitig zurückgekehrt, um auch sie zu begraben.

Saphira und ihr Mann hatten in die Geschichte der Gemeinde eingehen wollen. Das taten sie, aber ganz anders, als sie erwartet hatten: Sie hinterließen eine Spur des Schreckens und der Bestürzung. Das Schrecklichste an ihrer Sünde war, daß sie so kaltblütig vorbereitet wurde. Sie wurden nicht von der Sünde überrollt, sie sündigten vorsätzlich und bewußt.

Saphira, deren Name wörtlich übersetzt »Die Schöne« heißt, wurde einer der ganz dunklen Flecken in der Bibel.

---

[13] Sprüche 31,12
[14] Apostelgeschichte 5,8
[15] Apostelgeschichte 5,9

»Ich bete zu Gott, daß er seinen reichen Segen über dieses Haus und über alle, die darin wohnen werden, ausgießen möge. Mögen nur rechtschaffene und weise Menschen unter diesem Dach wohnen und regieren.« *John Adams**

MARIA, DIE MUTTER DES JOHANNES MARKUS – eine Frau, die ihr Heim Gott zur Verfügung stellte

Apostelgeschichte 12,1–17 (Einh):

Um jene Zeit ließ der König Herodes einige aus der Gemeinde verhaften und mißhandeln. [2]Jakobus, den Bruder des Johannes, ließ er mit dem Schwert hinrichten. [3]Als er sah, daß es den Juden gefiel, ließ er auch Petrus festnehmen. Das geschah in den Tagen der Ungesäuerten Brote. [4]Er nahm ihn also fest und warf ihn ins Gefängnis. Die Bewachung übertrug er vier Abteilungen von je vier Soldaten. Er beabsichtigte, ihn nach dem Paschafest dem Volk vorführen zu lassen. [5]Petrus wurde also im Gefängnis bewacht. Die Gemeinde aber betete inständig für ihn zu Gott.
[6]In der Nacht, ehe Herodes ihn vorführen lassen wollte, schlief Petrus, mit zwei Ketten gefesselt, zwischen zwei Soldaten; vor der Tür aber bewachten Posten den Kerker. [7]Plötzlich trat ein Engel des Herrn ein, und ein helles Licht strahlte in den Raum. Er stieß Petrus in die Seite, weckte ihn und sagte: Schnell, steh auf! Da fielen die Ketten von seinen Händen. [8]Der Engel aber sagte zu ihm: Gürte dich, und zieh deine Sandalen an! Er tat es. Und der Engel sagte zu ihm: Wirf deinen Mantel um, und folge mir! [9]Dann ging er hinaus, und Petrus folgte ihm, ohne zu wissen, daß es Wirklichkeit war, was durch den Engel geschah; es kam ihm vor, als habe er eine Vision. [10]Sie gingen an der ersten und an der zweiten Wache vorbei und kamen an das eiserne Tor, das in die Stadt führt; es öffne-

---

* Zweiter Präsident der Vereinigten Staaten von Amerika. Spruch aus der Empfangshalle der Amerikanischen Botschaft in Den Haag.

te sich ihnen von selbst. Sie traten hinaus und gingen eine Gasse weit; und auf einmal verließ ihn der Engel.
[11] Da kam Petrus zu sich und sagte: Nun weiß ich wahrhaftig, daß der Herr seinen Engel gesandt und mich der Hand des Herodes entrissen hat und all dem, was das Volk der Juden erhofft hat. [12] Als er sich darüber klar geworden war, ging er zum Haus der Maria, der Mutter des Johannes mit dem Beinamen Markus, wo nicht wenige versammelt waren und beteten. [13] Als er am Außentor klopfte, kam eine Magd namens Rhode, um zu öffnen. [14] Sie erkannte die Stimme des Petrus, doch vor Freude machte sie das Tor nicht auf, sondern lief hinein und berichtete: Petrus steht vor dem Tor. [15] Da sagten sie zu ihr: Du bist nicht bei Sinnen. Doch sie bestand darauf, es sei so. Da sagten sie: Es ist sein Engel. [16] Petrus aber klopfte noch immer. Als sie öffneten und ihn sahen, staunten sie. [17] Er gab ihnen mit der Hand ein Zeichen zu schweigen und erzählte ihnen, wie der Herr ihn aus dem Gefängnis herausgeführt hatte. Er sagte: Berichtet das dem Jakobus und den Brüdern! Dann verließ er sie und ging an einen anderen Ort.

Es war Nacht in Jerusalem. Die Häuser und Straßen schliefen – bis auf eines, das Haus einer gewissen Maria. Aber das konnte man von außen nicht sehen; die Fenster waren sorgfältig verhüllt, so daß niemand auf der Straße den Schein der Öllampe wahrnehmen konnte.

Was ging in diesem Haus vor? Wohnten Kriminelle hier? Ganz und gar nicht. Hier waren Christen versammelt – Menschen, die Jesus Christus nachfolgten. Sie trafen sich schon seit einiger Zeit zu später Stunde in diesem Haus. Ihr früherer Versammlungsort, die Halle Salomos an der Ostseite des Tempelplatzes, war schon lange kein sicherer Platz mehr für sie.

Diese Christen waren eine bedrohte Minderheit. Eine schwere Verfolgung war hereingebrochen, und viele Gläubige waren aus Jerusalem geflohen.[1] Die Zurückgebliebenen schwebten ständig in Gefahr, verhaftet zu werden. Sie waren dankbar, daß Maria –

[1] Apostelgeschichte 8,1–3

offenbar eine wohlhabende Witwe – ihr Haus für sie geöffnet hatte. »Mein Haus ist groß genug«, hatte sie gesagt, »warum treffen wir uns nicht einfach hier?« Angst um ihr eigenes Leben schien sie nicht zu kennen; und daß das ständige Kommen und Gehen so vieler Menschen Unruhe, Arbeit und Geldausgaben bedeutete, nahm sie hin – ging es doch hier um Gottes Sache.

Maria, die Mutter des Johannes Markus, war also eine mutige und opferbereite Frau – nicht unähnlich Maria und Marta, die sich damals zu Jesus hielten, als die jüdischen Führer bereits seine Verhaftung und Hinrichtung planten.[2] Sie war ein unentbehrliches Glied in der Lebenskette der frühen Gemeinde.

Hing Marias Treue damit zusammen, daß sie eine Witwe war? Fühlte sie sich deswegen so besonders stark zu Gott gezogen? Wußte sie, daß er schon früher Witwen, die auf ihn trauten, besondere Gnade gegeben hatte? In der Bibel finden wir relativ viele Witwen, die an Gottes Sache mitarbeiten. Der Prophet Elija wurde während einer Hungersnot von einer Witwe versorgt.[3] Als das Kind Jesus zum erstenmal von seinen Eltern in den Tempel gebracht wurde, wurde es unter anderem von einer Witwe – der Prophetin Hanna – als der Messias erkannt.[4]

In dieser Nacht blieben die Gläubigen in Marias Haus länger als üblich versammelt. Der Grund dafür war ernst: Der König Herodes Agrippa I. hatte Petrus verhaften lassen.

Petrus war kein Einzelfall. Die jüdische Obrigkeit, voller Zorn über die Zeichen und Wunder, die die Apostel vollbrachten, hatte schon mehrfach Gläubige eingekerkert.[5] Und obwohl Gott schon einmal seine Diener durch einen Engel wieder aus dem Gefängnis befreit hatte, ließ der Druck auf die Christen nicht nach. Das Blut des Stephanus war vergossen worden,[5] und dieses Blut war den Feinden Christi noch nicht genug.

Überhaupt war von Herodes Agrippa absolut nichts Gutes zu erwarten. In seiner Familie hatte der Haß gegen Jesus schon

---

[2] Johannes 11,45–54; 12,1–11
[3] 1. Könige 17,7–16
[4] Lukas 2,36–38
[5] Apostelgeschichte 5,17–20
[6] Apostelgeschichte 7,57–60

Tradition: Der Kindermord seines Großvaters Herodes des Großen[7], die Enthauptung Johannes des Täufers durch seinen Vorgänger Herodes Antipas[8], dazu vor kurzem die Hinrichtung des Jakobus durch Herodes Agrippa selbst.[9] Es war klar, was Petrus bevorstand. Und so blieben die Gläubigen in dieser Nacht, die die letzte in Petrus' irdischem Leben sein würde, im Haus der Maria zusammen und beteten.

Petrus schlief derweil. Er schlief tief und fest; er hatte keine Angst vor dem nächsten Tag, an welchem er Herodes vorgeführt werden sollte. Weder die Ketten, mit denen er gefesselt war, noch die 16 Soldaten, die ihn in Schichten von je vier bewachten, raubten ihm seine Ruhe. Dafür raubten sie ihm allerdings jede Möglichkeit, aus dem Gefängnis auszubrechen oder von seinen Glaubensfreunden befreit zu werden. Herodes hatte gut vorgesorgt.

Der Weg nach außen war Petrus also versperrt. Aber der Weg nach oben war offen, da konnte auch ein Herodes nichts machen. Die Gemeinde betete inständig für Petrus zu Gott.[10] Mit dem Gebet hatte sie eine Waffe, gegen die alle menschlichen Maßnahmen machtlos waren.

Die Christen wußten, daß Jesus mehr als einmal versprochen hatte, ernsthaftes Gebet zu erhören. »Alles, was zwei von euch auf Erden gemeinsam erbitten, werden sie von meinem himmlischen Vater erhalten«[11], hatte er gesagt, und weiter: »Wo zwei oder drei in meinem Namen versammelt sind, da bin ich mitten unter ihnen.«[12] Alles, was seine Nachfolger im Gebet erbitten würden, würden sie erhalten, sofern sie nur glaubten.[13] Es galt, im Glauben zu beten und nicht nachzulassen.[14]

Die Christen im Hause Marias wußten, daß diese Verheißungen nach wie vor galten, auch jetzt, wo Jesus nicht mehr körperlich auf der Erde war. Sie wußten, daß er im Himmel für sie und ihre

---

[7] Matthäus 2,16
[8] Matthäus 14,1–12
[9] Apostelgeschichte 12,2
[10] Apostelgeschichte 12,5
[11] Matthäus 18,19
[12] Matthäus 18,20
[13] Matthäus 21,22
[14] Lukas 18,1–8

Gebete eintrat[15] und daß das inständige Gebet eines mit Jesus verbundenen Menschen viel vermochte.[16] Und so beteten sie und beteten und ließen Gott sozusagen keine Ruhe.[17] Und Gott antwortete ihnen.

Einer seiner Boten, ein Engel, kam in das Gefängnis, wo Petrus lag. Die Dunkelheit wich, die Ketten zerbrachen, die Türen öffneten sich von selbst, die Wachen hatten Schuppen auf Augen und Ohren, und nach wenigen Minuten stand Petrus als freier Mann auf der nächtlichen Straße – noch gar nicht sicher, ob er wachte oder träumte.

Er wachte. Als er seine Gedanken geordnet und Gott gedankt hatte, ging er schnurstracks zum Haus der Maria, um den erstaunten Gläubigen die Erhörung ihrer Gebete für ihn mitzuteilen. Wie hatte Jesaja doch gesagt? »Schon ehe sie rufen, gebe ich Antwort, während sie noch reden, erhöre ich sie.«[18]

Zurück zur Person Marias. Bekanntlich hatten damals viele der Gläubigen ihr Eigentum verkauft und den Erlös den Armen in der Gemeinde gegeben. Maria tat das nicht; sie behielt ihr Haus und ihr Geld. Aber sie stellte beides der Gemeinde und damit Gott zur Verfügung. Sie hatte erkannt, daß Gott jeden Menschen anders führt und daß man ihm auf verschiedene Arten dienen kann. Sie konnte Gott mit ihrem Besitz dadurch dienen, daß sie ihn verkaufte und das Geld für ihre bedürftigen Nächsten verwendete; aber sie konnte ihm auch diesen Besitz direkt zur Verfügung stellen. So ist die Gemeinde wie ein Mosaik, in welchem jeder Stein seine besondere Farbe und Form hat.

Maria, die Mutter des Johannes Markus, stand in der Tradition der Frauen, die Jesus mit dem, was sie besaßen, dienten.[19] Damit hatte sie ihren ganz besonderen, eigenen Platz im Mosaik der Kirche. Sie war für sie genauso wichtig wie andere, mehr in der Öffentlichkeit auftretende Christen. Leute wie Maria waren

---

[15] Hebräer 7,25
[16] Jakobus 5,16
[17] Jesaja 62,7
[18] Jesaja 65,24
[19] Lukas 8,3

ein Teil der Grundlage dafür, daß Petrus wieder Missionsreisen unternehmen und Wunder tun konnte.[20]

Gott hat seiner Gemeinde Apostel, Propheten und Lehrer gegeben (1 Kor 12,28), aber sie braucht auch andere Glieder. Jeder Christ hat bestimmte Gaben Gottes, die er zum Wohl der Gemeinde ausüben soll (Röm 12,4–8). Jeder Christ darf sich über seine besonderen Gaben freuen und sie für die anderen ausüben (1 Kor 14,12).

Maria hatte also ihre Funktion in der Gemeinde. Außerdem war sie aber auch die Mutter von Johannes Markus.[21] Ihr Leben als Christin beeinflußte nicht nur die Menschen außerhalb ihrer Familie, sondern auch ihren eigenen Sohn. Sie durfte miterleben – als Belohnung Gottes für ihre Treue zu Ihm –, wie auch ihr Sohn Gott diente. Johannes Markus erhielt das große Vorrecht, der Helfer von Paulus und Barnabas zu sein.[22] Später begleitete er Petrus, der ihn in einem Brief liebevoll »mein Sohn« nennt.[23] Was die Gemeinschaft mit diesen drei großen Männern des Reiches Gottes für Markus bedeutete, kann man sich leicht vorstellen.

Nach der Überlieferung reiste Johannes Markus, der Autor des Markusevangeliums, nach dem Tod des Barnabas nach Alexandrien; dort gründete er eine Gemeinde und war bis zu seinem Tod (möglicherweise Märtyrertod) um 62 n. Chr. ihr erster Bischof. Seine sterblichen Überreste wurden möglicherweise von venezianischen Soldaten um das Jahr 815 aus Alexandrien gestohlen und dann unter dem Markusdom in Venedig beigesetzt.

---

[20] Apostelgeschichte 3,6–8; 5,15
[21] Apostelgeschichte 12,12
[22] Apostelgeschichte 12,25; 13,5
[23] 1. Petrus 5,13

Die Bibel erwähnt Maria nur einmal und spricht auch dann nicht so sehr von ihr als vielmehr von ihrem Haus. Einer Legende zufolge war es übrigens das gleiche Haus, in welchem Jesus das Abendmahl mit seinen Jüngern feierte.

Den Rest ihres Lebens kennen wir nicht. Aber eines Tages wird Gottes großes »Buch der Erinnerung« – das Buch, in welchem er die Taten der gottesfürchtigen Menschen aufgezeichnet hat[24] – geöffnet werden, und dann wird zutage kommen, wieviel Maria für das Reich Gottes bedeutet hat. Schon jetzt aber ist sie ein Ansporn für jede Frau, egal ob Witwe oder nicht. An ihr sehen wir, wieviel Gutes von einer Frau ausgehen kann, die ihr Haus Gott zur Verfügung stellt.

---

[24] Maleachi 3,16

»Immer wieder erlebe ich es, daß unter den gewinnendsten Menschen, die mir begegnen, unverheiratete Missionare sind. Sie sind mit Abstand die positivsten, lebensbejahendsten Menschen, die es gibt. Es scheint, daß sie ihre ganze Energie dareinsetzen, in Jesu Namen anderen zu helfen. Wenn ich sie beobachte, bekomme ich neue Kraft.«

*Ada Lum**

PHÖBE – alleinstehend, aber nicht einsam

Römer 16,1–2 (GN):

---

1 Ich empfehle euch unsere Schwester Phöbe, die der Gemeinde in Kenchreä dient. 2 Nehmt sie im Namen des Herrn auf und begegnet ihr so, wie es unter Christen selbstverständlich ist. Gebt ihr jede Hilfe, die sie braucht. Sie selbst hat vielen Menschen geholfen, auch mir.

Phöbe, Dienerin der Gemeinde in Kenchreä (dem östlichen Hafen von Korinth) hatte ihre Reise beendet – eine lange und gefährliche Reise, die selbst Männer nicht ohne weiteres antraten. Sie war über Land und Wasser gereist. Auf den schier endlosen Bergwegen hatte sie sich Blasen an den Füßen geholt, und die Überfahrt von Mazedonien nach Italien, in einem nicht mehr ganz seetüchtigen kleinen Schiff, war eine Nervenprobe gewesen. Wie erleichtert war sie, als jetzt endlich ihr Ziel, Rom, auf seinen sieben Hügeln vor ihr lag und sie wenig später auf der Via Appia ins Zentrum der Stadt gehen konnte.

Es war um das Jahr 57 n. Chr. – eine Zeit also, in der Reisen eigentlich ein Vorrecht der Reichen war und wo die meisten Reisenden Männer waren. Es würde noch viele Jahrhunderte dauern, bis die Welt durch die modernen Transportmittel und Medien klein geworden war. Es war etwas ganz Außerordentliches, wenn eine Frau, und dazu noch allein, von Griechenland nach Rom reisen konnte; und ohne Zweifel hat diese Reise Phöbes Horizont gewaltig erweitert.

---

* Single & Human (InterVarsity Press), S. 40

Daneben führte die Reise Phöbe auch mit vielen Glaubensgeschwistern zusammen und lehrte sie so, daß sehr verschiedene Menschen Christen sein können. Das Ziel der Reise war die Christengemeinde in Rom, der Phöbe einen wichtigen Brief des Apostels Paulus zu übergeben hatte. Das Bewußtsein der Wichtigkeit dieses Auftrags hatte ihr in so mancher kritischen Situation geholfen.

Phöbe war eine alleinstehende Frau, aber sie war deswegen nicht einsam; ihr Leben war alles andere als leer. Warum? Weil sie bereit war, zu dienen, sich ihren Mitmenschen zur Verfügung zu stellen. Sie wußte: Für andere da sein, das vertreibt die Einsamkeit – besonders wenn man alleinstehend ist.

Dieses Gesetz würde Phöbe auch in Rom wieder erleben. Die Christen dort würden sie nicht wie eine Fremde behandeln. Ihr wichtigstes Gepäckstück, die Briefrolle des Paulus, enthielt eine herzliche Empfehlung und Bitte: »Gebt ihr jede Hilfe, die sie braucht.«[1] Wir spüren in diesen Worten etwas davon, wie sehr Paulus Phöbe schätzte. Schon seit langem hatte er einen Besuch in Rom geplant,[2] und jetzt nahm er über Phöbe und diesen Brief den ersten Kontakt mit den römischen Christen auf. Erst drei Jahre später würde er selbst nach Rom kommen können; bis dahin würden die dortigen Christen ihn durch die Augen Phöbes sehen.

Es war ein gewisses Risiko für Paulus, daß das Bild, das die römischen Christen sich von ihm machen würden, so sehr von der Darstellung eines anderen Menschen abhing; aber mit Phöbe konnte er dieses Risiko eingehen. Sie war eine untadelige Frau, die in Wort und Tat bewiesen hatte, daß ihr Herz für Gott brannte. Sie war fähig, seriös und vertrauenswürdig.

Der Brief des Paulus an die Römer – und von Rom aus würde die christliche Botschaft ihren Siegeszug über die Welt antreten – enthielt die bis dahin vollständigste Darstellung des Evangeliums. In ihm erklärte Paulus die Grundprinzipien der Erlösungsbotschaft. Er führte aus, wie jeder Mensch ein Sünder ist,[3] an der

---

[1] Römer 16,1–2
[2] Römer 1,13
[3] Römer 3,23

Ursünde Adams teilhat und selbst sündigt,[4] womit er den Tod auf sich zieht; ohne Gott ist der Mensch verloren.[5] Niemand kann vor dem heiligen Gott bestehen.[6] Paulus zeigte damit die dunkelste und furchtbarste Seite des Menschen und seiner Geschichte auf.

Aber er wies auch auf Gottes große Lösung und Erlösung hin: Jesus Christus, der Sohn Gottes, starb als Unschuldiger für die Schuldigen.[7] Jeder Mensch, der Jesu stellvertretendes Leiden annimmt und sich als Sünder unter seine Vergebung stellt, wird vor Gott freigesprochen.[8] Er muß nur an Jesus glauben, sein Vertrauen auf ihn setzen und sich auch vor den anderen Menschen dazu bekennen,[9] dann wird er nicht mehr den geistlichen Tod erleiden, nicht mehr von Gott getrennt sein, sondern gerettet sein. Er wird ein Kind Gottes, und der Heilige Geist wird ihm dies bestätigen und ihm eine tiefe innere Heilsgewißheit schenken.[10] In der Kraft dieses Heiligen Geistes kann der Gläubige ein neues Leben mit Gott führen.

Es war ein gewaltiger Brief, den Paulus Phöbe anvertraute. Und sie stellte sich willig zur Verfügung und war bereit, ihn den langen Weg nach Rom zu tragen.

Römer 16, 1–2 ist die einzige Stelle in der Bibel, wo Phöbe erwähnt wird. Wir wissen nichts Genaueres über ihr Leben, auch nicht, wie sie zum Glauben an Jesus Christus kam. Aber wir können wohl sicher sein, daß dieser Glaube das große Fundament und der Mittelpunkt ihres Lebens war. Sie war fest in die große neue Familie Gottes eingebunden.

In dem Ausdruck »Schwester«, mit welchem Paulus Phöbe bezeichnet, liegt eine gewisse Würde. Mitten in einer Gesellschaft, in der die Frau viel weniger galt als der Mann, entstand in den christlichen Gemeinden eine geistliche Gemeinschaft, in welcher die Frau ihren Platz als gleichberechtigtes Glied in der

---

[4] Römer 5,12
[5] Römer 6,23
[6] Römer 3,10–18
[7] Römer 5,8
[8] Römer 8,1
[9] Römer 10,9–10
[10] Römer 8,16–17; 31–39

Familie der Kinder Gottes einnehmen konnte.[11] Dies galt auch für Phöbe. Ihr Dienst in der Gemeinde Jesu war kein zweitklassiges Leben; er war Erfüllung und Vorrecht.

Wir wissen nicht, wie Phöbe im einzelnen ihren Mitmenschen half. Vielleicht öffnete sie ihr Haus für die Gemeinde, wie Lydia und Priszilla es auch taten. Vielleicht konnten Reisende bei ihr eine Herberge finden. Vielleicht gab sie einfach viel von ihrem Geld und ihren Gütern. Wie dem auch sei, sie diente Gott. In Kenchreä, das wie andere größere Häfen auch eine Bastion der Sünde war, schien Phöbe wie ein helles Licht. Genauer gesagt: Jesus Christus schien durch sie.[12] Er zeigte an ihr, wie er Menschenleben verwandeln kann.

Phöbe hatte keinen Mann, aber sie resignierte nicht. Sie bejammerte ihre Einsamkeit nicht, sondern benutzte sie, um anderen Menschen zu dienen. Sie wußte, daß gerade eine Alleinstehende, die nicht für Mann und Kinder zu sorgen hat, besonders frei für den Dienst in der Gemeinde ist. Sie benutzte diese Freiheit unter anderem dazu, Paulus, dem großen Apostel und Bruder in Christus (der ebenfalls alleinstehend war), helfend zur Seite zu stehen.

Wir wissen nicht, ob Phöbe ein regelrechtes Amt innehatte (z. B. eine Diakonisse war) oder ihren Dienst »inoffiziell« tat. Das erste könnte man vielleicht aus Paulus' Bezeichnung »Dienerin der Gemeinde« entnehmen, das letztere daraus, daß sie Paulus und anderen persönlich half. Aber wie es auch im einzelnen war – Phöbe ging es immer wieder darum, nützlich und hilfreich zu sein, für Gott und ihre Mitmenschen. Sicher ging es ihr nicht darum, einen wohlklingenden Titel und Ansehen zu haben.

Jede Frau braucht Liebe und Anerkennung. Phöbe war hier keine Ausnahme. Sie erhielt diese Liebe und Anerkennung, weil sie bereit war, sich und ihre Gaben den anderen zu geben. Sie erlebte die ganze Wahrheit dieser Worte Salomos: »Wer mit anderen teilt, wird selbst beschenkt.«[13]

Es ist nämlich eines der Gesetze des Reiches Gottes, daß ein

---

[11] Galater 3,28
[12] Johannes 8,12
[13] Sprüche 11,25

Christ, der frei und gern gibt, seine Gaben vielfältig zurückerhält. Wer freiwillig und freudig Gott dient und nicht an Hingabe und Liebe spart, wird Gottes reichen Segen erfahren. Gott liebt einen fröhlichen Geber,[14] und einen solchen Geber beschenkt er reich, so daß er noch mehr Gutes tun kann.

Die Frage ist müßig, ob uns ohne Phöbes Reisedienst der Brief des Paulus an die Römer erhalten geblieben wäre oder nicht. Gott, der Ewige, Allmächtige und Herrschende, ist bei der Überbringung seiner Botschaft nicht auf sterbliche Menschen angewiesen. Aber die Tatsache bleibt, daß er in diesem Fall Phöbe benutzte, um sein Wort zu den Römern und der Welt zu bringen.

Der Name Phöbe erscheint im Römerbrief als erster in einer langen Liste von Mitarbeitern (darunter acht Frauen).[15] Er darf uns als geistlicher Ansporn dienen und als Hinweis auf die beste Medizin gegen Einsamkeit: den Dienst.

---

[14] 2. Korinther 9,6–8
[15] Römer 16, 1–16

»Der Herr Jesus war eine lebendige Wirklichkeit für mich. Als ich noch sehr klein war, erzählte mir meine Mutter, wie sehr er die Kinder liebt und in ihren Herzen wohnen will. Schon damals muß ich ihn gebeten haben, in meines zu kommen, obwohl ich nicht mehr sagen kann, wie und wann.«

*Corrie ten Boom**

LOIS UND EUNIKE – zwei Frauen, die von der Macht des Wortes Gottes überzeugt waren

2. Timotheus 1,5 (GN):

Ich habe deinen aufrichtigen Glauben vor Augen, denselben Glauben, der schon in deiner Großmutter Loïs und deiner Mutter Eunike lebte und der nun – da bin ich ganz sicher – auch in dir lebt.

2. Timotheus 3,14–17 GN):

14 Halte dich weiterhin an die Wahrheit, die man dich gelehrt hat und von der du fest überzeugt bist. Du weißt, wer deine Lehrer waren, 15 und kennst seit deiner Kindheit die heiligen Schriften. Sie können dir helfen, den Weg zur Rettung zu gehen, der uns durch das Vertrauen auf Jesus Christus eröffnet ist. 16 Alles, was in den heiligen Schriften steht, ist von Gottes Geist eingegeben und verhilft dazu, den Willen Gottes zu erkennen, die eigene Schuld einzusehen, sich Gott wieder zuzuwenden und ein Leben zu führen, das ihm gefällt. 17 So trägt es dazu bei, daß der Mensch, der sich Gott zur Verfügung gestellt hat, zu allem Guten fähig wird.

---

* In Hem geboren (Evangelische Lektuur Kruistocht), S. 15

Apg 16,1–3 (GN):

---

[1]Paulus kam über Derbe nach Lystra. Dort lebte ein Christ mit Namen Timotheus. Seine Mutter, selbst Christin, war jüdischer Herkunft, der Vater dagegen Grieche. [2]Timotheus stand bei den Brüdern in Lystra und Ikonion in gutem Ruf. [3]Paulus wollte ihn gern als seinen Begleiter auf die Reise mitnehmen. Mit Rücksicht auf die Juden in der Gegend beschnitt er ihn; denn es war überall bekannt, daß sein Vater ein Grieche war.

Die Namen Lois und Eunike sind unzertrennlich miteinander verbunden, und zwar nicht so sehr, weil es sich hier um Mutter und Tochter handelt, sondern weil beide Frauen treue Nachfolger des Herrn Jesus waren und vor allem, weil sie ein starkes Interesse an dem Heil ihres Enkels bzw. Sohnes Timotheus hatten.

Ihre Namen kommen in der Bibel nur einmal vor, aber daraus darf man nicht den voreiligen Schluß ziehen, daß sie unwichtig waren. Eher trifft das Gegenteil zu: Ihre Namen sind für immer in die Geschichte der Gemeinde Jesu eingegangen, weil diese Frauen einen unauslöschlichen Eindruck auf den Apostel Paulus – einen der größten frühen Evangelisten und Mitverfasser des Neuen Testamentes – hinterließen.

Paulus erwähnt die Frauen in seinem zweiten Brief an Timotheus, den er um 67 n. Chr. von Rom aus schrieb. Es war eine schlechte Zeit für die Gemeinde, denn wenige Jahre vorher hatte der römische Kaiser Nero eine große Brandkatastrophe in Rom als Vorwand für grausame Christenverfolgungen benutzt. Nach der Überlieferung fiel auch Paulus dieser Verfolgungswelle zum Opfer. Aus dem Gefängnis in Rom, in welchem er auf seinen Tod wartete, schrieb er diesen Brief an Timotheus, seinen »lieben Sohn«,[1] den er bald noch einmal wiederzusehen hoffte.[2]

Paulus wußte, daß sein irdisches Leben kurz vor dem Abschluß

---

[1] 2. Timotheus 1,2
[2] 2. Timotheus 4,9

stand, daß sein Dienst fast vollendet war. Aber durch Timotheus und andere würde das von ihm begonnene Werk weitergeführt werden. In diesem Brief sollte der Mitarbeiter, der Paulus auf so vielen Reisen begleitet und den er zu so vielen Gemeinden gesandt hatte, noch einmal Anweisungen bekommen, um seine Aufgabe für den Herrn richtig ausführen zu können.

Der Grund dafür, daß Paulus so zuversichtlich schreiben konnte, daß er einen guten Kampf gekämpft habe und jetzt auf den Siegespreis warte[3], hatte auch mit Timotheus zu tun. Die geistliche Erziehung, die er diesem jungen Mann hatte angedeihen lassen, hatte bereits Frucht getragen und würde noch weiter Frucht bringen. Paulus ermahnt Timotheus in diesem Brief nochmals, das, was er vor vielen Zeugen von ihm (Paulus) gehört hat, an zuverlässige Menschen weiterzugeben, die fähig sind, es dann andere zu lehren.[4]

Es war schon fast zwanzig Jahre her, daß Paulus angefangen hatte, Timotheus geistlich zu erziehen. Er lernte ihn in Lystra kennen, zu Beginn seiner zweiten Missionsreise.[5] Seine Hingabe und Gottesfurcht fesselten Paulus; dieser Timotheus, so jung er war, hatte sowohl in der Gemeinde in Lystra als auch in Ikonium einen guten Ruf. Mit der richtigen Schulung könnte er ein sehr wertvolles Werkzeug Gottes werden. Paulus zögerte nicht lange und fing mit dieser Schulung an.

Aber es wäre falsch, einfach zu sagen, Paulus habe Timotheus zu einem reifen Christen gemacht. In gewissem Sinne erntete Paulus lediglich, was andere vor ihm gesät hatten. Denn von Kind auf war Timotheus von seiner Mutter und Großmutter in den heiligen Schriften unterwiesen worden. Schon sein Name war ein Stück Unterweisung, denn er bedeutet »Ehre Gott«.

Wir wissen nicht, wie die Erziehung des Timotheus im einzelnen vor sich ging. Insbesondere wissen wir nicht, in welcher Beziehung sein Vater zu Gott stand, außer daß er von Geburt kein Jude war. Möglicherweise starb er früh, so daß die Erziehung des Jungen bei seiner Mutter und Großmutter lag. Fest steht jedenfalls, daß

---

[3] 2. Timotheus 4,7–8
[4] 2. Timotheus 2,2
[5] Apostelgeschichte 16,1–3

Timotheus schon sehr früh im Glauben an den lebendigen Gott erzogen wurde.

Lois und Eunike dachten nicht: »Wir wollen ihm keine Religion aufdrängen; wenn er erwachsen ist, kann er sich ja selbst entscheiden« oder: »Er ist noch so jung; einem Kind kann man doch noch nicht mit der Bibel kommen.« Nein, sie nahmen jede Gelegenheit wahr, Timotheus mit dem Wort Gottes zu konfrontieren. Und sie ließen es dabei nicht bei der Theorie bewenden; Tag für Tag zeigten sie ihm durch ihren Lebenswandel, wie der Glaube praktisch umgesetzt wird. Dies war nicht ohne Einfluß auf seinen Charakter.

Wir wissen nicht, wie früh diese Unterweisung im eigentlichen Sinne »christlich« genannt werden konnte. Dies hängt davon ab, zu welchem Zeitpunkt die beiden Frauen die Botschaft von dem Messias Jesus hörten und glaubten. Aber zumindest mit dem Alten Testament wurde Timotheus von Kind auf vertraut gemacht.

Aber durch all diese Erziehung und all diese Kenntnisse über Gott wurde Timotheus natürlich nicht automatisch gerettet. Er mußte das, was er glaubte und wußte, auch in die Praxis umsetzen und sich persönlich für Christus entscheiden. Wie Paulus selbst, so mußte auch er im Glauben für sich annehmen, daß Jesus in die Welt gekommen ist, um Sünder zu retten,[6] und daß er (Timotheus) einer dieser Sünder war. Er mußte anerkennen, daß Jesus gestorben, begraben und von den Toten auferstanden war,[7] und daß er sein persönlicher Retter und Herr sein wollte.

Auch bei Timotheus zeigte sich, daß Gottes Wort nicht leer zurückkommt, sondern das ausführt, was Gott ihm aufträgt.[8] Timotheus bekehrte sich wohl unter dem Einfluß der Predigt des Paulus, möglicherweise schon während des ersten Besuches des Paulus in Lystra.[9] Paulus nennt ihn in scinen Briefen mehrfach seinen »Sohn« (Sohn im Glauben).[10]

---

[6] 1. Timotheus 1,15; Apostelgeschichte 16,31
[7] 1. Korinther 15,1–4
[8] Jesaja 55,11
[9] Apostelgeschichte 14,6–7
[10] 1. Korinther 4,17; 1. Timotheus 1,2

Timotheus wurde zunächst ein Christ und dann ein aktiver Botschafter an Christi Statt,[11] der den Menschen unermüdlich das Evangelium, die Gute Nachricht von Jesus Christus, verkündigte.[12] Damit gewann sein Leben einen ewigen Wert. Von ihm konnte man wahrhaftig sagen, daß er ein verständiger Mann war, der strahlte wie die Sterne am Himmel und der viele zum rechten Tun führte.[13]

Kann die Erziehungsarbeit einer Mutter oder Großmutter reichere Frucht bringen? Wie dankbar müssen Lois und Eunike gewesen sein, als Timotheus zum Prediger des Evangeliums wurde!

Wir dürfen dabei nicht meinen, daß dieser Dienst für Timotheus nur lauter Sonnenschein bedeutete. Timotheus war noch sehr jung, als er der Begleiter des Paulus wurde, und schwere Aufgaben warteten auf ihn. Die langen Reisen und der sonstige Streß waren eine harte Belastung für seine von Natur aus schwache körperliche Konstitution[14] und seinen sensiblen Charakter. Um diesen Belastungen gewachsen zu sein, brauchte er das Wort Gottes Tag für Tag. Es war ihm Trost, Stärke, Orientierung, Leitung, Erziehung und Weisheit. Das Wort, das Timotheus schon so früh in seinem Leben lieben und befolgen gelernt hatte, würde ihn stärken und ihm das nötige Werkzeug sein, um auch andere Menschen die Wahrheiten Gottes zu lehren.

Und so setzte die Glaubenserziehung der Eunike und Lois eine Art geistliche Kettenreaktion in Gang. Nachdem Timotheus zum Glauben gekommen war, führte er seinerseits viele andere Menschen zu Gott, und sicher wurden viele von diesen ihrerseits zu Predigern des Evangeliums. Im übrigen blieb Timotheus seinem großen Lehrer Paulus bis zu dessen Tod treu. Die Tatsache, daß Paulus Timotheus in seinem letzten Brief bittet, nach Rom zu kommen und in seinen letzten Stunden auf dieser Erde bei ihm zu sein,[15] zeigt dieses Band der Treue sehr deutlich.

---

[11] 2. Korinther 5,20
[12] 2. Timotheus 4,5
[13] Daniel 12,3
[14] 1. Timotheus 5,23
[15] 2. Timotheus 4,9

Eunike und Lois ahnten sicher nichts davon, welche großen Pläne Gott für ihren Timotheus hatte. Die Christin Monika wußte nicht, welche Rolle ihr Sohn Augustinus einmal in der abendländischen Kirchengeschichte spielen würde. Die Mutter von Billy Graham hätte sich nicht träumen lassen, daß so viele Menschen unter dem Einfluß der Predigten ihres Sohnes zum Glauben finden würden. Gott hat wunderbare Überraschungen und Segnungen bereit für die Menschen, die ihre Verwandten in seine Obhut geben.

Lois und Eunike stehen als zwei Frauen vor uns, die fest von der Macht des Wortes Gottes und seinem Einfluß auf die menschliche Seele überzeugt waren und die mit Liebe und Geduld ihren Kindern dieses Wort nahebrachten.

ANHANG: Praktische Hinweise

Die am Schluß dieses Buches aufgeführten *Fragen zur Vertiefung* zu jedem Kapitel sollen als Starthilfe für das persönliche Bibelstudium dienen. Sie können aber auch in Gruppen besprochen werden. Ich persönlich habe, wie viele meiner Freunde auch, die Erfahrung gemacht, daß es kein fruchtbareres Gespräch über die Bibel gibt, als wenn man sich in einer kleinen Gruppe darüber austauscht, was einem dieser oder jener Abschnitt persönlich zu sagen hat. Für alle Leser, die diese Meinung teilen oder auch diese Behauptung prüfen wollen, füge ich im folgenden Hinweise für das Abhalten von Bibelkreisen bei.

Wie hält man einen Bibelkreis ab? Hinweise für die Teilnehmer

1. Beginnen Sie mit einer kleinen Gruppe. Die ideale Teilnehmerzahl liegt zwischen 6 und 10; die Gruppe ist dann groß genug für ein interessantes Gespräch, aber andererseits so klein, daß sie überschaubar ist und jeder etwas beitragen kann. Wird die Gruppe zu groß, dann teilen Sie sie einfach.

2. Einigen Sie sich von Anfang an darüber, wann und wie oft Sie zusammenkommen wollen. Viele Leute haben Bedenken, sich auf unbestimmte Zeit auf einen solchen Kreis einzulassen. Legen Sie also z. B. fest, daß Sie sich fünfmal Donnerstagabends um 19 Uhr treffen wollen. Besteht danach der allgemeine Wunsch, weiterzumachen, können Sie sich erneut auf eine bestimmte Zahl von Sitzungen einigen.

3. Ein Bibelkreis ist dazu da, daß man über die Bibel spricht – und nicht über den letzten Urlaub oder die neuesten Strickmoden. Solchen Abschweifungen kann man gut dadurch vorbeugen, daß jeder Teilnehmer das Thema der Sitzung zu Hause für sich vorbereitet. So kann sich ein fruchtbarer Austausch über die

verschiedenen persönlich gewonnenen Entdeckungen und Lehren entwickeln.

4. Helfen Sie einander, das Gelernte auch in die Praxis umzusetzen. Es ist viel wichtiger, in seinem geistlichen *Leben* zu wachsen, als bloßes *Wissen* anzusammeln. Jeder Teilnehmer sollte sich in jeder Sitzung der Frage stellen: »Wie kann das, was ich heute gelernt habe, mein Leben verändern?«

5. Versuchen Sie eisern, an jedem der vereinbarten Treffen teilzunehmen. Fehlen Sie nur dann, wenn das absolut nicht anders geht, und arbeiten Sie auch dann den betreffenden Abschnitt zu Hause durch.

6. Sie sind Mitglied einer Gruppe. Das heißt einerseits: Beteiligen Sie sich am Gespräch; lassen Sie sich nicht von Schüchternheit oder Mangel an Wissen oder Erfahrung abhalten. Das heißt andererseits: Hüten Sie sich davor, die Gruppe zu »beherrschen« und sich selbst zur Schau stellen zu wollen.

Hinweise für den Leiter

1. Nehmen Sie sich genügend Zeit für Ihr eigenes Bibelstudium.

2. Bereiten Sie sich auf die Zusammenkünfte vor. Schreiben Sie die Punkte, die Sie behandeln wollen, und die Reihenfolge, in der dies geschehen soll, auf. Formulieren Sie Fragen.

3. Halten Sie keine Predigt. Stellen Sie lieber Fragen, die dann das Gespräch leiten können. Die wenigsten Bergsteiger mögen es, wenn der Bergführer sie auf den Gipfel trägt. Lassen Sie die anderen Teilnehmer »mitklettern«. Reden Sie nicht zuviel; achten Sie darauf, daß jeder Teilnehmer beim Gespräch mitmachen kann.

4. Die Fragen sollten zu echtem Nachdenken anregen. Vermeiden Sie Fragen, die man einfach mit »ja/nein« beantworten

kann. Mindestens bei einigen der Fragen sollte es um die praktische Anwendung der Bibel im täglichen Leben gehen.

5. Legen Sie von vornherein fest, wie lange die Zusammenkünfte dauern und wie die Teilnehmer sitzen sollen (ein Kreis ist gewöhnlich die beste Sitzanordnung). Beginnen und schließen Sie pünktlich! Behalten Sie unauffällig die Uhr im Auge.

6. Beten Sie – für sich und für jedes Glied der Gruppe. Bitten Sie Christus, daß er durch sein Wort zu jedem Anwesenden sprechen und ihn durch seinen Heiligen Geist für die Bedürfnisse und Nöte der anderen aufschließen möge. Gebet führt zu Hingabe und Eifer, und dies brauchen Sie unbedingt, wenn das Gruppengespräch ein Erfolg sein soll.

Diese Hinweise sind nicht auf eine bestimmte Spezialart von Bibelkreis oder Thema beschränkt. Sie gelten nicht nur für das Studium biblischer Gestalten, sondern auch z. B. für das Gespräch über Bücher oder Themenkreise der Bibel. Wenn Sie für solche Studien praktische Anleitungen benötigen, möchte ich Sie auf die Studienhefte der Navigatoren verweisen, die sich in der Praxis bewährt haben.

Beispiel: Ein Gruppengespräch über Hagar

1. Jeder der Teilnehmer sollte gut vorbereitet sein. Während des Gespräches darf man gerne Notizen machen.

2. Legen Sie von vornherein fest, daß Sie nur über das biblische Thema bzw. eng damit verbundene Fragen reden werden.

3. Zentrum des Gesprächs ist immer die Bibel. Fragen Sie immer: »Was sagt die Bibel über dieses Thema?«

4. Der Erfolg des Gesprächs hängt nicht zuletzt daran, wie der Leiter es beginnt und führt und welche Fragen er stellt. Es gibt u. a. folgende vier Typen von Fragen:

a) Fragen zur thematischen Gliederung
b) Fragen zur Belebung des Gesprächs
c) Fragen zur Klärung und Vertiefung des Themas
d) Fragen zur praktischen Anwendung des Gelernten

5. Beispiele für diese vier Fragetypen (Thema: Hagar):
   a) Fragen zur thematischen Gliederung:
      1. Was können wir hier über Hagar lernen?
      2. Welche Folgen hatte Saras Eigensinn?
      3. Was lernen wir hier über das Thema »Gehorsam«?
      4. Wie können wir Christi Liebe auf unsere eigenen Nöte anwenden?

Durch geschickt gewählte Fragen dieser Art kann sich ein lebendiges Gespräch entwickeln. Es ist sinnvoll, jeden Punkt kurz noch einmal zusammenzufassen, bevor man zum nächsten übergeht.

   b) Fragen zur Belebung des Gesprächs:
      1. Hat jemand noch was anderes entdeckt?
      2. Können wir hier vielleicht noch etwas sehen?
      3. Möchte dazu noch jemand was sagen?

Richten Sie auch diese Fragen jeweils an die ganze Gruppe, nicht an eine bestimmte Einzelperson. So entsteht ein offenes Gespräch, an dem sich jeder beteiligen kann.

   c) Fragen zur Klärung und Vertiefung des Themas:
      1. Was heißt es, Gott zu gehorchen?
      2. Was war Hagars Hauptfehler?

Wählen Sie solche Fragen, die dieser besonderen Gruppe am meisten helfen. Wo zur Beantwortung Bibelstellen wichtig sind, sollten Sie diese angeben können (falls nicht jemand anders auf sie kommt). Stellen Sie diese Fragen dort, wo sie thematisch hingehören (in unserem Beispiel unter Abschnitt 5.a.3).

   d) Fragen zur praktischen Anwendung des Gelernten:

1. Welches ist wohl die wichtigste Lehre, die man aus dieser Geschichte ziehen kann?
2. Was hat dies für unser persönliches Leben zu sagen?

Solche Fragen stehen gewöhnlich ziemlich am Ende des Gesprächs. Jeder Teilnehmer sollte in der Lage sein, seine persönliche Antwort zu geben.

Bei allen Fragen sollten Sie an die folgenden Leitworte denken Was? Wie? Warum? Wann?

6. Teilen Sie sich Ihre Zeit gut ein, damit sichergestellt ist, daß jeder Teil des Themas gebührend behandelt wird. Für besonders wichtige Punkte sollte eine gewisse »Zeitreserve« zur Verfügung stehen.

7. Schüchterne Teilnehmer sollte man behutsam (ohne abschreckendes Drängeln) zu eigenen Beiträgen ermutigen. Es kann z. B. helfen, sie einen Bibelvers lesen zu lassen. Wo dagegen ein Teilnehmer zu viel redet und am liebsten das Gespräch »beherrschen« möchte, muß man versuchen, auch andere zu Wort kommen zu lassen – z. B. durch eine Frage wie »Was denken denn die anderen hierzu?«. Manchmal muß man den »Dauerredner« unter vier Augen bitten, auch die anderen zu Wort kommen zu lassen. – Beginnt das Gespräch vom Thema abzuweichen, kann man z. B. sagen: »Darüber sprechen wir am besten weiter, wenn wir fertig sind« oder, in schweren Fällen: »Zurück zum Thema! Wir hatten uns doch vorgenommen, uns nicht ablenken zu lassen.«

8. Die praktische Anwendung des Gelernten ist der wichtigste Punkt des Gesprächs. Planen Sie soviel Zeitreserve ein, daß jeder Teilnehmer auf die entsprechenden Fragen (in unserem Beispiel d) 1. und 2.) antworten kann. Eine mögliche Antwort im Gespräch über Hagar ist z. B.: »Ich muß mir immer vor Augen halten, daß Jesus mich liebt und sich um mich kümmert. Ich muß ihm ganz vertrauen und ihm alles sagen, was ich an Problemen habe oder worüber ich mich freue.«

9. Falls Sie die Bibelstunde mit einer Gebetsgemeinschaft beenden, sollte auch das Thema der Stunde im Zentrum der Gebete stehen. Beten Sie z. B. dafür, daß es Ihnen gelingen möge, die Lehren des Abends in Ihrem Leben anzuwenden. Zwingen Sie niemanden zu Gebetsbeiträgen. Beten Sie kurz (lange Monologe wirken lähmend). Wer es nicht fertigbringt, selbst laut zu beten, kann vielleicht einfach das »Amen« sagen. In dem Maße, in welchem die Glieder der Gruppe offener zueinander werden, kann auch das Gebet offener werden (persönliche Fürbitte).

10. Beenden Sie die Sitzung mit dem Hinweis, daß am Anfang des nächsten Treffens Gelegenheit sein wird, die Erfahrungen, die man bei der Umsetzung des gerade Gelernten in die Praxis gemacht hat, weiterzugeben.

Nach diesen Richtlinien können Gruppengespräche über jedes beliebige Kapitel aus diesem Buch bzw. seinem Vorgängerband geführt werden.

Fragen zur Vertiefung

Im folgenden werden für jede der in diesem Buch behandelten Frauengestalten Leitfragen gegeben, die als Starthilfe für das persönliche Bibelstudium bzw. für Gruppengespräche gedacht sind. Ihre Beantwortung setzt die Lektüre des jeweiligen Kapitels, mindestens aber der entsprechenden Bibelabschnitte voraus.

Hagar

1. Geben Sie in Ihren eigenen Worten die in Richter 13,3–14 aufgezeichnete Geschichte wieder. Welche Ähnlichkeiten mit Hagar sehen Sie hier?
2. Die Bibel erwähnt noch andere Erscheinungen des Engels des Herrn (Genesis/1 Mo 32,24–30; Jos 5,13–15; Ri 6,11–24). Wie haben dort die Betroffenen reagiert? Vergleichen Sie die Reaktionen mit der Hagars!
3. Wie tief hat Jesus Christus sich gegenüber uns Menschen gedemütigt? (Phil 2,5–11)
4. Zu welchem Zweck kam Christus auf die Erde?
5. Welche Haltung sollten wir zueinander einnehmen? Warum? (1 Petr 5,5–6)
6. Haben Sie auch schon erfahren, daß Jesus Christus an Ihrem Leben Anteil nimmt? Wenn ja, nennen Sie ein Beispiel.

Lots Frau

1. Geben Sie in eigenen Worten eine kurze Zusammenfassung des Lebens der Frau Lots. (Vgl. dazu auch Genesis/1 Mo 13,5–13.)
2. Worin bestand die Sünde der Bewohner Sodoms? (Vgl. dazu auch Jud 7 und 2 Petr 2,6–8.)
3. Was fällt Ihnen in Verbindung mit der Gnade, die Gott Lots Frau anbot, auf? (Siehe auch Ijob/Hi 33,14.17–18; 2 Kor 6,1.)

4. Was ist wohl die Sünde, die Lots Frau das Leben kostete?
5. Betrachten Sie die Geschichte im Lichte von Hebräer 2,1–3. Zu welchem Ergebnis kommen Sie dann?
6. Welches Prinzip haben Sie persönlich aus dieser Geschichte gelernt, und wie kann dieses Prinzip in Ihrem Leben fruchtbar werden?

Rahel

1. Schreiben Sie auf, was Sie hier über das menschliche Herz gelernt haben.
2. Was zeigt uns die Bibel über Rahels Herz?
3. Welches ist für Sie die auffallendste Eigenschaft Rahels?
4. Wie hätte Rahels Leben einen positiveren Einfluß ausüben können?
5. Hat Rahels Leben Ihrer Meinung nach zu irgendwelchen Segnungen geführt? Wenn ja, zu welchen?
6. Können Sie mit dem, was Sie hier über Rahel gelernt haben, sich selbst oder den Menschen in Ihrer Umgebung helfen? Wie?

Lea

1. Was fällt Ihnen an Leas Leben am meisten auf?
2. Wenn Sie an Leas Stelle gewesen wären – wie hätten Sie auf die Probleme ihrer Situation reagiert?
3. Fertigen Sie eine Liste der Namen der Söhne Leas an. Was bedeuten die einzelnen Namen? Was finden Sie dabei am beeindruckendsten? (Benutzen Sie ein Bibellexikon als Hilfe.)
4. Welche warnenden Lehren können Sie aus Leas Leben ziehen?
5. Welche Punkte in Leas Leben sind für Sie ermutigend?
6. Wie und wo kann Leas Leben und die Lehren, die es bietet, sich auf Ihr Alltagsleben auswirken?

Dina

1. Vergleichen Sie Genesis/1 Mo 34,1–3 mit Genesis 12,14–20; Genesis 20,1–18; Genesis 26,7–11. Vergleichen Sie die Lage, in der Sarai und Rebekka waren, mit der Dinas.
2. Welchen Gefahren setzte Dina, als hebräisches Mädchen, sich aus, als sie so allein in die Stadt Sichem ging?
3. Stellen Sie kurz, aber vollständig dar, welche Folgen Dinas Ausflug für sie und für die anderen Menschen hatte.
4. Warum ist Gott so streng in bezug auf Jungfräulichkeit? (Deuteronomium/5 Mo 22,13–24)
5. Welches ist für Sie die wichtigste Lehre in dieser Geschichte?
6. Können Sie eine Lehre aus dieser Geschichte auf Ihr tägliches Leben anwenden? Wie?

Tamar

1. Lesen Sie die Geschichte der Töchter Zelofhads (Numeri/4 Mo 27,1–11; Numeri 36). Was war die Ursache und was war das Ergebnis ihrer Forderung? Welche Beziehung sehen Sie zwischen dieser Situation und der Tamars?
2. Sehen Sie zwischen Tamar und der Aussage, die in Jesaja 53,10 über Christus gemacht wird, irgendeinen Bezug? Wenn ja, welchen?
3. Studieren Sie die Geschichte von Juda und Tamar im Lichte von Römer 2,1–2. Zu welchem Ergebnis kommen Sie?
4. Welches sind die fünf Frauen in der Abstammungslinie Jesu in Matthäus 1,1–17? Was wissen Sie über diese Frauen?
5. Welches Licht wirft es auf Jesus, daß diese Frauen in seinem Stammbaum enthalten sind?
6. Welches ist für Sie unter den vielen biblischen Prinzipien, die diese Geschichte illustriert, das wichtigste? Wie können Sie es auf Ihr persönliches Leben anwenden?

Jochebed

1. Warum werden die Eltern des Mose in der Liste der Glaubenshelden im Hebräerbrief (Hebr 11,23) aufgeführt?
2. Was ist nach Hebräer 11,1 Glauben? Wie zeigt sich dieser Glaube im Leben Jochebeds?
3. Betrachten Sie Jochebeds Leben im Lichte von Genesis/1 Mo 50,20 und Römer 8,28! Wie bewahrheiten sich diese Verse bei Jochebed?
4. Analysieren Sie die Situation, in der Jochebed war; mit welchen »Feinden« hatte sie es im einzelnen zu tun?
5. Welche dieser »Feinde« wurden zu »Freunden«?
6. Gibt es auch in Ihrem Leben Schwierigkeiten, die durch Gottes Kraft und Gnade zu »Freunden« werden könnten? Wenn ja, welche?

Debora

1. Analysieren Sie das Leben Deboras. Welche positiven Eigenschaften zeigt sie?
2. Hat sie auch negative Züge? Wenn ja, welche?
3. Was lernen wir aus Deboras Siegeslied (Ri 5) über ihr Gottesbild?
4. Inwieweit betont sie in diesem Lied andere Menschen und inwieweit sich selbst?
5. Schreiben Sie alles auf, was Sie über die Zusammenarbeit zwischen Debora und Barak herausfinden können. Was beeindruckt Sie am meisten?
6. Welche Prinzipien für Ihr Leben haben Sie aus dieser Geschichte gelernt? Wie können Sie sie in die Tat umsetzen?

Delila

1. Betrachten Sie Delilas Leben im Lichte von Sprüche 5,1–11. Welche der dort erwähnten negativen Dinge treffen auf Delila zu?

2. Gibt es Ihrer Meinung nach irgendwelche (guten oder schlechten) Eigenschaften bei Delila, die in Sprüche 5,1–11 nicht erwähnt werden? Wenn ja, nennen Sie sie.
3. Schreiben Sie auf, welche Folgen Delilas Taten hatten. Welche dieser Folgen wiegt am schwersten?
4. Wie sehen *Sie* Delilas Leben?
5. Welche Lehren bzw. Warnungen können Sie aus ihrem Leben ziehen?
6. Wie können Sie diese Lehren in Ihrem Leben anwenden?

Noomi

1. Schreiben Sie eine kurze Biographie von Noomi.
2. Welche guten und welche negativen Seiten zeigt ihr Leben?
3. Warum war Noomi eine so gute Schwiegermutter?
4. Analysieren Sie die Aussagen, die Noomi über Gott macht. Welche Folgerungen können Sie aus ihnen ziehen?
5. Was hat Ihrer Meinung nach Noomis Leben am meisten beeinflußt?
6. Welche Eigenschaften von Noomi würden Sie in Ihrem eigenen Leben auch gern entwickeln? Wie können Sie das tun?

Orpa

1. Welche Ähnlichkeiten sehen Sie zwischen Orpa und Rut?
2. Was ist der Hauptunterschied zwischen ihnen?
3. Welche Worte der Rut drücken diesen Unterschied am klarsten aus?
4. Erklären Sie kurz, welchen Einfluß Rut und Orpa auf die Heilsgeschichte gehabt haben.
5. Studieren Sie Orpas Leben im Licht von Maleachi 3,16–18 und Offenbarung 20,12–15; zu welchem Ergebnis kommen Sie?
6. Was haben Sie aus der Geschichte Orpas über das Problem, Entscheidungen zu treffen, gelernt? Nennen Sie eine konkrete Situation, in welcher diese Geschichte Sie beim Treffen einer wichtigen Entscheidung beeinflussen könnte.

Rut

1. Welcher Aspekt von Ruts Leben hatte den größten Einfluß auf sie?
2. Wie kam es Ihrer Meinung nach dazu, daß Ruts Leben eine so glückliche Wendung nahm?
3. Listen Sie auf, welche Tugenden Rut zeigt; welche sind für Sie die wichtigsten?
4. Untersuchen Sie ihre Beziehung zu Boas. Glauben Sie, daß Gott die beiden zusammenführte? Wenn ja, warum? Sehen Sie in dieser Geschichte die Grundlagen für eine glückliche Ehe illustriert? Begründen Sie Ihre Antwort.
5. Inwieweit kann Ruts Leben Menschen, die durch Leiden gehen, ein Trost sein?
6. Fassen Sie zusammen, welche Lehren Sie aus dieser Geschichte gelernt haben. Überlegen Sie betend, welche dieser Lehren Sie jetzt in Ihrem Leben anwenden sollten.

Michal

1. Untersuchen Sie sorgfältig die Ehe Davids mit Michal. Welche Unterschiede finden Sie zwischen den Ehepartnern?
2. Betrachten Sie diese Unterschiede noch einmal, im Lichte von 2. Korinther 6,14—15. Was war wohl der größte Unterschied?
3. In 1. Samuel 18,20 und 18,28 lesen wir, daß Michal ursprünglich David liebte. Wenn wir aber die biblische Definition von »Liebe« (1 Kor 13,4–7) betrachten, liebte Michal David in ihrer Ehe dann wirklich?
4. Lesen Sie 1. Samuel 19,13–17 und Psalm 59 und vergleichen Sie Davids und Michals Beziehung zu Gott.
5. Welche Prinzipien über die Ehe haben Sie aus dieser Geschichte gelernt?
6. Sie finden in dieser Geschichte viel über Treue und Hingabe (bzw. Mangel an beidem). Wie können Sie dies auf Ihr persönliches Leben anwenden?

Abigajil

1. Nennen Sie einige Haupteigenschaften von Abigajil.
2. Was imponiert Ihnen an ihrer Haltung gegenüber Nabal?
3. Woran zeigt sich, daß Abigajil »Weisheit von oben« (Jak 3,17) besaß?
4. Salomo weiß viel darüber zu sagen, wie man weise wird (siehe Spr 1,7; 2,1–6; 9,10). Welches sind nach ihm die Stufen auf dem Weg zur Weisheit?
5. Welche Quellen göttlicher Weisheit gab es zur Zeit Abigajils noch nicht, dafür aber heute für uns?
6. Was ist das wichtigste Gesetz, das Sie von Abigajil gelernt haben? Wie wird es Ihr Leben beeinflussen?

Batseba

1. Was sagt die Bibel an Positivem (z. B. Apg 13,22; 2 Sam 5,10) und an Negativem (z. B. 1 Kö 15,5; 2 Sam 12,10) über David?
2. Glauben Sie, daß David der Alleinschuldige in dieser Affäre war? Warum bzw. warum nicht?
3. Hätte Batseba etwas tun können, um Davids Sünde zu verhindern? Wenn ja, was?
4. Was waren im einzelnen die Folgen dieser Sünde? (Lesen Sie dazu auch 2 Sam 12,1–14.)
5. Untersuchen Sie die Geschichte von David und Batseba im Lichte von Jakobus 1,14-15. Wie kam es zu ihrer Sünde?
6. Was ist für Sie persönlich die dringendste Lehre aus dieser Geschichte? Wie können Sie sie in Ihrem Leben anwenden?

Isebel

1. Analysieren Sie das Leben Isebels und listen Sie ihre Eigenschaften auf. (Vgl. dazu auch 1 Kö 16,31 u. 21,17–29; 2 Kö 9,30–37.)
2. Vergleichen Sie Isebels Verhalten mit den in Galater 5,19–21

beschriebenen »Werken des Fleisches«. Zu welchem Ergebnis kommen Sie?
3. Vergleichen Sie Sprüche 1,20–31 mit Isebels Leben und beschreiben Sie, wie Gott sich um sie bemüht hat.
4. Wie reagierte sie auf Gottes Anruf?
5. Was sagt uns 1. Könige 21,25 über Ahab?
6. Welche Lehren haben Sie aus dieser Geschichte gezogen, und wie werden Sie sie in Ihrem Leben anwenden?

Hulda

1. Welche doppelte Aufgabe hatte Hulda?
2. Warum wählte Gott Hulda, um sein Gericht anzukündigen? Woran merkte man, daß sie im Namen Gottes sprach?
3. Welche Anweisungen gibt Gott in Deuteronomium (5 Mo) 17,18–19 den israelitischen Königen?
4. Welche Einstellung zu seinem Gesetz erwartete Gott von seinem Volk (Deuteronomium/5 Mo 6,6–9; 30,14)?
5. Was änderte sich in Israel, als Hulda gesprochen hatte?
6. Wie wirkt sich Gottes Wort in Ihrem Leben aus? Gibt es vielleicht Dinge, die Sie jetzt, wo Sie das Leben Huldas betrachtet haben, ändern wollen bzw. sollten?

Herodias

1. Warum suchte Herodias Johannes zu töten? Welche Methoden benutzte sie, um ihr Ziel zu erreichen?
2. Wie wirkte sich der böse Einfluß der Herodias auf ihren Mann und ihre Tochter aus?
3. Wie hätte das Leben der Herodias sich ändern können, wenn sie auf die Mahnungen des Täufers gehört hätte?
4. Welche Sünden beging Herodias im einzelnen? Welche dieser Sünden war Ihres Erachtens die schwerste? Warum?
5. Lesen Sie Deuteronomium (5 Mo) 30,9-10 und 2. Chronik 7,14. Was sind demnach die Voraussetzungen für Gottes Hilfe und Segen?

6. Kommt es auch in Ihrem Leben vor, daß Sie nicht auf Gottes Weisung hören und damit eines Segens verlustig gehen?

Salome

1. Formulieren Sie Salomes Bitte an Jesus mit eigenen Worten um.
2. Welche Motive standen wohl hinter dieser Bitte?
3. Wie reagierte Jesus auf ihre Bitte?
4. Welche Eigenschaften und Erfahrungen haben im Reich Gottes den höchsten Wert?
5. In der Randanmerkung zum Thema »Leiden« habe ich auf 2. Korinther 4,17-18 und auf Philipper 1,29 verwiesen. Lesen Sie diese Bibelstellen; was haben sie Ihnen zu sagen?
6. Haben Sie durch diese Geschichte neue Einsichten in Gottes Wort bekommen? Wenn ja, was haben Sie gelernt und wie können Sie das Gelernte in Ihrem Leben in die Tat umsetzen?

Maria Magdalena

1. Beschreiben Sie, in welcher Lage Maria war, bevor sie Jesus begegnete (Lk 8,2).
2. Studieren Sie Markus 5,1-13 und 9,17-27. Wie verhielten sich besessene Menschen?
3. Was ist die Hauptgefahr für jemanden, der von Besessenheit geheilt worden ist? (Lk 11,24-26)
4. Was änderte sich an der Einstellung Marias, als sie Jesus begegnet war?
5. Welche Vorrechte wurden Maria Magdalena zuteil?
6. Nennen Sie einige ihrer vor Gott positiven Eigenschaften. Gibt es in Ihrem Leben Dinge, die durch Gottes Kraft gereinigt werden müssen? Welche?

Saphira

1. Nennen Sie einige der Eigenschaften der damaligen Gemeinde.
2. Was ist für Sie die auffallendste Eigenschaft dieser frühen Gläubigen?
3. Wie haben diese Gläubigen das Leben von Hananias und Saphira beeinflußt?
4. Untersuchen Sie Saphiras Haltung gegenüber ihrem Ehemann im Lichte von Sprüche 31,12. Zu welchem Ergebnis kommen Sie?
5. Welchen Einfluß hatte Saphiras und Hananias' Tod auf die damaligen Christen?
6. Welche Lehre aus dieser Begebenheit können Sie auf Ihr eigenes Leben anwenden?

Maria, die Mutter des Johannes Markus

1. In welcher Hinsicht folgte Maria dem Beispiel anderer Frauen, die Christus dienten? (Lk 8,3)
2. In der Bibel werden noch andere Frauen erwähnt, die ihr Heim Gott zur Verfügung stellten. Wie dienten sie Gott? (Vgl. 1 Kö 17,10-22; 2 Kö 4,8-11.)
3. Für welche Zwecke stellte Maria ihr Haus zur Verfügung? Was war das Ergebnis ihrer Gastfreundschaft?
4. Was für eine Einstellung hatte Maria gegenüber ihrem Besitz?
5. Wie wäre Ihnen zumute, wenn in einer Verfolgungszeit ein Christ zu Ihnen käme und um Unterkunft und Schutz bäte? Was gab Maria den Mut, selbst ihre Freiheit und ihr Leben zu riskieren?
6. Lesen Sie Matthäus 18,19-20. Wie können Sie *Ihr* Heim zum Besten des Reiches Gottes einsetzen?

Phöbe

1. Formulieren Sie in eigenen Worten die Beschreibung der Phöbe durch Paulus um. – Wenn Sie dann die Fragen 2 – 6 beantwor-

ten, formulieren Sie einige Grundprinzipien des Evangeliums, wie sie im Römerbrief stehen. Fügen Sie selbst weitere Bibelstellen als Beleg bei.

2. Studieren Sie Römer 3,10-18.23 und 6,23. a) Wer hat demnach gesündigt? b) Was ist die Strafe für die Sünde?
3. Wie kann man die Vergebung seiner Sünden erlangen? (Siehe Röm 5,8; 8,1.)
4. Welche Bedingungen muß man nach Römer 10,9-11 erfüllen, um der Erlösung in Christus teilhaftig zu werden?
5. Woran merkt ein Christ, daß er in der Tat ein Kind Gottes ist (Röm 8,16-17)?
6. Stellen Sie sich die folgenden Fragen: Bin ich im Lichte der obigen Tatsachen ein Kind Gottes? Wenn ja, was tue ich, um dies anderen zu zeigen und ihnen die Erlösungsbotschaft zu bringen? Wenn nein, wie kann ich dann ein Kind Gottes werden? (Siehe Joh 1,12; 3,16; 14,6; 1 Jo 5,11-12.)

Lois und Eunike

1. Inwieweit wurde Timotheus durch seine Mutter und Großmutter geistlich beeinflußt?
2. Wann lernte Timotheus die heiligen Schriften kennen? Wie benutzte er diese Kenntnis?
3. Wie hilft nach 2. Timotheus 3,16-17 die Heilige Schrift den Menschen, Diener Gottes zu werden?
4. Wie diente Timotheus Gott? (Vorschlag: Gehen Sie die entsprechenden Stellen in der Apostelgeschichte und den Briefen des Paulus durch und erstellen Sie so ein Porträt des Timotheus.)
5. Was lernen Sie von Lois und Eunike bezüglich der Unterweisung anderer im Wort Gottes?
6. Listen Sie die für Sie wichtigsten Lehren aus dieser Geschichte auf. Wie können Sie sie in Ihrem Leben bzw. im Leben von Menschen in Ihrer Umgebung anwenden?

Aus dem Leben von Gien Karssen

Gien Karssen wurde am 30. 12. 1919 geboren. Als Zwölfjährige wurde sie Christin. 1944 heiratete sie Art Karssen, einen holländischen Regierungsbeamten im Zivildienst, der jedoch sechs Wochen nach der Hochzeit von der deutschen SS wegen »Widerstandes gegen die Besatzungsmacht« verhaftet und in ein KZ gebracht wurde, wo er nach wenigen Monaten starb.

Das Wort »Wer seine Hand an den Pflug legt und sieht zurück, der ist nicht geschickt zum Reich Gottes« (Lk. 9,62) wurde ihr zum Ansporn, ihr Leben dem Dienst für Gott zu widmen.

Aufgaben:

Die Navigatoren. Gien Karssen war das erste europäische Stabsmitglied dieser internationalen und überkonfessionellen christlichen Organisation. Sie begann diese Arbeit in den Niederlanden, arbeitet laufend als Sekretärin beim Mitgliederrat und ist als Stabsmitglied für Information und Publicity verantwortlich. Sie vertritt die Navigatoren auch im Council for Contact and Advice in Connection with the Bible (Rat für Kontakt und Beratung im Zusammenhang mit der Bibel).

In den sechziger Jahren war sie zehn Jahre lang Ratsmitglied der Holländischen Bibelvereinigung. Sie arbeitet auch im Rat des holländischen Zweiges der Wycliffe-Bibelübersetzer und im holländischen Billy-Graham-Komitee.

Auf dem Europäischen Kongreß für Evangelisation 1972 in Amsterdam sprach Gien Karssen über das Thema »Wie man Hausbibelkreise führt«. Sie war die einzige Holländerin im Vorbereitungsausschuß des Internationalen Kongresses für Weltevangelisation, der 1974 in Lausanne in der Schweiz stattfand. Als freie Journalistin schreibt sie Artikel für christliche Zeitschriften. Sie spricht zu christlichen Frauengruppen, führt Bibelgruppen für Frauen und ist an Radiosendungen für Frauen beteiligt. Zu den

Bänden »Frau, Mensch und Mutter in der Bibel« wurde sie durch ihre eigene Vortragstätigkeit vor jungen Frauen in verschiedenen Ländern angeregt.

hänssler

Weitere Titel von Gien Karssen

Die ideale Frau

Tb., 128 S., Bestell-Nr. 70.589
ISBN 3-7751-1532-3

Familiäres Glück, Erfolg im Beruf und Ansehen im sozialen Umfeld – ist das alles zusammen für eine Frau erreichbar? Die »tüchtige Frau« aus dem Buch der Sprüche zeigt Wege auf, die zu persönlichem und beruflichem Glück führen.

Kostbarer als Juwelen

Sie ist kostbarer als Juwelen, und ihr Wert ist höher als der von Rubinen oder Perlen.

Kein Zweifel: Die Frau, die der oben zitierten Beschreibung entspricht, ist ein seltenes Einzelstück. Es gibt wahrscheinlich keine einzige unter uns, die wirklich das Gefühl hat, allen Anforderungen gerecht zu werden. Im Gegenteil, viele von uns identifizieren sich mit den Schlußfolgerungen von Mary C. Crowley:

> *»Vor einiger Zeit führte ich eine Befragung durch unter den Tausenden von Frauen, die die Frauenbörsen in ganz Amerika besuchten. Ich bat jede Frau, das eine Charakteristikum anzugeben, von dem sie in den drei Schlüsselbereichen ihres Lebens – Heim und Familie, Geschäftsleben und Karriere, und Gemeinschafts- und Sozialleben – eine größere Fülle wollte. Interessanterweise zielte der größte Wunsch dieser Frauen auf ein besseres Selbstbild und ein stärkeres Selbstvertrauen.«*[1]

Was jede Frau braucht, ist ein guter Gradmesser dafür, wie wertvoll sie ist. Wir müssen berücksich-

1 Women Who Win von Mary C. Crowley (Revell, 1979), Seite 20.

tigen, daß es für eine Frau – genauso wie für die Rubine und Perlen, mit denen sie verglichen wird – eine beträchtliche Zeitspanne dauert, bis sie ihr volles Potential erreicht hat. Eine gebührende Selbsteinschätzung kann sich nur entwickeln, wenn wir unser Leben in Beziehung zu unserem Schöpfer sehen, der uns entwarf und erschuf. Die Bibel gibt uns die aufregende Information, daß wir nach Gottes Ebenbild geschaffen sind. Unser Leben kann sich zu mehr als glitzernden Juwelen entwickeln, und kann ihm und den Menschen um uns kostbar werden.

In Gottes Einschätzung *ist jede Frau kostbar.* Wir lesen auf den ersten Seiten der Bibel, daß von der gesamten Schöpfung nur die Menschen nach Gottes Ebenbild geschaffen wurden. Adam und Eva wurden Gott ähnlich erschaffen.

Gott war nicht zufrieden damit, die unvergleichlich herrlichen Himmel zu erschaffen und eine von Tieren erfüllte und mit Bäumen und Blumen geschmückte Erde. Er wollte ein geistliches Wesen erschaffen, mit dem er Kontakt aufnehmen konnte. Gott, dessen Wesen Liebe ist, sehnte sich nach der Liebe und der Freundschaft von Mann und Frau. Die Schöpfung war erst vollendet, nachdem Adam und Eva das Leben erhalten hatten.

Gott hatte große Pläne für sie. Indem sie mit ihm und für ihn lebten, würde jeder von ihnen feststellen, wie sie am besten leben könnten, wie sie glücklich und erfüllt leben könnten. So wurde das Leben der ersten Frau auf Erden zu einem Fest göttlichen Segens. Gott liebte sie. Er kam täglich vom Himmel herab, um mit ihr zu wandeln und mit ihr zu sprechen. Stellen Sie sich das einmal vor!

Eva war kein Automat, sondern ein Wesen aus Fleisch und Blut. Sie hatte Persönlichkeit und freien Willen. Folglich konnte sie Gottes Liebe annehmen oder zurückweisen. Unglücklicherweise versagte sie gerade in dem Augenblick, als sie eine Gelegenheit hatte, ihre Liebe zu Gott zu beweisen und zu zeigen, daß sie willens war, ihm freiwillig nachzufolgen. Sie wies die eine Bedingung zurück, die Gott für ihr Glück gestellt hatte: Gehorsam.

An diesem Punkt kam die Sünde in die Welt, und seither ist jedes menschliche Wesen sündhaft. Gott hält nicht länger jenen Platz im Herzen des Menschen besetzt, den er so sehr ersehnt und der ihm von Rechts wegen zusteht.

Seit Evas Ungehorsam ist das Herz jeder Frau von Gott abgewandt. Durch diese Trennung von ihm leidet sie nun auch in anderer Hinsicht – in der Beziehung zu ihrem Gatten, ihrer Familie und der ganzen Welt. Sie kann nicht länger sein, was sie nach Gottes Willen sein sollte eine Person, die ihn voll Freude auf Erden repräsentiert, wo sie sich mit dem Mann die Oberhoheit über die Erde teilt. Seit Evas Rebellion haben die Frauen versucht, ihre leeren Herzen mit anderen Dingen zu füllen, von denen freilich keines imstande ist, das Vakuum der Trennung von Gott auszufüllen.

Nachdem es Gott unmöglich war, seine Heiligkeit und Gerechtigkeit zu verleugnen und den Menschen in seiner Sündhaftigkeit zu akzeptieren, schien es unmöglich, die Kluft zwischen ihm und der Menschheit zu überbrücken. Selbst ein Mensch von höchstem moralischem Standard konnte nicht ohne Schuld vor ihm bestehen. Die Sünde mußte bestraft werden, die Strafe war um nichts geringer als die Todesstrafe. Dennoch war Gott immer noch voll Liebe zu Mann und Frau und arbeitete daran, den verlorenen Kontakt wiederherzustellen. Jemand mußte sein Leben im Austausch für die Erlösung des Menschen geben; es mußte jemand sein, der ohne Sünde war und nicht bereits tot in der Trennung von Gott. Die Menschheit brauchte einen Mittler.

Deshalb kam Jesus Christus, Gottes eingeborener Sohn, in die Welt. Er allein konnte Gottes heilige Anforderungen erfüllen.

Das Kommen des Christus bewies Gottes hohe Wertschätzung von Mann und Frau. Nicht allein, daß er sie erschuf, er war auch bereit, seinen Sohn für sie sterben zu lassen. Von diesem Punkt an konnte jeder einzelne Mensch seinen Wert und seine Selbsteinschätzung nach dem Preis einschätzen, den Gott für das Leben des Menschen eingesetzt hatte.

Jede Frau konnte von da an ihre wahre Identität und die eine wirklich angemessene Perspektive ihres eigenen Werts finden. Christus machte keine sensationellen Statements über die Gleichheit von Mann und Frau in einer Zeit, als die kulturellen Bedingungen von einer Art waren, daß man auf die Frauen herabsah. Er tat viel mehr. Durch sein Verhalten den Frauen gegenüber zeigte er, daß er sie liebte. Sie gehörten zum Kreis seiner engsten Freunde und begleiteten ihn und dienten ihm seine ganze Sendung hindurch. Nach seiner Auferstehung erschien er als erstes einer Frau und befahl ihr, die gute Nachricht anderen zu überbringen.

Wahre Glückseligkeit wird jeder Frau angeboten. Aber sie wird ihr – wie einst Eva – unter einer Bedingung angeboten. Die Bedingung heißt *Gehorsam*. Die Frau muß an Jesus Christus glauben und ihn als ihren persönlichen Erlöser annehmen.

Wie das zugeht, dafür liefert der englische Maler William Holman Hunt eine schöne Illustration. Nachdem er sein berühmtes Gemälde »Das Licht der Welt« fertiggestellt hatte – es zeigt Christus, wie er vor einer Türe steht und klopft –, zeigte er das Bild einem Freund.

»Wunderhübsch«, sagte der Freund. »Aber hast du nicht etwas vergessen? Ich sehe keinen Türknauf.«

»Der Türknauf ist innen«, antwortete Hunt.

Christus erzwingt sich den Weg in unsere Herzen nicht. Wir müssen die Türe freiwillig öffnen und ihn durch ein einfaches Gebet einlassen, indem wir unser Bedürfnis nach einem Erlöser anerkennen und ihn hereinbitten, mit uns zu leben.

Die Möglichkeit wahrer Glückseligkeit hängt einzig und allein von einer persönlichen Entscheidung ab, Gott zu gehorchen. Um das Juwel zu werden, das sie sein soll, muß eine Frau Gottes Angebot des ewigen Lebens durch Jesus Christus voll und ganz annehmen. Sie wird Glück und wahre Freiheit in dem Ausmaß finden, indem sie sich ihm übergibt.

Frauen können jeden Tag mit Gott leben, wie es Eva im Garten Eden tat, denn als Christus in den Himmel zurückkehrte, sandte er seinen Heiligen Geist, in denen zu leben, die gläubig sind. Der Heilige Geist ist ihr Tröster, Führer und das innere Zeugnis ihres ewigen Lebens mit Gott.

Der Heilige Geist ist es, der in unserem Leben jene Tugenden und Talente entwickeln kann, die in Sprüche 31 angeführt werden. Paulus schrieb: »Die Frucht aber des Geistes ist Liebe, Freude, Friede, Geduld, Freundlichkeit, Güte, Treue, Sanftmut, Keuschheit; gegen all dies ist das Gesetz nicht« (Gal 5,22-23).

Ja, eine Frau kann kostbarer als Juwelen sein in der Sicht des dreieinigen Gottes. Sie ist ihm kostbar, weil er sie erschuf. Sie ist kostbar für seinen Sohn, Jesus Christus, der sein Leben für sie gab. Und sie ist kostbar für den Heiligen Geist, der in ihr zu leben kam.

Fragen für das Einzel- oder Gruppenstudium

1. Lesen Sie die folgenden Textabschnitte einen nach dem anderen durch und erklären Sie, warum eine Frau in Gottes Augen kostbar ist.
   a) 1. Mose 1,26-27
   b) Johannes 3,16
   c) 1. Timotheus 2,3-6
2. In 1. Timotheus 2,5 sehen wir, daß der Mensch einen Mittler braucht, um zu Gott zu kommen. Lesen Sie aufmerksam Jesaja 59,2, Römer 3,23 und Römer 6,23 und erklären Sie, warum die Menschheit einen Mittler braucht.
3. Lesen Sie Johannes 3,16-18 und Johannes 5,24. Erklären Sie, was ein Mensch tun muß, um die zerstörte Beziehung zu Gott wiederherzustellen.
4. Lesen Sie Johannes 14,26-27 und Epheser 1,13-14. Beschreiben Sie die Segnungen des Heiligen Geistes für uns.
5. a) Glauben Sie, daß Sie in Gottes Augen kostbar sind?
   b) Wenn ja, worauf gründen Sie diesen Glauben? Wenn nein, wie könnte diese Lektion Ihnen helfen, Ihre Ansichten zu ändern?

Zusätzliches Studium:
Fangen Sie damit an, das Evangelium nach Johannes zu lesen und markieren Sie solche Worte wie *glauben* und *gläubig*. Schreiben Sie dann Ihre eigene Zusammenfassung darüber, was es bedeutet, im biblischen Sinne zu glauben.

Durch Gottes Gnade

Lieblich und schön sein ist nichts; ein Weib, das den HERRN fürchtet, soll man loben.

Die Frau in Sprüche 31 lebt ihr gutes Leben nicht unbeachtet. »Ihre Söhne stehen auf und preisen sie, ihr Mann lobt sie« (Vers 28). Er sagt ihr, daß sie von allen tüchtigen Frauen die beste ist. Er schätzt seine Frau hoch und kann mit Salomon sagen: »Wer eine Ehefrau gefunden hat, der hat etwas Gutes gefunden und Wohlgefallen erlangt vom Herrn« (Spr 18,22).

Sie erntet auch Anerkennung von der Gemeinschaft: »Ihre Werke sollen sie loben in den Toren« (Vers 31).

Sie wird gerühmt für ihre Hingabe und Treue gegenüber ihrer Familie, für ihren Fleiß, für ihre tüchtige Haushaltsführung, ihr geschäftliches Geschick, ihr Mitleid mit den Bedürftigen, ihre schöne Kreativität, ihre Stärke, ihre Würde und ihre Weisheit.

»Kraft und Würde sind ihr Gewand« (Vers 25). Der Charakter einer Frau wird sichtbar in ihrem Auftreten, nicht in modischer Kleidung, sondern in der Wirkung, die sie ausstrahlt. Da ist eine Schönheit, die weit über Kleidung und körperliche Attraktivität hinausgeht. Es ist diese stille innere Schönheit, die zeigt, daß sie Zeit mit Gott verbringt.

Paulus sagt: »Statt sich mit auffallenden Frisuren, goldenem Schmuck, Perlen oder teuren Kleidern herauszuputzen, sollen sie sich mit guten Taten schmücken« (1. Tim 2,9-10, *Die Gute Nachricht*). Kleidung, Make-up und Schmuck können den Charakter einer Frau unterstützen und dazu beitragen, einen angenehmen Eindruck zu machen, aber sie sollen nicht das Um und Auf sein.

Petrus sagt: »Putzt euch nicht äußerlich heraus mit aufwendigen Frisuren, kostbaren Juwelen oder prächtigen Kleidern. Eure Schönheit soll von innen kommen: Freundlichkeit und Herzensgüte sind der unvergängliche Schmuck, der in Gottes Augen Wert hat« (1. Petr 3,3-4, *Die Gute Nachricht*).

Die Frau in Sprüche 31 besitzt körperliche, geistige und moralische Kraft. Kein Zweifel, ihr Schöpfer hat ihr viel mitgegeben. Sie weiß das und bemüht sich, ihr Leben auf seinem höchsten Niveau zu entwickeln, jede Gabe, die sie hat, zu gebrauchen.

Beim Studium dieses Textabschnittes der Heiligen Schrift müssen wir zwangsläufig zu der Überzeugung kommen, daß es im Leben dieser Frau eine besondere Dimension gibt, die aus einer Quelle außerhalb ihrer selbst kommt. Die Antwort liegt in der Feststellung: »Ein Weib, das den HERRN fürchtet, soll man loben« (Vers 30).

Das Wort *fürchten* bedeutet im biblischen Sprachgebrauch »in Anbetung und voll Ehrfurcht vertrauen«. Wir dürfen es nicht als etwas mißverstehen, das wir für gewöhnlich als ein Gefühl von Ängstlichkeit und Unruhe, eine Bedrohung durch Gefahr, durch Böses oder durch Schmerzen bezeichnen.

Den Herrn fürchten ist eine gängige Phrase im Alten Testament. Man könnte diese Furcht als die Quintessenz der israelischen Religion ansehen. »Nun, Israel, was fordert der HERR, dein Gott, noch von dir, als daß du den HERRN, deinen Gott, fürchtest, daß du in allen seinen Wegen wandelst und ihn liebst und dem HERRN, deinem Gott, dienst von ganzem Herzen und von ganzer Seele« (5. Mose 10,12-13).

Die Frau in Sprüche 31 fürchtet den Herrn, und deshalb ist sie eine wahrhaft große Persönlichkeit. Sie liebt Gott in Demut, Respekt und Ehrfurcht. Er ist die Quelle ihrer Energie, ihrer guten Taten und ihres attraktiven Charakters ebenso wie der Anerkennung, die ihr diese Dinge einbringen. Wie Salomon schrieb: »Der Lohn der Demut und der Furcht des HERRN ist Reichtum, Ehre und Leben« (Spr 22,4).

Gott zu lieben und ihm zu vertrauen hat eine erstaunliche Auswirkung auf die Persönlichkeit eines Menschen. »Reine Liebe zu Gott wirkt als Katalysator auf die Eigenschaften der menschlichen Natur, erfüllt sie mit Leben, so daß sie, wenn sie geübt werden, lebendiger sind, wärmer, standhafter, zarter, mitfühlender in Sympathie und Verständnis gegenüber Gott und den Menschen.«[1]

Catherine Booth sagte: »Bevor ich fünfzehn Jahre alt war, hatte Gott mich bereits gelehrt, daß jede Handlung in unserem Leben, jede Beziehung, die wir eingehen, in Gott und seiner Ehre gegründet und von ihr umgrenzt sein sollen.«[2]

Catherine hatte viele von den Tugenden der Frau in Sprüche 31. Ihr höchstes Ziel war, daß ihr Gatte ein Mann Gottes sein sollte. Als Mutter sah sie ihre Kinder in die Fußstapfen ihrer Eltern treten. Sie war auch eine begabte Rednerin, Evangelistin und Beraterin. Ihr Biograph schrieb über sie: »Beurteilt man sie als Rednerin, Lehrerin und Fürsprecherin, so war sie unter denen, die sich weit über den Durchschnitt erheben; aber da war noch mehr.« Dieses »mehr« war die Fähigkeit, ihre Zuhörer in die persönliche Gegenwart

1 *Catherine Booth, Bramwell-Booth* Seite 49.
2 *Catherine Booth,* Seite 70.

Gottes zu bringen. Als sie im Jahre 1890 starb, nahmen mehr als 36.000 Menschen an ihrem Begräbnis teil.

Frauen wie Catherine Booth illustrieren, wenigstens bis zu einem gewissen Grad, wie hoch die Berufung ist, für die wir geschaffen sind. Wenn wir die Talente und Gaben, die Gott uns gegeben hat, entwickeln, so werden sie einen Wohlgeruch der Erkenntnis Gottes verbreiten, der Lob und Anerkennung hervorruft.

Es ist dies derselbe Wohlgeruch, den Jesus und seine Zeitgenossen im Leben der Maria von Bethanien bemerkten, von der Christus sagte: »Sie hat das gute Teil gewählt« (Lk 10,41).

Es ist derselbe Wohlgeruch, der Dorcas umwehte, deren praktische Hingabe an Jesus in ihrer Fürsorge für die armen Witwen einer ganzen Stadt zum Segen gereichte.

Diese Frauen sind Beispiele der Gnade Gottes, weil sie ihn ernst nahmen. Sie machten ihn sichtbar und wirklich inmitten einer nach Antworten suchenden Welt.

Sie sind Frauen, von denen auch gesagt werden kann: »Die Weisheit der Frauen baut ihr Haus« (Spr 14,1). Durchdacht und besonnen baut die tüchtige Frau ein attraktives und immerwährendes Haus mit ihrem Leben. Ihr Bauplan für den Bau dieses Hauses ist Gottes Wort. Sie weiß, daß er, der Ehe und Mutterschaft einsetzte, Frauen in ihrer Beziehung zu Mann und Kindern führen und ermutigen kann.

Das gilt ebenso für die anderen Aspekte eines Frauenlebens. Einer nach dem anderen werden diese anderen Aspekte zu Bausteinen, die ihr helfen, ihr Haus zu vollenden, dem sie den Hauch von Farbe und Wärme verleiht durch ihre Kreativität und ihren Schönheitssinn. Die alleinstehende Frau wird feststellen, daß sie dieselben Prinzipien im Wort Gottes anwenden kann.

Die Schlüsselfrage ist: Wie kann eine Frau nun all dies im praktischen Sinne erfahren? Die Antwort heißt: Durch Gemeinschaft mit Gott, der sie zu täglicher Gemeinschaft mit Christus berufen hat (1. Kor 1,9). Die beiden wichtigsten Wege, diese Gemeinschaft konkret zu erfahren, bestehen darin, ihm durch die Bibel zuzuhören und im Gebet mit ihm zu sprechen.

Catherine Booth konnte sagen: »Dein Wort ist meines Fußes Leuchte und ein Licht auf meinem Wege« (Ps 119,105). Die Heilige Schrift wies ihr den Weg im Leben. Sie schrieb: »Ich habe mich in sechzehn Monaten zweimal durch meine Bibel gelesen, aber ich muß sie mit innigerem Gebet um Erleuchtung und Verständnis lesen«.[1]

Wir sollten unsere Bibel zum selben Zweck lesen und der Lesung ein Gebet folgen lassen. Wie ein alter Spruch sagt: »Gebet sollte der Schlüssel zum Tag und das Schloß für die Nacht sein.«

In der ganzen Welt beginnen Tausende von Frauen ihren Tag mit der morgendlichen Stillen Zeit. Sie folgen damit dem Beispiel von David (Ps 5,4) und Jesus (Mk 1,35). Sie beziehen die Kraft für die Aktivitäten des Tages aus diesen stillen Augenblicken.

Eine meiner Freundinnen lieferte eine Illustration dafür, wie wir uns oft selbst der Liebe, Führung und Belehrung berauben. Sie sagte, ihr Gatte habe sein Vaterland vor mehr als zwanzig Jahren verlassen. Jede Woche schrieb ihm sein Vater getreulich einen Brief. Als sie dieses Beispiel vor ihrer Kirchengruppe vorbrachte, ließ sie die Briefe zu Boden fallen. Sie setzte hinzu: »Stellt euch vor, wieviel mein Mann versäumt hätte, hätte er niemals die Briefe seines Vaters gelesen!« Das geschieht uns, wenn wir nicht Gottes Liebesbriefe an uns in seinem Wort lesen.

1 *Catherine Booth,* Seite 40.

Indem wir dem Herrn täglich durch sein Wort und durch das Gebet begegnen, können wir in unserer Sehnsucht und unserer Fähigkeit, ihm »in Anbetung und Ehrfurcht zu vertrauen«, wachsen.

Fragen zum Einzel- oder Gruppenstudium

1. Lesen 1. Petrus 3,1-6.
   a) Welche Feststellung in diesem Abschnitt halten Sie für die wichtigste?
   b) Beschreiben Sie innere Schönheit
2. Was lehren die folgenden Textabschnitte über die »Furcht des Herrn«? 5. Mose 10,12-13; Sprüche 9,10; Hebräer 12,28-29.
3. Wie kann eine Frau heute im Gehorsam gegen Gott leben?
4. Was sagen uns Psalm 1 und 2. Timotheus 3,16-17 über die Bedeutung vonn Gottes Wort in unserem Leben?
5. Was sagen die folgenden Textabschnitte jeweils über die Bedetung des Gebets aus? Psalm 116,1-2; Johannes 15,7; Johannes 16,24.
6. Was berichten uns Markus 1,35; Lukas 6,12-13 und Hebräer 5,7 über Jesu Gebetsleben?
7. Überlegen Sie, was Sie ändern könnten, um Ihre eigene tägliche Andacht wirkungsvoller zu gestalten.
8. Wie können Sie durch Bibelstudium und Gebet die Gnade Gottes in Ihrem Leben in größerer Fülle erfahren? Geben Sie konkrete Antworten.

hänssler

Frauen begegnen Jesus

Tb., 160 S., Bestell-Nr. 392.449
ISBN 3-7751-2449-7

Woran können Sie sich als Frau heute orientieren? Gibt es klare biblische Hinweise für die weibliche Rolle, Stellung und Verantwortung? Konkrete Antworten finden Sie im Vorbild Jesu: sein Umgang mit Frauen ist der entscheidende Maßstab.

Single – Ich bin so frei!

Tb., 192 S., Bestell-Nr. 70.668
ISBN 3-7751-1744-X

Aus dem Inhalt: • Single – und trotzdem fröhlich • Gaben entdecken und nutzen • Einsamkeit überwinden • Das Beste kommt noch • Das Bedürfnis nach Freundschaft • Gottes Willen erkennen • Die Gabe des Alleinbleibens • u.v.a.

Bitte fragen Sie in Ihrer Buchhandlung nach diesen Büchern! Oder schreiben Sie an den Hänssler-Verlag, Postfach 1220, D-73762 Neuhausen-Stuttgart.